Burkhard Driest

Die Maikäfer und der Krieg

Roman

Langen*Müller*

In Liebe meiner Mutter und meiner Schwester

MIX
Papier aus verantwortungsvollen Quellen
FSC® C014496

Besuchen Sie uns im Internet unter
www.langen-mueller-verlag.de

Umschlaggestaltung: Wolfgang Heinzel
Umschlagbild: plainpicture, Hamburg
Herstellung und Satz: VerlagsService Dr. Helmut Neuberger
& Karl Schaumann GmbH, Heimstetten
Gesetzt aus der 10,7/13,4 Punkt Garamond BQ
Druck und Bindung: GGP Media GmbH, Pößneck
Printed in Germany
ISBN 978-3-7844-3272-4

Wenn es der Leser vorzieht, kann dieses Buch auch als Werk der Fantasie angesehen werden. Aber es besteht immer die Chance, dass solch ein Werk der Fantasie einiges Licht auf das wirft, was als Tatsache geschrieben worden ist.

Ernest Hemingway
Paris, ein Fest fürs Leben

1. KAPITEL

Das Morgenlicht fiel bereits durch die Jalousie, als ich die Augen einen kleinen Spalt öffnete. Ich lag auf der Seite, hatte die Beine angezogen und die rechte Hand unter dem Kissen. Es war der 28. April 1944.

Immer wieder erinnere ich mich an dieses Datum, an dieses quälende Erwachen. Es war an meinem fünften Geburtstag.

Mein Leben lang habe ich nicht begriffen, was wissenschaftlich längst erwiesen ist, nämlich dass die Dinge, wie ich sie sehe und erlebe, in meinem Kopf entstehen. Eine wunderbare oder grausige Welt, doch sie ist nirgendwo anders zu finden als in meinem Bewusstsein – einem Panoramakino großer und kleiner Szenarien.

Im Grunde ist das für mich kein Problem, aber im Trubel des Alltags verfalle ich vollkommen der Illusion, dass alles so ist, wie ich es wahrnehme. Wenn ich eifersüchtig bin, habe ich keinen Zweifel daran, dass die Geliebte mich betrügt. Dazu brauche ich nicht anwesend zu sein, brauche keine Beweise oder Zeugen. Ich weiß, was sie tut, wie sie zu Werke geht, warum sie es tut und wie sie dabei empfindet. Es ist mein Instinkt oder mein siebter Sinn, auf den ich mich verlassen kann. Ich kenne das Dasein, weil ich so sehr ein Teil von ihm bin, mir entgeht nichts. Mit allen Tentakeln meiner Lebensgier und Lebensangst bin ich meinem Leben verhaftet, und so sehr ich mich auch bemühe, es als die Projektion meiner Wünsche und Ängste zu begreifen, mein Bemühen ist vergeblich. Mein Schicksal kommt von außen, es fügt sich mir zu, und wenn meine Eltern mich in dieser unvergesslichen Nacht, von der ich eben sprach, für Stunden in ein dunkles Zimmer sperrten und mich dort schreien ließen, während sie sich ihrer leidenschaftlichen Liebe hingaben, erlebte ich meine Regungen als Gespenster einer schrecklichen Außenwelt.

Ich sah nicht mein tobendes Chaos von Eifersucht und Angst, sondern ich hatte ganz reale Katastrophen vor Augen. Wände, die mich schützen sollten, zerbrachen. Tapeten lösten sich auf oder begannen, sich in unheimlichen Bewegungen zu wellen, aus den Dielen oder den Falten des Vorhangs züngelten Flammen, die mich verbrennen würden. Doch statt wegzulaufen war ich starr vor Angst und erwartete das Unfassbare. Aus den Bäumen vor meinen Fenstern glotzten Schattengeister in mein Zimmer, deren Absichten unerfindlich waren. Ich dachte nicht daran, wie meine Mutter in den Armen meines Vaters lag, ich wusste nur, dass sie hier zu sein hatte, um mir beizustehen, mich zu schützen und zu beruhigen, damit ich aufhörte zu zittern.

Ich weinte, bis meine Augäpfel in der eisigen Nachtluft zu Kristallkugeln gefroren. Während sich alles um mich herum bewegte – die Wolken am finsteren Himmel, die Blätter der Bäume, die Katzen im Hof, die Fledermäuse, das sich liebende Elternpaar –, lag ich wie zu einer Salzsäule erstarrt in meinem Bett und schrie ohne Ton. All dies spielte sich nicht nur einmal ab, doch ich erinnere mich an dieses eine Mal, weil es die Nacht vor meinem fünften Geburtstag war.

Mein Vater, damals in Dresden stationiert, hatte seinen Besuch angekündigt, und meine Mutter blies das Ganze zu einem wundervollen Ereignis auf, das es für sie sicherlich auch war. Ich erwartete natürlich nicht nur ein Geschenk, irgendetwas im Erzgebirge extra für mich Hergestelltes, vielleicht eine neue elektrische Eisenbahn, sondern auch einen Tag, an dem sich meine Umgebung bemühen würde, mir das Gefühl zu geben, ein besonderes Wesen zu sein.

Ich wollte wenigstens an diesem Tag meiner Mutter, die ohne Mühe und Anstrengung von morgens bis abends ein einzigartiges Wesen war, ähnlich sein. Nie fiel irgendein Schatten auf ihre Einzigartigkeit, weder auf ihre Schönheit noch auf ihre Magie. Sie hätte es als göttliche Verzauberin auch kaum zugelassen, denn sie schien niemals zu vergessen, dass alle gefühlsbetonten Bindungen ausschließlich auf dem Wechselspiel von Verführung beruhten. Sie wies mich nicht nur darauf hin, dass ich in zwei Tagen Geburtstag hatte, dass mein Vater extra anreisen würde, um mir zu gratulieren und mir etwas Schönes zu schenken, sondern sie verführte mich zu der Erwartung, dass dieses Fest die Feier meiner Einzigartigkeit sein werde.

Berauscht und voller Ungeduld erwartete ich nun diesen Tag, der mit der Ankunft meines Vaters seinen Anfang nehmen sollte.

»Niemand ist morgen wichtig, nur du!« Meine Mutter sang es fast und ging mit mir in die Stadt, während meine dreijährige Schwester an Tante Kläre übergeben wurde.

In der Stadt führte sie mich zum ersten Mal in meinem Leben in einen Modeladen. Dort übernahm sie das Kommando über fünf Verkäuferinnen, dekorierte mich mit allerlei Kostümen und verstand es, mir mit feiner Hand ein Matrosenjäckchen anzuprobieren und so lange zurechtzuzupfen, bis mir vor Seligkeit fast schwindlig wurde.

»Wie schneidig du aussiehst«, sagte sie und strahlte mit ihren blauen Augen erst mich und dann die anderen an, die ihr sofort beipflichteten.

Anschließend nahm sie mich an die Hand und führte mich zu Nazi-Hermann, wie sie den Friseur nannte, der mir nur »den Hals etwas ausschneiden« sollte, damit die Zotteln nicht über den Matrosenkragen fielen. Ich hasste Nazi-Hermann mit seiner Krücke aus dem Ersten Weltkrieg und den harten Sprüchen aus den Schützengräben, wenngleich ich ihn auch ohne sein nationalistisches Brimborium verabscheut hätte, weil mir jeder Angriff auf meine blonde Haarpracht zuwider war.

»Vor Verdun hatten wir gar keine Zeit für mehr als Deckel drauf und rundum ab!«, sagte er, nachdem meine Mutter ihm erklärt hatte, dass er nur den Nacken etwas ausrasieren sollte.

So machte er es auch mit mir, als lägen wir noch vor Verdun, und meine Mutter tat, als würde sie gar nichts bemerken. Mit steigender Wut starrte ich in den Spiegel und ahnte, wie schwer es sein würde, meine Einzigartigkeit zu bewahren. Als er fertig war, hielt er mir nicht etwa von allen Seiten einen Spiegel hin, sondern das gerahmte Foto eines HJ-Pimpfes mit abstehenden Ohren und dem gleichen Topfschnitt. »Der Scheitel links, wie der Führer«, sagte er und zog mir das Tuch weg, auf dem noch ein Teil meiner »Schnittlauchlocken« lag, wie er meine Haare nannte.

Während meine Mutter drei Groschen auf den Blechteller warf, beklagte er sich darüber, dass die russischen Gefangenen aus den Lagern nun überall zur Arbeit geschickt würden. Sogar bei ihm habe man solch einen slawischen Steppenmenschen abstellen wollen.

»Wenn er Haare schneiden kann«, sagte meine Mutter.

Nazi-Hermann schüttelte den Kopf. »Da sollen böse Brüder drunter sein. Die fressen den Ratten das Futter weg.«

Beim Abschied rief er »Heil Hitler«, sie sagte »Adieu«, und ich kniff wütend die Lippen zusammen. Auf dem Heimweg ließ sie meine Klagen gar nicht erst laut werden, sondern fragte zufrieden lächelnd: »Warum sollen Steppenmenschen keine Haare schneiden können?« Als ich ihr grimmig meinen kahl geschorenen Nacken vorhalten wollte, beschrieb sie voller Vorfreude, was sie morgen kochen würde und dass sie heute Nachmittag noch den Frankfurter Kranz fertig machen müsse. Sie versprach mir, dass ich von den gerösteten Haferflocken naschen dürfte und auch von der Vanillecreme, auf die ich immer total versessen war. Dabei machte sie das Probieren vor, lachend und schmatzend, als gäbe es nichts Amüsanteres und nichts Köstlicheres. Sie war so guter Laune, dass sie auch lachte, wenn uns auf der Straße Leute grüßten.

Als mein Vater abends kam, holten wir ihn vom Bahnhof ab. Nur Mama und ich. Dagi blieb bei Tante Kläre, die mein Vater nicht leiden konnte, weil sie so »tüterig« war. Als ich das Wort zum ersten Mal hörte, fragte ich meine Mutter, was das bedeutete. »Tantig« war ihre Antwort, also hieß »tüterig« so zu sein wie Tante Kläre.

Tante Kläre hatte den traurigen, demütigen Blick eines kranken Hundes, der sich bei jeder abrupten Bewegung zurückzieht, den Kopf auf die Pfoten legt und wimmert. Sie hatte nicht nur diesen leidensvollen Ausdruck, sondern sagte auch oft: »Ach, daran bin wohl wieder ich schuld!« Diese Jämmerlichkeit löste sich auch dann nicht auf, wenn sie mich kritisierte. Wenn ich eine Tasse zerschmissen hatte und sagte, ich war das nicht, jammerte sie: »Ach, ich bin wohl blind!« Einmal sagte sie: »Wahrscheinlich mögt ihr mich alle nicht.« Ein andermal: »Ich will euch ja immer das Schlechteste.« Oder: »Ihr wäret froh, wenn ich gar nicht da wäre«, fügte jedoch dann mit leiser Aggressivität hinzu: »Aber wer würde euch dann den Haushalt machen?« Nur die Geschichte vom kleinen Prinzen konnte sie besser erzählen als jeder andere.

Mein Geburtstag ist Ende April, eine Jahreszeit, in der es in Pommern gegen Abend noch ziemlich kühl war. Daher bestand meine Mutter darauf, dass ich eine Mütze aufsetzte. Mützen hasste ich, aber ich besaß ohnehin nur eine. Es war eine zu große Skimütze, die ich durch und durch verabscheute. Obendrein musste ich noch die Ohrenklappen herunterziehen, damit ich nicht schon wieder Mittelohrentzündung bekäme.

Als meine Mutter sie mir aufsetzte, schob sich die Kante über meine Augen, und ich stand im Dunkeln. Sie lachte, und weil ich kreischend protestierte, fasste sie sie mit beiden Händen zugleich hinten und am Schirm und stellte sie schräg gen Himmel, so wie der Jauchefahrer Kalle von Gut Drewitz sie trug. Ich kannte ihn, wir Kinder ärgerten ihn, aber er machte kein Hehl daraus, dass ihm die Verachtung der anderen schnuppe war.

In Wahrheit war es keine Verachtung, denn niemand dort blickte auf den anderen herab. Das galt auch für die Eigner Major Albrecht Friedrich von Roxin und seine Frau Elisabeth, die jedem auf dem Gut Respekt erwiesen. Ich nannte sie Onkel Albi und Tante Sissi. Bei ihr kam noch Liebe hinzu, die Onkel

Albi sich eher für seinen Zuchthengst und die zwei Stuten aufbewahrte oder für die Jagd oder Fürst Bismarck, den er verehrte und an den ein großes Gemälde in seinem Büro erinnerte. Nichts war der Verachtung wert, und so klein auch die Geschäfte unter den Gutsarbeitern waren, es gab nicht den kleinlichen Geschäftsgeist, so wie es auch die Gemeinheit und die Dummheit nicht gab, die sich aus der Sicht der Roxins in der Partei und der Politik eingenistet hatten.

Dennoch wollte ich weder durch den Sitz der Mütze noch durch sonst etwas in Kalles Nähe gerückt werden, schon gar nicht am Vortag meiner Geburtstagsfeier. Auch wenn alle in mir noch ein Kind sahen, eines Tages würde ich ein Mann sein, ein Soldat, und die trugen die Skimütze, wenn sie denn zur Uniform gehörte, ein wenig schräg nach rechts, im Schirm geknickt, knapp über den Augen, sodass diese im Schatten lagen, wenn eine Lichtbombe oder eine Blitzgranate sich über ihnen in der Luft entzündete. Von meinem Freund Paul wusste ich, dass das im Krieg jederzeit der Fall sein konnte und daher die Augen stets gut zu schützen waren.

Es war schon dunkel. Ich stand nah an den Gleisen und beugte mich vor, um die zwei Lichter der Lokomotive in der Kurve als Erster zu sehen.

Ein kalter Wind blies mir entgegen. Geh nicht so nahe ran, sonst kommst du noch unter den Zug!, hätte Tante Kläre gesagt, aber meine Mutter kümmerte sich nicht darum, sie war nur damit beschäftigt, sich ihre Zigarette anzustecken, obwohl es sich damals für eine Dame nicht schickte, draußen zu rauchen. Das waren Dinge, die man jederzeit von meinem Vater hören konnte, wenngleich sich meine Mutter nicht darum scherte. Selbst seine schärfsten Ermahnungen verdarben ihr kein einziges Mal die Laune. Einmal lachte sie ihn aus und sagte: »Nur die Zigarette ist draußen, der Rauch ist ja innen«, inhalierte besonders tief und machte mit ihrer Zigarette eine großartige Bewegung durch die Luft.

»Deine Mutter lässt sich nicht von einem Uhrmachersohn einschüchtern, auch wenn der Uhrmacher sein Haus am

Marktplatz in Gollnow hat und im Stadtrat sitzt«, war Tante Lieschens Kommentar, als ich ihr meine Beobachtung berichtete. Tante Lieschen war die Schwester meiner verstorbenen Großmutter und gehörte zum bürgerlich-liberalen Holzgroßhändlerzweig der Familie, nicht zu den deutschnationalen Uhrmachern.

Aus der Ferne kam ein lang gezogenes Tuten, ich wurde ganz aufgeregt, sah die zwei kleinen Punkte, die sich schnell zu großen Lichtern ausdehnten, und als der Zug mit viel Schnaufen und Getöse in den Bahnhof einlief, tutete er noch ein paar Mal, zischte und stampfte, die Kolben drehten rückwärts, die Eisenräder blockierten, rutschten weiter, sprühten Funken. Jedes Mal faszinierte mich dieses Ereignis in seiner ganzen pompösen Orchestrierung. Kerzengerade stand die Wasserdampfsäule über dem Schornstein, vom Rückenwind gestützt, doch als die eiserne Raupe noch einmal röhrte und schnaubte, kippte die weiße Säule um und hüllte alles ein. Hinter diesen Schleiern mühte sich das schwarze Ungetüm an mir vorbei.

Hektisch suchte ich Papa an allen Fenstern, an allen Türen, die sich überall schon vor dem Stopp öffneten, doch der weiße, über den Bahnsteig kriechende Qualm der Lokomotive verdeckte die Ankommenden. Gebannt stand ich da und kam erst wieder zu mir, als meine Mutter rief: »Da hinten ist er, wir gehen ihm entgegen!«

Ich ergriff ihre Hand, und als wir drei Schritte von ihm entfernt waren, schüttelte sie meine Hand ab, er stellte den Koffer nieder, und sie flogen sich in die Arme.

Es dauerte. Ihre Umarmung erschien mir eine Ewigkeit, in der es mich nicht gab. Ich beobachtete zwei Soldaten, die sich begrüßten, sich kurz und kräftig die Hände schüttelten, wobei der eine sagte: »Mehr als dreißig Einsätze in Cholm geflogen.«

»Hoffnungslos?«

Der Ankömmling lachte kurz auf. »Wer hat dir das Adjektiv beigebracht? Heeresgruppe Nord steht kurz vor einem Entsatz-Angriff. Da wird von den Russen nur ihr schlechter Geruch übrig bleiben.« Wie nebenbei warf er meiner Mutter und Papa einen Blick zu, zog die Augenbrauen hoch und sagte spöttisch zu seinem Kollegen: »Mal sehen, was die Heimat uns zu bieten hat.« Er nahm seinen Koffer auf, und sie gingen davon.

Der Kuss meiner Eltern dauerte noch an, obgleich ich unter der Skimütze gar nicht sehen konnte, was sie genau taten. Ich hatte abgeschaltet. Ich beteiligte mich erst wieder, als der pelzige Muff meiner Mutter zu Boden fiel. Ich hob ihn auf, hielt ihn mir an den Mund, streichelte meine Lippen mit dem weichen Fell und sog den Duft des Parfums ein, mit dem meine Mutter ihren Handwärmer oft betropfte.

Der Geruch und die Berührung beruhigten mich, doch gerade als mein Herz langsamer schlug, bekam ich einen Knuff auf die Mütze und hörte über mir meines Vaters sonore Stimme: »Na, Hein Mück, Vorfreude schon da?«

Er nannte mich, wenn er »aufgeräumt« war, Hein Mück. Ich hasste das. Ich wusste nicht, wer Hein Mück war und was der Name symbolisieren sollte.

Meine Mutter zog mir die Mütze vom Kopf, sodass ich nicht vergessen konnte, sie bei der Begrüßung abzunehmen. Dann entwand sie mir den Muff, damit meine rechte Hand frei war, um sie meinem Vater hinzustrecken. Diese Begrüßung mit Hacken-Zusammenknallen hatte Muckchen Mattes gestern nach ihrer Ankunft mit mir geübt, nachdem sie ihren Koffer ausgepackt hatte, in dem auch ein Geschenk für mich war, wie ich mit einem schnellen Blick feststellen konnte. Sie war Funker bei einer Flakeinheit in Stettin und bewunderte meinen Vater »abgöttisch«, wie Tante Kläre sagte. Diese Bewunderung hatte auch einen sexuellen Hintergrund, wie ich viele Jahre später von meiner Mutter erfuhr. Das Besondere an ihr war: Sie trug immer einen Kamm seitlich im Haar, mit dem sie, bevor sie ihn einsteckte, ihre glänzende braune Mähne auf die andere Seite schob. Imposant war auch, dass sie ihre Zigaretten aus einer sehr langen Bernsteinspitze rauchte, die sie in großem Bogen durch die Luft schwang, wenn sie eine ihrer amüsanten Ausführungen über die Kriegsereignisse machte. Da sie Kettenraucherin war, hatte sie die Spitze immer in der Hand. Diese viele Raucherei war auch der Grund, erklärte mir Tante Kläre, weshalb sie eine Spitze benutzte, denn sonst hätte sie den halben Tag am Waschbecken stehen und ihre Finger mit Bimsstein schrubben müssen.

Muckchen hatte eine tiefe, leicht heisere Stimme, mit der sie kollernd oder gurrend lachte. Sie hatte kräftige Brauen und große braune Augen, mit denen sie ihr Gegenüber, wenn es etwas erzählte, genau betrachtete. Sie unterbrach nicht, sondern wartete, bis derjenige fertig war, ließ zwei weitere Sekunden verstreichen, ehe sie zu lächeln begann und antwortete. Diese kleine Pause gab ihrem Lächeln oft etwas Verruchtes, denn es war, als lächelte sie nicht über die Bemerkung ihres Gegenübers, sondern über das, was die Engländer einen *second thought* nennen, einen Hintergedanken und zwar einen obszönen. Das war eine der Seiten, die meinen Vater an ihr reizten, und irgendwie spürte ich das. Ich spürte, dass etwas nicht in Ordnung war. Muckchen hatte auch einen Oberlippenbart, und einmal hörte ich, wie meine Mutter in der Küche zu Tante Kläre sagte, Frauen mit einem Oberlippenbart seien besonders scharf. Es war kein Bart, wie Männer ihn trugen, aber ihr Haarflaum auf der Oberlippe war so dicht, dass er einen dunklen Schatten warf. Mich faszinierte das, und ich musste immer wieder hinschauen. Eigentlich wäre Muckchen jetzt am Bahnhof mit dabei gewesen, aber meine Mutter hatte ihr den Wunsch abgeschlagen. Im Gegenteil, sie hatte sie aufgefordert, abends zu Freunden zu gehen, weil sie mit Papa eine dringende Sache zu besprechen hätte. Wahrscheinlich würde sie gar nicht mehr da sein, wenn wir nach Hause kämen.

Ich drückte Papis Hand, so kräftig ich konnte, und knallte dabei die Hacken zusammen, obwohl nichts zu hören war, weil sich Sand zwischen meine Schuhe geschoben hatte.

»Er kann einen ja schon richtig begrüßen«, sagte er, ergriff seinen Koffer, hakte meine Mutter unter und ging mit ihr zum Ausgang. Ich trippelte hinterher, aber in der kleinen Bahnhofshalle holte ich auf, nahm ihre freie Hand und hielt sie ganz fest. Sie erwiderte den Druck, und damit war das Band, das nur uns beide einte, wieder hergestellt. Diese Verbindung war für mich stets wichtig, denn wenn sich etwas zwischen uns stellte, wurde ich sofort unruhig, gereizt oder sogar aggressiv. Darunter hatte dann besonders meine Schwester zu leiden.

Ich sorgte dafür, dass Unterbrechungen oder gar Abbrüche in der Beziehung zu meiner Mutter so selten wie möglich vorkamen, bestenfalls wenn sie auf die Toilette musste, wo ich nicht mit durfte. So war meine Erinnerung, später aber fand ich heraus, dass sie sehr geschickt und kompromisslos darin war, sich ihren »Freiraum« zu verschaffen. Trennung war stets ein großer Schmerz für mich, den ich aber sofort vergaß, wenn sie sagte, ich habe immer Zeit für dich, ich liebe dich, du gehst mir nie auf die Nerven, mein Leben wäre nichts ohne dich, du bist ein Geschenk für mich, gut, dass es dich gibt, gib Gott, dass wir nie getrennt sind.

Ich kann mich nicht erinnern, dass sie ein einziges Mal über mich geflucht hätte. Wann immer sie einmal ärgerlich oder wütend wurde, formulierte sie konkrete Ansprüche: Sei so lieb und räum das auf; bitte nasch nicht davon, lass uns das für Sonntag. Und wenn ich am Klavier herumklimperte, sagte sie: Es klingt wie Ravel. Niemals verlor sie sich in Vergleichen mit anderen Kindern, in übersteigerten Bildern, die dann sowieso nicht gepasst hätten.

Ich liebte sie, weil ich alles an ihr liebte. Oder umgekehrt: Da ich nichts an ihr auszusetzen hatte, war meine Liebe durch nichts eingeschränkt. Niemals zweifelte sie an meinen guten Fortschritten, wenngleich sie das an nichts Konkretem festmachte. Das hatte seine Ursache einmal darin, dass sie mich nicht auf etwas Bestimmtes festlegen wollte. Zum anderen war ihr Geist immer angefüllt mit Gegenwärtigem wie mit Klängen, Gerüchen, Eindrücken von Farben. Sie teilte diese Eindrücke sofort begeistert mit mir, wenn sie die ersten roten Tomaten sah, goldgelbe Zwiebeln, grüne Kräuter, die verschiedenen Schattierungen des Lichtes über den Tag oder an schönen Sommermorgen das Himmelsblau. Sie rief dann, oh, sieh mal wie rot die Tomaten sind! Und wie goldgelb die Zwiebeln!

Sie malte sich meine Zukunft nicht aus, sondern ließ mich immer wieder wissen, dass jemand wie ich stets einen Weg fände, »alle Wege führten nach Rom«, da machte sie sich gar keine Sorgen. Mein Ziel war also Rom.

»Ja, du wirst Papst!«, rief sie lachend.

Natürlich wollte ich wissen, wie sie sich das vorstellte, aber schalkhaft wich sie solch waghalsigen Spekulationen aus und gab Begründungen wie diese:. »Keinen Moment zweifle ich daran, wenn ich sehe, mit welchem Appetit du isst!«

Würde man sich zu einer so hohen kirchlichen Position empor essen können, hätte sie sogar recht gehabt, denn was sie mit großer Lust gekocht hatte, verschlang ich mit ebenso großem Genuss. War ihr Lieblingsgericht Gänsebraten, konnte ich mir nichts Verlockenderes vorstellen. Ging ihr der Sinn nach Himbeersaft, wollte ich nichts weiter haben als den Saft dieser durch ein Tuch passierten Frucht. Auch sonst war ich Feuer und Flamme für ihre Ideen. Wenn sie rief: »Wollen wir an die See?«, war ich ihr noch fröhlicheres Echo und jubelte ohne Zögern: »Oh ja, an die See!«

Sie war das Lächeln der Göttin. Sie wollte nichts als meine Liebe und Verzückung.

So sah ich es, und so empfand ich es. Erst als Erwachsener fiel mir auf, dass es zwischen der großen Freiheitsliebe meiner Mutter und der engen Beziehung zu mir, die man sehr wohl auch als Knebelung auffassen könnte, einen Widerspruch gab. Ein Psychologe, dem ich später von ihr vorschwärmte, fragte mich, ob diese kindliche Liebe auch einer kritischen Reflexion der tatsächlichen Geschehnisse standhalten würde. Als ich länger darüber nachdachte, fielen mir meine häufigen Besuche bei Tante Lieschen in Gollnow auf und die vielen Reisen meiner Mutter nach Dresden zu meinem Vater. Mir kam dann auch in Erinnerung, wie ich bei Gewitter stundenlang im Garten in einem Kinderwagen gelegen und geschrieen hatte. Oder wie sie sich niemals meinem Vater entgegengestellt hatte, wenn er mit Prügel oder Stubenarrest strafte, der manchmal über zwei Tage ging. Dennoch muss ich sagen: Ist es nicht gerade das Glück der Kindheit, die Dinge vereinfacht zu sehen, getragen von einer Lebenskraft, die den kleinen Organismus zur Entfaltung bringen will? Einer Kraft, die mit gegenläufigen Tendenzen auch dadurch fertig wird, dass sie sie gar nicht wahrnimmt?

Ich jedenfalls nahm nur die Liebe meiner Mutter zu mir wahr. Bis ins hohe Alter empfand ich es als die wunderbarste, wenn auch unbewusste Entscheidung meines Lebens, mich von ihr nur geliebt gefühlt zu haben. Die zwei Soldaten, die meinen Vater bei seinem letzten Kurzurlaub begleiteten, nannten sie ein »Rasseweib«. Ich fragte später Tante Lieschen, was das sei. Sie schüttelte den Kopf und sagte, die beiden hätten nicht Rasse, sondern Klasse gemeint, und das sei etwas sehr Gutes, das sei eine Frau, die Klasse habe, man könnte auch sagen: Adel, kurzum so etwas wie eine Königin.

Als wir vom Bahnhof zu Hause ankamen und ich meiner Schwester verkünden wollte, dass Vater da wäre, rannte ich durch alle Zimmer, fand aber weder Dagi noch Tante Kläre. Meine Mutter sagte, Dagi schlafe heute Nacht bei der kleinen Laura Schattner unten, und Tante Kläre lege der Frau Schattner noch Karten.

Die Schattners kamen aus Berlin und waren wegen der vielen Fliegerangriffe zu uns aufs Land übergesiedelt. Frau Schattner war es auch, die mir irgendwann einmal erzählte, wie sie mich nach einem heftigen Gewitter brüllend im Garten gefunden habe. Ich hätte angeschnallt in meiner Karre gelegen, gepeinigt von meinem Verlassensein, dem Donner und den Blitzen, die mein Geschrei verschluckten.

Als ich meine Mutter danach fragte, sagte sie lachend, das sei ein ordentliches Gewitter gewesen, gut, dass Dagi da noch nicht geboren war, und sie erzählte in spannenden Einzelheiten, wie sie nur schnell im Naugarder See ihre morgendliche Runde hatte schwimmen wollen und, von dem fürchterlichen Unwetter überrascht, auf einer Insel Zuflucht hatte suchen müssen.

Paul war acht, Irmchen fünf. Paul spielte immer mit seinen Soldaten Schlachten, und Irmchen musste die Figuren der Feinde bewegen. Weil sie das nur mit Widerstreben, tat holte Paul oft mich dazu. Laura, die Jüngste, war drei und noch zu klein, um mit uns zu spielen. Deswegen musste sie allein spielen oder mit Dagi Mutter und Kind. Mir gefiel das, weil Dagi dann manchmal auch nachts bei ihr schlief und nicht stören konnte, wenn mir meine Mutter noch eine Geschichte vom kleinen Prinzen erzählte.

Auf jeden Fall war es eine gute Nachricht, dass sie nicht da war. »Dann können wir noch *Mensch ärgere Dich nicht* spielen«, schlug ich gleich vor. Gemeinsam Spiele spielen, hatte ich mir zum Geburtstag gewünscht. Meine Mutter antwortete ausweichend, und ich hatte sofort die Frage parat, was wir denn sonst machen würden.

»Du hast morgen Geburtstag, und da musst du ausgeschlafen sein«, sagte sie zu meiner großen Enttäuschung. »Ich bring dich jetzt ins Bett, dann schläfst du schön, und morgen früh kommen alle zu deiner Geburtstagstafel zusammen.«

»Ich will aber noch nicht ins Bett!«, brüllte ich.

Mein Protest war etwas zu laut, und sofort war mein Vater da. »Du tust, was deine Mutter dir sagt, und zwar ohne Widerrede!«

Ich hielt meinen Mund und musste warten, bis ich mit ihr alleine war. Als sie neben mir am Bett saß, begann ich die Verhandlungen neu und luchste ihr das Versprechen ab, noch einmal zu mir zu kommen, falls ich nicht schlafen könnte.

»Du wirst schon schlafen«, sagte sie.

»Aber wenn nicht, erzählst du mir noch eine Geschichte vom kleinen Prinzen?«

»Wenn ich Licht sehe, komme ich. Aber erst mal machen wir es jetzt aus.«

2. KAPITEL

Immer wieder mokierte sie sich später darüber, wie spießig er gewesen war. Als sie ins Wohnzimmer zurückkam, ließ sie ihn nicht aus den Augen. Sie wusste, dass der Blick durch die halb gesenkten Lider ihn in äußerste Erregung versetzte. Er atmete schwer, und diesen Atem hatte sie schon am Bahnhof gespürt. Dieser Atem weckte das Bedürfnis, von ihm begehrt zu werden. Mehr noch: Sie wollte von seiner Gier durchdrungen sein.

Langsam und ohne ihn aus den Augen zu lassen, schloss sie die Tür hinter sich. Sie machte einige Schritte auf ihn zu, um ihre Seidenstrümpfe aneinander zu reiben, denn sie wusste, wie sehr ihn dieses knisternde Geräusch aufreizte. Sie presste ihre halb nackten Arme gegen die Schenkel und zog die Strümpfe langsam hoch, sodass der schwarze, knielange Rock mit glitt, bis ihre Strumpfhalter zu sehen waren und ihm klar wurde, dass sie keinen Schlüpfer trug. All ihre Bewegungen begleitete sie mit leise geflüsterten Versprechungen.

Schwer atmend stützte er sich gegen den Tisch, unfähig, unter ihren Blicken irgendetwas zu denken, bis ein Geräusch im Haus ihn aufhorchen ließ und er plötzlich realisierte, dass die Gardinen zur Straße hin noch weit offen waren und sie beide im hellen Licht der Deckenlampe standen. Ehe er aber daran etwas ändern konnte, war sie heran und hielt ihn an der Krawatte seiner Uniform fest.

»Wir müssen die Vorhänge zuziehen«, zischte er.

Sie aber lachte und griff ihm an den Gürtel. »Du kannst dich zwischen mir und den Vorhängen entscheiden.«

Immer wieder mokierte sie sich später darüber, wie spießig er in vieler Hinsicht gewesen sei. Um das zu belegen, berichtete sie mir diese und andere Szenen in allen Einzelheiten. Auch diesmal gab er ihrer Drohung nicht nach, zu schrecklich war für ihn der Gedanke, sich den Augen der Nachbarn preiszugeben. Sie lachte wieder, aber diesmal lachte sie ihn aus, nachdem er sich von ihr befreit hatte und hastig an den Vorhängen herumzerrte, um mögliche Zuschauer am Blick ins Zimmer zu hindern. Um diese Abendzeit war das ziemlich unwahrscheinlich und auch nicht einfach, denn die Wohnung lag im ersten Stock, und ein Passant hätte schon in die Kastanien vor dem Haus klettern müssen, um Zeuge dieses Spektakels zu werden.

Er betrachtete diese Art von Anstand aber als seine Pflicht, und während er sie erfüllte, wies er zu seiner Verteidigung auf das generelle Verdunklungsgebot im Lande hin.

»Wenn das Licht eine solche Rolle spielt«, sagte sie, »dann muss ich jetzt erst hinüber zum Kinderzimmer gehen, denn ich habe mit ihm ausgemacht, dass ich nachschaue, wenn er Licht hat.«

Mit zwei Sprüngen war er bei ihr, umklammerte sie und fauchte ihr mit bebender Stimme ins Ohr, er würde die Sicherung für das Kinderzimmer herausdrehen. Schnell war er im Flur und hatte das erledigt, bevor sie protestieren konnte.

Das erste Mal in dieser Nacht nahm er sie auf dem Esszimmertisch. Dann trug er sie ins Schlafzimmer und ließ dort nur so viel Zeit verstreichen, wie sie brauchte, um ihn wieder auf Touren zu bringen. Wenn sie einschliefen, war sie es, die als Erste wieder erwachte. Mit vorsichtigen Fingern überzeugte sie sich dann sogleich, in welchem Zustand sich sein Geschlechtsteil befand. Sie brauchte nicht lange, um es sich mit großer Geschicklichkeit einzuverleiben und sich langsam in die sanften Gefilde ihrer Lust zu schaukeln, ohne dass er zu sich kam, bis ihre Umarmung heftiger wurde und selbst seine Rücksichtnahme auf die Nachbarn nicht mehr ausreichte, die Lautstärke ihres Stöhnens zu kontrollieren.

3. KAPITEL

Tierähnliche Laute drangen bis in mein Kinderzimmer. Ein unüberwindliches Verbot hinderte mich daran, der realen Ursache auf den Grund zu kommen.

Nachdem meine Mutter verschwunden war, ohne mir noch eine Geschichte vom kleinen Prinzen zu erzählen, lauschte ich in den Abend hinaus. Es war nichts zu hören außer den drei Schlägen von der Marienkirche und dem Pochen meines eigenen Herzens. Ich legte mir die Hand auf die Brust und zählte mit, um einzuschlafen, wie es mir Tante Kläre gezeigt hatte. Da ich aber die Zahlen nur bis zehn kannte, musste ich immer von Neuem beginnen und verlor nach drei oder vier Wiederholungen die Lust daran. Mir wurde immer klarer, dass ich nicht einschlafen konnte, auch wenn ich noch eine Weile zögerte, das Licht anzumachen. Schließlich drückte ich entschlossen den Knopf –, das Licht ging aber nicht an.

Ich stand auf, tastete mich zur Tür und fand den Schalter für das Deckenlicht, doch auch das blieb aus. Irgendwas war kaputt. Ich fasste den Türgriff, um Bescheid zu sagen, dass das Licht nicht funktionierte. Die Tür war verschlossen.

Ich hätte klopfen oder schreien können, aber instinktiv wusste ich, dass das nichts nutzen würde. Es war schon einmal passiert, vielleicht schon viele Male. Wenn sich auch die Details meiner Erinnerungen aufgelöst hatten, war mir doch die Vergeblichkeit all meiner Versuche bewusst. Es hatte keinen Sinn zu klopfen oder zu rufen.

Ich begann zu weinen.

Oft erhellte der Mond mein Zimmer, auf dessen Tapeten sich die großen Blumenmuster zu bewegen schienen, aber jetzt war es stockfinster. Schluchzend schlich ich ins Bett zurück und kroch unter die Decke. Dort wollte ich Schutz finden, doch die Decke schützte mich nur vor der Kälte von draußen, nicht vor der Kälte, die aus meinem Herzen aufstieg und mir in allen Formen einer Geistersprache von meiner Verlassenheit erzählte. Anfangs schienen die Laute aus irgendeinem unguten Traum zu stammen, doch dann lösten sie sich von mir, und es war, als schliche jemand über eine dumpf knarrende Diele. Sobald das Geräusch anschwoll, klang es wie das Grunzen seltsamer Tiere aus dem Garten, die ich in meinen Märchen suchte, aber dort nicht fand. Schließlich entledigte sich der Klang auch dieser Gestalten und stieg aus dem Garten oder Keller zu mir herauf, um als Erscheinung böser und gefährlicher Gewalten in mich zu schlüpfen. Entsetzt wich ich davor zurück, aber ich konnte nicht fliehen. Umzingelt von meiner Angst, war ich ausgesetzt. Meine Verlassenheit wurde größer und größer, bis ich mich in ihr aufzulösen drohte. Diesem letzten Schrecken meiner Vernichtung stemmte ich mich mit all der Kraft entgegen, die meine Lungen hergaben. Ich brüllte wie am Spieß. (Vielleicht hoffte ich auch, mit meinem Geschrei die Stimmen aus dem Schlafzimmer zu übertönen.)

Wie mir Tante Kläre ein paar Mal berichtet hat, hatte es vor meiner Geburt eine heftige Diskussion um meinen Namen gegeben. Meine Eltern konnten sich offenbar lange nicht einigen. Entzücken sollte er, aber zugleich auch jeweils die Haupteigenschaft vermitteln, die Mutter und Vater mir zu vererben gedachten. Meine Mutter war angeblich für Robert gewesen, weil sie Schumann so liebte, mein Vater für Tronje als Sinnbild treuer Kriegerschaft. Damit hatte er sich nicht durchsetzen können, und schließlich hatten sie sich auf Burkhard geeinigt, wobei es meiner Mutter noch gelungen war, das T in ein D zu verwandeln. Das Ende der Diskussion fand laut Tante Kläre am 19. April in einem D-Zug-Abteil des Zuges nach Berlin statt. Lange war es der Traum meines Vaters gewesen, den nationalen Geburtstagsfeierlichkeiten des Führers am 20. April beizuwohnen. Meine Mutter begleitete ihn, weil sie nicht von seiner Seite weichen wollte. Er war in jeder Hinsicht die große Liebe ihres Lebens, von der sie trotz aller familiären Warnungen nicht lassen konnte.

Sie hatte sich durchgesetzt, hatte ihn geheiratet, war dann mit mir schwanger geworden und reiste neun Tage vor meiner Geburt von Naugard nach Berlin, weil ihr Mann, persönlicher Adjutant des Führers der SA Bereich Pommern, die Stimme Adolf Hitlers hören und, wenn möglich, ihm auch in die Augen schauen wollte. Heute oder morgen an seinem Geburtstag. Meine Mutter sollte auch schauen, die Ekstase sollte sich auch auf sie übertragen, aber sie interessierte sich nicht für Adolf, sie interessierte sich nur für Kurt, ihn wollte sie im Auge behalten, ihn riechen, ihn spüren, ihn tragen und von ihm getragen werden. Es war gleichgültig, was er ihr sagte, sie wollte nur seine Stimme hören, deren tiefes Vibrieren, das ihr Herz berührte und es in sanfte Schwingungen versetzte. Diese Schwingungen lösten bei ihr, wie sie mal sagte, Engelschöre und Sphärenmusik aus. Auch später nach ihrer Scheidung blieb sie dabei. Sphärenmusik, aber keine Märsche, wie er sie nach ein paar Schnaps intonierte, wobei er sich selbst mit der rechten Hand begleitete. Er bumste den Takt mit dem Handballen auf die Tischplatte und imitierte die schnellen Trommelwirbel mit den Fingern.

Nein, die Musik meiner Mutter war ganz und gar nicht der stampfende Ausdruck von Macht, ihre Musik war eher inspiriert von erotischen Gefühlen. Sie liebte Schumann, seit sie im Konservatorium in Stettin Klavier studiert hatte. Das war zu einer Zeit, als ihr noch nicht bewusst gewesen war, dass sich ihr Land – oder besser – ihre Welt, das heißt, alles was sie umgab, einer wüsten Unordnung verschrieben hatte, wie sehr sich dieser Verfall auch den Anschein von Ordnung gab. Am Schluss würde es heißen, wenn das Volk nicht imstande wäre zu siegen, verdiente es seine Niederlage und seinen Untergang. Es war ein Volk, das bereit war, so wurde mir später klar, den Sinn in allem zu sehen, sofern es ihn bloß nicht selbst suchen musste. Ein Volk, das das innere Leiden, auch das Leiden einer persönlichen Sinnsuche, vollständig durch äußeres Gebrülle, Gestampfe, Getöse, Geknatter und unablässige Befehle, Heil-Rufe und anderen Lärm so lange zu überdecken suchte, bis ihm die Zähne ausgebrochen, seine Frauen geschändet, seine Kinder verrückt und seine Felder und Städte verwüstet worden waren.

Neun Tage vor meiner Geburt mahlte sich der gleichmäßige Takt der Eisenbahnräder in mein Nervenkostüm, sodass ich Zeit meines Lebens in diese pränatale Trance zurückfiel, wenn ich Zug fuhr.

Damals war diese Trance mein Schutz. Ein Schutz, den ich brauchte und zu mobilisieren suchte, wenn ich mich in den folgenden Jahren im Finstern zusammenkrümmte, eingesperrt in einem Zimmer, das für mich wie eine Totenkammer war, die sich vielleicht niemals wieder öffnen würde, erschöpft von all den Hilferufen, abgenabelt von meiner Mutter, verzweifelt. Mittels kleiner Bewegungen meines Kopfes und rhythmischer Zuckungen meines Körpers versuchte ich in solchen Situationen, den gleichmäßigen Takt der Eisenbahnräder zu imitieren, versuchte dieses Schaukeln des Zuges noch einmal zu erschaffen.

Neun Tage vor meiner Geburt war meine Mutter verliebt, und mein Vater hatte sich einem Henker verschrieben, der sich am nächsten Tag, dem 20. April 1939, in tausendfachem Glanz und vielen Uniformen zeigen wollte.

Dies war der Blutboden, auf dem ich das Licht der Welt erblicken würde und auf dem ich ein Jurist werden sollte, wenn es nach meinem Vater ginge. Jurist und dann Landrat. Meine Mutter hingegen wünschte sich von ihrem zukünftigen Kind, dass es Schauspieler oder Musiker oder Maler oder Literat werden würde. Sie war eine blond gelockte, junge Schöne, viel zu vital und optimistisch, um im Volk der tumben Marschierer ihren Platz zu suchen. Sie war die Tochter des Holzgroßhändlers Klöhn, der in der Stadt Gollnow das erste Auto besessen hatte. Sie war die Jüngste von drei Geschwistern, das Nesthäkchen, deren einzige Pflicht es gewesen war, strahlend glücklich zu sein und die Familie mit ihren Klavierübungen zu erfreuen. Ihr Bruder, ein Studienfreund des späteren Reichsbankpräsidenten, ging schon kurz vor der Machtergreifung nach Argentinien, verliebte sich dort, heiratete und gründete eine Bank. Ihre Schwester war mit einem Oberst der Wehrmacht verheiratet und hatte bereits zwei Kinder im Abstand von zwei Jahren. Süßchen aber, wie man sie rief, die Jüngste des Holzgroßhändlers, der die Schönheit aller Tage gehören sollte, hatte mit dem Uhrmacher-Sohn und SA-Mann Kurt die schlechteste Wahl getroffen.

Auf dieser Reise nach Berlin am 19. April 1939 nahmen meine Eltern Tante Kläre mit, damit sie zur Stelle wäre, sollte mit meiner Geburt irgendetwas anders als geplant verlaufen. Meine beiden Großmütter waren zu diesem Zeitpunkt schon tot, doch es erschien mir nie als Mangel, weil ihre beiden jüngeren Schwestern, Tante Kläre und Tante Lieschen, sie vollkommen ersetzten.

Tante Kläre hatte einen Picknickkorb mit allerlei Delikatessen gepackt, damit meine Mutter von einer sauren Gurke über Hühnerbrust, Aal in Aspik bis zu einem Becher mit extrem süßer Vanillesoße alles zum schnellen Imbiss dabei hatte. Das war neun Tage vor meiner Geburt, und wenn ich später meine unheimliche Einsamkeit betäuben wollte, sagte ich immer wieder »neun Tage vor meiner Geburt, neun Tage vor meiner Geburt, neun Tage vor meiner Geburt« – das gleichmäßige Rattern von Eisenbahnrädern, das sich mir über das Fruchtwasser mitgeteilt hatte. Diese Formulierung stammte von Tante Kläre, denn sie hat mir die Geschichte von dieser Reise oft erzählt: »Neun Tage vor deiner Geburt fuhren deine Eltern nach Berlin, um bei den Paraden zum Geburtstag des Führers dabei zu sein.«

Des Führers 50. Geburtstag war an einem Donnerstag.

Sie kamen bereits am Mittwochvormittag an, um auch die Vorbereitungen zu den Festlichkeiten mitzuerleben. Schon auf dem Weg vom Bahnhof zum Hotel war alles voller Hakenkreuzfahnen, Girlanden, mit Kränzen umwundener, großer Hitler-Fotos, in jedem Schaufenster stand ein mit Lorbeer gerahmtes Götzenbild. »Wir danken dir, unser Führer!« Aus allen Gauen des Reiches wurden unaufhörlich Geschenke in die Reichskanzlei getragen. Kisten, Truhen, riesige Pappkartons, Vogelkäfige. Aus aller Welt trafen die Gäste ein. Grüßend marschierten Uniformierte ununterbrochen in die Reichskanzlei hinein und wieder heraus. Am Vorabend des Geburtstags übergab der Reichsbauinspektor dem Führer die gerade fertig gestellte Ost-West-Achse der Hauptstadt. Vom Großen Stern grüßte die neu erstandene Siegessäule, und als das Licht des Tages schwand, wurden die Gebäude angestrahlt, überall Schalen mit Feuer entzündet, Scheinwerfer beleuchteten das Wehen der Flaggen und er riesigen Hakenkreuztücher.

Weit vorausplanend hatte mein Vater einen Fensterplatz gemietet, sodass er, Tante Kläre und Mama (mit mir) verfolgen konnten, wie am Morgen des Geburtstags der Reigen der Gratulanten mit den Ständchen der Leibstandarte eröffnet wurde. Der Führer im Eingang der Reichskanzlei mit überkreuzten Händen, einem haarigen Oberlippenviereck und tief gezogenem Mützenschirm. Trachtengruppen warteten mit Blumen, junge und alte Menschen kletterten alle möglichen Säulen hinauf, und über allem wehte die Flagge des Reiches. Applaus, Heil, der Führer bedankte sich; kleine, weiß gekleidete Mädchen umringten ihn. Die säuberlich nach Geschlechtern getrennte Trachtenjugend mit Blumensträußen in den Händen, zog vorüber. Dann kamen aus der Reichskanzlei der slowakische Ministerpräsident Dr. Tiso, Reichsprotektor Freiherr von Neurath und ein Staatspräsident, den Tante Kläre nicht erkannte. Sie stiegen in offene Limousinen.

Ein riesiger Chor sang ein Lied, während der Führer am Fenster den Arm streckte und den Jubel des Volkes entgegennahm. Heil! Auf dem Balkon im ersten Stock trat er an die Balustrade, lächelte, riss den Arm hoch und hielt ihn lange gestreckt. Eine Stunde später verließ die Kolonne der offenen Limousinen mit dem Führerkader den Hof der Kanzlei. Schnell wurden kleine Kinder hochgehoben, um ihr Ärmchen zu strecken. Die Fahrt ging an ihnen vorbei durch das Regierungsviertel, wo ein Teil des Volkes angetreten war – in Uniformen, in Panzern, auf Pferden, mit Armbinden, geschmückt mit den Insignien der Staatsjugend. Der Führer stand vor dem Beifahrersitz und grüßte; seine Begleitung behielt Platz, den Gipfel einer Karriere genießend, die nicht mehr zu überbieten war, den Gipfel der Geschichte. Motorisierte Einheiten standen, Flakgeschütze, Panzerspähwagen verharrten, während die Führerlimousine weiterrollte, unter dem Siegestor hindurch nach einem dramatisch verlorenen Krieg vor zwanzig Jahren. Da nahm das Rufen des Volkes zu und steigerte sich zu hysterischem Schreien, das wie eine Welle entlang der Siegesallee die Führerlimousine begleitete.

Meine Eltern, Tante Kläre und ich hatten inzwischen den Platz gewechselt und waren in einen Wagen der SA gestiegen, unmittelbar dort, wo die Truppen sich zur Parade der größten Heerschau des Dritten Reiches formiert hatten. Vier Stunden lang zogen nun alle Waffengattungen an ihrem obersten Befehlshaber und an uns vorüber. Der Führer erhob sich, mein Vater erhob sich, wenn der Führer ihn unter den Vielen auf der anderen Fahrbahnseite auch nicht wahrnehmen konnte. Meine Mutter blieb sitzen, auf Schwangere wurde Rücksicht genommen. Der Führer und mein Vater kreuzten die Hände, wandten den Blick nach oben, wo die Formationen der Luftgeschwader vorbeidröhnten. Er und mein Vater setzten sich wieder. Ein neues Regiment trug Fahnen herbei, wieder erhoben sie sich, legten die linken Hände ans Koppel, der Führer ließ den rechten Arm zum gestreckten »Sieg Heil« schnellen, und alle – auch mein Vater – folgten der Bewegung. Die Stiefel knallten, der Marsch hämmerte, Fallschirmjäger und die Marine ließen grüßen, ein Reiterregiment auf Schimmeln trommelte und blies ins Horn. Die Musiker auf den Pferden machten eine Wende, nahmen Aufstellung gegenüber dem Führer, verdeckten meinem Vater die Sicht. Zwischen ihm und dem Führer ritt das Bataillon hindurch, gefolgt von einer motorisierten Infanteriedivision und einer Panzerabteilung. Dann war die

Sicht wieder frei, abermals trat ein Bataillon vor, senkte die Fahnen, und die Nationalhymne erklang.

Dieser 20. April war der Deutschen glücklichster Tag, denn niemals zuvor wurde ein deutscher Held und Führer so gefeiert. Nicht nur sang es laut aus allen Kehlen: »Die Himmel rühmen des Ewigen Ehre«, nein, die Himmel sandten, laut Tante Kläre, auch das schönste Wetter, das sich meiner Mutter warm um die Schultern legte. Beglückt summte sie zur Führerlyrik, die mein Vater ihr aus allen möglichen Zeitungen vorlas. Dann überraschte er sie mit zwei Karten für die Staatsoper, wo Herbert von Karajan *Fidelio* dirigierte. Das hörte ich nicht mehr, da schlief ich bereits. Das Letzte, das an meine müden Ohren drang, war der Männergesangsverein vor unserem Haus, der mit dem Lied »Brüder, weihet Herz und Hand« des deutschen Volkes unbegrenzte Liebe zu Führer und Vaterland pries.

All dies ging mir durch den Sinn, als für einen Moment Stille in meiner Geisternacht eingetreten war. Es war eine Stille, die nicht lange währte, denn meine Mutter besaß eine Grammophonplatte mit *Fidelio,* von Karajan dirigiert, und legte sie nun in der Pause ihrer Liebesnacht auf. Wieder erhob sich der Horror der Dunkelheit.

Immer, wenn mein Vater für diese kurzen Urlaube zurück nach Hause kam, wurde ich weggesperrt. Nicht allein wegen der Lust und Bequemlichkeit meiner Eltern, sondern weil mein Vater einem Erziehungsprinzip huldigte: Unerbittlichkeit. Er sagte immer wieder zu meiner Mutter: »Wenn er schreit, und du gehst zu ihm ins Zimmer, gibst du ihm recht. Er macht die Erfahrung, dass er sich mit seinem Gebrüll durchsetzen kann. Er muss lernen, dass er seinen Willen auch durch seine Toberei nicht kriegt. Da musst du unerbittlich sein.«

4. KAPITEL

Am nächsten Tag, meinem fünften Geburtstag, schliefen meine Eltern ziemlich lange, und es war Tante Lieschen, die mir zuerst gratulierte und mir beim Anziehen half. Sie war mit dem Frühzug aus Gollnow gekommen, hatte mein Zimmer unverschlossen vorgefunden und tröstete mich mit einem Frühstück in der Küche, bei dem ich das Brötchen in die heiße Honigmilch stippen durfte. Außerdem ließ sie mich mein Geschenk erraten: einen Gutschein für ein Pony. Pferde waren meine Lieblingstiere. Zehn Gutscheine brauchte ich, dies war der achte. »Noch Weihnachten und ein Geburtstag«, strahlte ich glücklich.

Als meine Eltern aufgestanden waren, gab es das große Geburtstagsfrühstück, an dem auch Muckchen teilnahm. Sie schenkte mir einen Panzer, den sie selbst geschnitzt hatte. Bevor ich ihn entgegennehmen konnte, hatte ihn mein Vater in den Händen, drehte und wendete ihn und spendete fachmännisches Lob. Muckchen errötete.

Dann reichte er ihn mir mit den Worten: »Dies ist ein Panther. Kannst du vergleichen mit dem russischen T-34, aber unserer ist besser bei gleicher Mobilität. Was wiegt er?«

»30 Tonnen«, sagte Muckchen und sog tief an ihrer Zigarettenspitze.

»Ja, und bei diesem relativ niedrigen Gewicht hat er durch die günstige Neigung der Panzerwände – hier, siehst du?« – er nahm ihn mir wieder weg und strich mit dem Finger über die Seiten – »... eine sehr gute Panzerwirkung.«

»Das hat der T-34 auch«, sagte Muckchen und schwenkte ihre Zigarette Richtung Panzer, »aber der hier hat eine ganz moderne Feuerleitung.« Dann zog sie wieder, behielt aber die Spitze zwischen den Zähnen, »und hier ...« – ruck, zuck hatte sie den Panzer in beiden Händen – »... Drehstabfederung und einen Drei-Mann-Turm.« Sie hielt das Schnitzkunstwerk hoch ins Licht, als sollte die Sonne aufgehen und hindurch scheinen. Dann gab sie ihn mir zurück, und Papa sagte:

»Die Tiger sind zu unbeweglich, haben wir die Erfahrung gemacht.« Sein Ton war entspannt, er hatte sich zurückgelehnt, alle anderen »sendeten« nicht mehr, wie Muckchen, die Funkerin, gesagt hätte. Diese Schwingung von Kennerschaft verband im Moment nur sie mit ihm.

Sie machte eine ausladende Bewegung mit Arm und Spitze, deren Mundstück rot wie ihre Lippen war. »Aber auf ihre Art auch sehr gefährlich.« Sie lachte.

Natürlich bekam ich den Unterton nicht mit; erst später erfuhr ich von meiner Mutter, dass Muckchen meinen Vater bei ihren Sexspielen Tiger nannte.

Nach dem Frühstück blieben sie alle noch sitzen, aber ich zeichnete, am Boden kniend, Loks, in voller Fahrt, wie sie qualmend aus dem Tunnel donnerten. Ich hatte die Angewohnheit, zu zeichnen oder mit Farbe zu klecksen und zu pinseln, wenn meine Seele wie diese Loks überdampften. Tante Kläre machte alle darauf aufmerksam und sagte, »Wie schön er zeichnet!«. Worauf mein Vater blaffte: »Wer hat gesagt, dass du aufstehen darfst?«

»Es ist sein Geburtstag«, meinte meine Mutter beschwichtigend, worauf er lächelte und sagte: »Oh ja, ich wollte dir ja noch mein Geburtstagsgeschenk zeigen. Geh schon mal in mein Zimmer, ich komme gleich.«

Gehorsam ließ ich meinen Zeichenblock liegen und ging in sein Zimmer. Es hatte eine gepolsterte Tür, die ich hinter mir zuschob. Noch immer war ich verbittert und blieb mit dem Rücken an der Tür stehen. Mir gegenüber hing ein Hitler-Bild in schwarzem Rahmen, der Held meines Vaters, dem er einmal gegenüber gestanden und in die blauen Augen geschaut hatte, wie er Besuchern stets erklärte. Ich mochte den Mann auf dem Bild nicht, seine Haare hingen ihm hässlich ins Gesicht. Zu poliert glänzten sie am Scheitel. Tief über seine Schulter lief ein Lederriemen.

Um den Rauchtisch stand eine Ledergarnitur und in der Ecke, schräg zum Fenster, der Schreibtisch. Dahinter an der Wand hing ein Ölgemälde, ein aufsteigender Schimmelhengst mit wehender Mähne. Das Bild mochte ich und wünschte mir, auf so einem Pferd zu reiten.

Auf dem Schreibtisch stand als Briefbeschwerer meine Märklin-Eisenbahnlok in Rot und Schwarz mit einem Anhängerwagen, bei dem man die Türen aufschieben konnte. Das war der Anfang einer inzwischen abgebrochenen Geschenkserie für mich gewesen, die zu einem großen Reichsbahnnetz ausgebaut werden sollte. Es hätte einen Teil des Dachbodens bedeckt, und zwar den zum Garten hin, weil auf dem anderen Teil, dem südlichen, Familie Schattner ihr Territorium hatte. Es war aber bei dem einen Weihnachtsgeschenk, einer Lokomotive mit Tender und Anhänger, geblieben, weil ich angeblich nicht nur die dazugehörigen Schienen, sondern auch das Gestänge an der Lok kaputt gemacht hatte. Ich kann mich an mein zerstörerisches Tun zwar nicht erinnern, aber da einer meiner Wesenszüge Ungeduld ist, halte ich es für möglich. Damals allerdings bestritt ich es wütend und unter Tränen. Vergeblich, denn bis zu ihrem Tod führte Tante Kläre diese Geschichte als Beispiel an, wenn sie anschaulich machen wollte, dass ich manchmal »so schrecklich böse« sein konnte. Wie auch immer – ich schätzte diese Lok als Vaters Briefbeschwerer viel mehr, als wenn sie auf dem Dachboden als Reichsbahn herumgedüst wäre. Normalerweise bekam ich sie auch gar nicht zu Gesicht, denn uns Kindern war es verboten, Vaters Zimmer zu betreten. Jetzt ging ich auf die Lok zu, denn neben ihr lag Papas Geburtstagsgeschenk: ein großes Bilderbuch mit einem grauen Schlachtschiff.

Vater kam herein, überholte mich, wobei er mit Schwung unter meine Achseln fasste, und setzte mich auf seinen Schoß. Er legte beide Arme um mich, nahm den Bildband und erklärte mir vor jedem Umblättern die militärischen Aktionen. Unsere Soldaten erkannte ich an den zuversichtlichen oder gar fröhlichen Gesichtern, die Feinde am finsteren Ausdruck. Ich konnte das Kampfgeschrei fast hören. Alles auf den Bildern schien unablässig in Bewegung zu sein, veränderte sich jedoch nicht. Ein kleiner Trupp siegessicherer Soldaten stürmte eine Flak-Stellung mit grimmig dreinblickenden Franzosen, ohne die Stellung je zu erreichen.

Vater deutete auf den Zigarrenanzünder auf dem Rauchtisch, hob mich vom Schoß und stellte mich neben den Schreibtisch vor einen drehbaren Ständer mit verschiedenen Füllfederhaltern, drei dazugehörigen Tintenfässern und einem Löschpapierstempel. Schon immer hätte ich gerne mit der roten Tinte gemalt, doch leider durfte ich davon nichts anfassen. Als Papa sich die Zigarre angezündet hatte und mich wieder auf den Schoß nahm, stürmten die Soldaten immer noch an derselben Stelle. Ich hätte sie gerne in Bewegung gebracht, die durch die Luft schwirrenden Kugeln gesehen, ihren Siegesjubel und ihr »Blutopfer«, wie mein Vater sagte, obwohl ich nicht genau wusste, was das war. Aus dem Buch tropfendes Blut, das ich mit dem filzigen Papierstempel hätte löschen können, würde mir sicher gefallen haben. Rote, dicke Seen neben kleinen Inseln blauer Tinte.

In dem Buch waren auch die Dienstgrade der SA abgebildet: Männer mit Mütze, Riemen unterm Kinn, Daumen vorn im Gürtel. Die Uniformen waren braun, und manche trugen am Arm eine Hakenkreuzbinde. Papa sagte, bei dem Verein sei er auch gewesen. Nun war er bei einer Versorgungseinheit in Dresden, wo ihn meine Mutter oft besuchte, um mit ihm ins Konzert oder in die Oper zu gehen.

Vielleicht hätte ich die strammen Männer mit Mütze und Querriemen bewundert, wenn mit dieser Glückswelt meines Vaters nicht die häufige Trennung von meiner Mutter verbunden gewesen wäre. Von ihren Reisen nach Dresden kam sie immer so strahlend zurück, dass es mir einen Stich ins Herz versetzte.

Als mir abends Tante Kläre wieder eine Geschichte vom kleinen Prinzen erzählen wollte, der auf seinem Planeten auch immer alleine war, wie ich, wenn ich eingesperrt war, berichtete ich ihr davon. Eigentlich wusste ich nicht, wer die Tür abschloss und das Licht ausschaltete. Da es aber nur in den Nächten passierte, in denen mein Vater zu Hause war, hielt ich ihn für die böse Macht, die mich in Ängste versetzte. Tante Kläre würde nichts gegen ihn ausrichten können, das ahnte ich. Aber ich musste jemandem mein Leid klagen.

Sie schaute mich eine Weile ratlos mit ihren wässrig blauen Augen an. Da spürte ich instinktiv, dass ich lernen musste, auch Angst zu verbreiten. Größere Angst, als ich während meines Eingesperrtseins empfand. So etwas wie eine Gegenwelle von Angst aussenden. Aber warum sollte ausgerechnet Tante Kläre mir helfen können, einen Schrecken zu erfinden, der größer wäre als jener meiner einsamen Nächte? So traurig und hilflos, wie sie da am Bettrand saß, war das doch sehr unwahrscheinlich.

»Das ist der Krieg, der das alles macht«, sagte sie schließlich. »Seinetwegen muss Papa immer weg und hat nur diese wenigen Stunden zu Hause. Wenn der Krieg vorbei ist, wird alles anders.«

Ich wusste, dass Krieg war und dass dieser Begriff etwas mit Schlachten, Panzern und Soldaten zu tun hatte. Aber letztlich war es nur ein Wort für mich, nichts, was tiefer in mein Leben eingedrungen wäre. Selbst die Flugzeuge, die manchmal kleine Teile des Himmels punktierten oder mit Streifen durchpflügten, waren fern und nahmen ihr Grollen stets mit, wenn sie verschwanden. Und nun sollte sich der Krieg in etwas verwandelt haben, das in meinem Vater steckte und mit ihm unser Haus betrat? Ein unsichtbarer Feind, der mir Angst machte und dem ich mit keinem Schrecken drohen konnte?

Zu den harten Fakten, die Erwachsenen nichts bedeuten, bei Kindern aber ein Drama auslösen, gehörte, dass mir meine Mutter eines Tages nicht mehr die Geschichten vom kleinen

Prinzen erzählen wollte. Meine zwei Jahre jüngere Schwester Dagi hatte rebelliert.

Als sie geboren wurde, hatte ich die allergrößte Mühe, einen Wortschatz von neunhundert Wörtern um hundert zu erweitern, war schon trocken und trat gerade in die Phase ein, in der sich Gefühle von Liebe und Hass entwickeln. Ich sagte »Ich« und zeichnete Kanistermännchen mit einem viereckigen Bauch. Die Männchen wurden von meiner Mutter in den höchsten Tönen gelobt, aber als Dagi plärrend auftauchte und gleich die ganze Aufmerksamkeit auf sich zog, waren meine Kanistermännchen keinen Blick mehr wert. Sehr bald danach wurde mir das Baby mit dem Auftrag ins Zimmer gestellt, aufzupassen, dass es nicht an die Steckdose ging.

Jetzt war es groß genug zu verhindern, dass ich mit unserer Mutter abends eine halbe Stunde für mich alleine hatte. Doppelt ausgeschlossen fühlte sie sich, weil die Geschichten vom kleinen Prinzen ein Geheimnis waren, von dem niemand, insbesondere nicht mein Vater, wissen durfte; auch nicht, wie wir das Buch bekommen hatten. Dagi spürte natürlich, dass in dieser halben Stunde etwas ganz Außergewöhnliches vor sich ging, und ließ nicht locker, an der Tür zu kratzen und zu stören.

Erst auf meinen anhaltenden Protest hin fand sich eine Lösung, an die ich mich nach und nach gewöhnte: Tante Kläre wurde ins Vertrauen gezogen, sie übernahm Mutters Rolle und erklärte mir abends vor dem Schlafengehen, was in dem Buch stand.

Ganz wunderbar fand ich, dass meine Schwester von dem Buch, den Geschichten und den Zeichnungen darin nichts wissen durfte. Sie durfte gar nicht dabei sein, wenn ich mit meiner Mutter oder Tante Kläre über den kleinen Prinzen redete, weil sie alles nachplapperte und sich das Geheimnis schnell in die neueste Nachricht verwandelt hätte. Mein Vater, die Schattners und alle sonst würden davon erfahren haben. Überhaupt war sie wie mein Schatten, und was ich bis dahin mit einiger Mühe als meine Einzigartigkeit gerettet hatte, war bereits den Bach hinuntergegangen. Denn sie wollte all das haben, was mir gehörte. Nahm ich etwas in die Hand, versuchte sie, es mir zu entreißen. Wollte ich auf Mamas Schoß, wollte sie auch und unterstrich es mit enervierendem Geplärre. »Die kleine Süße«, wie Tante Kläre sie immer nannte, förderte nicht meine Bereitschaft zu schenken, sondern meinen Unwillen zu teilen. Ich versuchte, diese Situation umzukehren, und bestand eines Tages darauf, auch wieder an der Mutterbrust zu saugen, machte ins Bett und verlangte Windeln.

Schon dem Baby hatte ich mit allerlei Beschimpfungen gezeigt, dass es unerwünscht war. Sobald Dagi sprechen konnte, ging ich mit ihr die verschiedenen Formen des Ablebens durch und hoffte, sie würde nicht nur eine finden, die sie bevorzugte, sondern sie auch in die Tat umsetzen. Ich zwickte die Kleine, schlug sie, zog sie an den Haaren, schubste sie heimtückisch oder brachte sie sonst wie zu Fall.

Ich hatte genügend Gelegenheiten dazu, denn meine Mutter hatte mir schon früh einen Teil ihrer Erziehungsaufgaben überantwortet. Wollte sie schwimmen gehen, wohin sie mich früher mitgenommen hatte, gab sie nun die »süße Kleine« in meine Obhut. Hängte sie Wäsche auf, gab sie die Kleine mir, weil der Ganter die »Lütte« im Hof nicht duldete. Beim Bügeln hätte sie sich verbrennen, beim Heißmangeln einklemmen können. Schon bald ging meine Mutter auch alleine einkaufen, Tante Kläre machte den Haushalt, und ich kümmerte mich um das Wohl der Lütten. Ich tat es so hingebungsvoll, dass sie an meiner Fürsorge zweimal fast erstickt wäre. Doch bevor jemand anderes es bemerkte, rettete sie sich, indem sie in Tränen und lautes Gebrüll ausbrach, das nicht nur Tante Kläre, sondern sogar die Schattners von unten auf den Plan rief.

»Du kniest auf ihr und würgst sie!«, war der empörte Ausruf aller.

5. KAPITEL

Da mein Vater Urlaub hatte, also diesmal länger in Naugard blieb, und ich gar nicht so viel anstellen konnte, um all die Tage mit Stubenarrest zu verbringen, wurde ich, wie schon so oft, nach Gollnow zu Tante Lieschen gebracht, der jüngeren Schwester von meiner Mutters Mutter. Sie lebte dort im Parterre eines Mietshauses, das sie geerbt hatte. Im Vorgarten zur Straße, die kaum befahren war, standen Fliederbüsche und nach hinten gab es einen leicht verwilderten Obstgarten, der zur Ihna hinunter abfiel.

Ich liebte Tante Lieschen fast so wie meine Mutter. Mich faszinierten ihre langen, dunklen Kleider, stets hoch geschlossen bis zum weißen Rundkragen. Selbst die Knöpfe waren mit dunklem Stoff bezogen, die Strümpfe schwarz und auch die halbhohen Schuhe. Das Haar trug sie streng nach hinten, wo es in einem Knoten zusammengehalten wurde. Weich und blass waren ihre Wangen, die Augen, aus denen häufig ein Sonnenlächeln blitzte, dunkel und gütig. Wenn sie mir morgens in der Küche heiße Milch mit Honig machte, in die ich die Brötchen eintunken durfte, zog sie sich eine blütenweiße Schürze über, deren Bänder sie im Rücken zur Schleife knüpfte. Sie tat es mit schneller Bewegung und feierlicher Sachlichkeit, die ihre Achtung nicht nur vor der Schürze, sondern auch vor allen anderen Dingen ausdrückte. Alle Dinge, ebenso wie die Menschen, standen für sie ganz im Sein Gottes – selbst mein gieriger Genuss an dem süßen eingestippten Brötchen, ein Genuss, der meine Zähne verweichlichte.

Jeden Morgen ließ mich Tante Lieschen so lange im Bett, wie ich wollte, und es gehörte zu meinen glücklichsten Momenten, nach dem Erwachen den Spatzen in den Fliederbüschen vor meinem Fenster zu lauschen. Sie schnatterten, kreischten, quietschten und waren so scharf auf das lebendige Leben wie eine Herde wilder Affen im Stettiner Zoo. Mit dieser tobenden Spatzenenergie füllten sie mein Herz, mir war schwindlig vom Flirren ihres Gefieders und dem Rascheln der Blätter, während ich durch halb geschlossene Lider beobachtete, wie sich das Morgenlicht veränderte. Mollig war es unter der Federdecke, und der Gedanke, dass Tante Lieschen sofort nach meinem Erscheinen in der Küche eine große Tasse heißer Milch bereit hätte, in die ich so viel Honig füllen konnte, wie ich wollte, um dann das Brötchen hineinzustippen, erzeugte in mir eine süße Zufriedenheit. Wenn ich ihr in der Küche gegenübersaß, schaute sie mir so aufmerksam zu, als gäbe es nichts Wichtigeres im Leben als mein Löffeln, Schlürfen und Schlecken.

Wenn Tante Lieschen und ich spazieren gingen, blieben wir oft auf der Brücke über der Ihna stehen und beobachteten die Strudel des schnell dahinfließenden Wassers. Es war beruhigend, in die Wirbel zu starren, die sich mit Säuseln, Sprudeln und Gischten in meine Gedankenleere einschrieben. Neben Tante Lieschen befand ich mich stets im Zentrum eines tiefen Friedens, denn von ihr gingen weder Forderungen noch Ermahnungen, weder Verbote noch Belehrungen aus, es sei denn, ich hätte sie nach etwas gefragt.

Unsere Spaziergänge fanden nach dem Mittagessen statt. Sie führten uns die Straße hinunter bis zur Brücke und einen schmalen Pfad längs des Flusses zurück. Durch eine Eisentür im Zaun betraten wir den Obstgarten, wo Tante Lieschen im Herbst die Früchte prüfte. Die heruntergefallenen Äpfel sammelte sie in einer Kiepe, die an der Terrasse stand. Wenn es genügend waren, sagte sie der polnischen Frau Bescheid, die ihre Wohnung in Ordnung hielt, die Wäsche machte und einmal in der Woche einkaufte. Smolna kochte dann Apfelmus ein.

Wie ein junger Hund lief ich Tante Lieschen voraus und kehrte zurück, um sie etwas zu fragen oder ihr etwas zu zeigen. Einmal fand ich einen Groschen. Ich rannte sofort zu ihr und wollte wissen, was ich mir dafür kaufen könnte. Zweimal ein

Eis, und das taten wir dann auch. Es war sehr aufregend, denn in Naugard hätte meine Mutter mir den Groschen abgeknöpft und in die Familienkasse gesteckt.

Diese kleinen Unterschiede versüßten mir die Aufenthalte in Gollnow. Außerdem gab es nicht das Gezeter Dagis, und ich genoss die Stille und Friedlichkeit, die Tante Lieschen stets umgaben. Sicher hing meine Liebe auch mit der Freiheit zusammen, die sie mir in die Seele zu zaubern verstand. Was immer ich tat oder unterließ, stets gab sie mir das Gefühl, alles läge in meinen Händen. Nichts war zu tun, was ich nicht wollte, alles war erlaubt, wonach mir der Sinn stand. Selbst unsere Spaziergänge schienen auf meiner täglich neuen Entscheidung zu beruhen, Tante Lieschen zu begleiten, denn bevor wir uns auf den Weg machten, fragte sie mich jedes Mal, ob ich Lust darauf hätte. Dabei betonte sie ihre Frage so, als wäre es das erste Mal, dass sie die Idee mit dem Spaziergang hätte. Und niemals wiederholte ich meine Antwort vom Vortag, immer fand ich neue Worte für mein Ja.

Auch liebte ich jede ihrer Bewegungen. Gespannt beobachtete ich, wie sie einen Apfel schälte, die Temperatur des Wassers prüfte oder sich ein schwarzes Schultertuch umwarf, das sie mit einer silbernen Spange zusammensteckte. Auf unseren Spaziergängen hielt sie in der rechten Hand ihren Krückstock, mit dem sie auf alles Mögliche zeigte – Blumen, Bäume, Tiere – und mir davon erzählte. Etwa vom Winterschicksal der Schwäne auf der Ihna, vom Löwenzahn am Rande des Weges oder die Geschichte der großen Rotbuche. Sie tat das auf eine so poetische Weise, als hätten all diese Geschöpfe von Gottes Gnaden sich ihr kürzlich anvertraut. Und so heiter, als gäbe es kein Unglück und keinen Schmerz auf der Welt. Dabei lernte ich die Namen verschiedener Gräser, Bäume und Pflanzen, aber es war nicht ihre Absicht, mir all dies als Wissen beizubringen. Weder war sie belehrend noch war sie wie meine Mutter, die Namen für die Dinge brauchte, damit sie in ihrem Alltag Platz fanden. Und auch nicht wie mein Vater, der die Dinge aufrief, damit sie sich in ein Ordnungssystem einfügten. In das von Linné beispielsweise, wenn es um Pflanzen ging. Tante Lieschens Stimme entsprang ihrem Herzen und endete in meinem.

Ich habe sie nie gefragt, warum sie allein lebte, auch nie, ob sie verheiratet gewesen war, denn der Gedanke an andere Menschen, die ihr nahe gewesen sein könnten oder noch nah wären, hätte mein Paradies nur gestört. Abends saß sie immer an meinem Bett, beantwortete meine Fragen und ließ sich manchmal von ihrer Begeisterung für geschichtliche Dinge mitreißen. Sie besaß ein erstaunliches Gedächtnis und erzählte mir gerne aus der Vergangenheit unserer Heimat. Es schien ihr wichtig, dass ich zumindest ein wenig davon begriff, an welchem Punkt der Geschichte wir standen.

Ihrer Meinung nach gab es hier schon vor zwölftausend Jahren Menschen, was ich ganz seltsam fand, denn ich hatte mir vorgestellt, dass es hier immer Menschen gegeben hätte.

»Nein«, widersprach sie, »die meiste Zeit gab es nichts auf der Erde, dann kamen die Pflanzen und sehr viel später die Tiere und als Letztes die Menschen. Wenn du die Geschichte der Erde betrachtest, sind wir erst seit kurzem hier. Dennoch sind zwölftausend Jahre eine riesige Zeitspanne, und damit du dir das ungefähr vorstellen kannst: Es ist so lange, wie zwei Komma vier Millionen Menschen brauchen, um einer nach dem anderen geboren zu werden und zu sterben.« Sie lachte, weil ich es so noch weniger verstand, und als ich nachfragte, weigerte sie sich, immer noch lachend, mir das zu erklären. »Dann erzähl ich dir lieber von den Germanen, die früher hier wohnten.«

»Warum wohnen die jetzt nicht mehr hier?«

»Sie sind nach Süden gezogen, weil es ihnen hier zu kalt wurde.«

»So kalt ist es im Winter doch gar nicht«, sagte ich, weil ich selten fror. Das hatte auch seinen Grund darin, dass mein Vater Frieren nicht duldete. Sobald Dagi oder ich auch nur das geringste Zittern oder Bibbern andeuteten, verlangte er, dass wir uns etwas Wärmeres anzögen, und kam immer mit demselben harschen Spruch: Wer friert, ist entweder arm oder dumm!

»Die Winter waren früher sehr viel kälter als heute«, sagte Tante Lieschen.

Die Winter damals kälter – wie konnte das sein? Ich merkte, dass die Dinge nicht einfacher wurden, wenn ich mehr nachfragte, sondern komplizierter, und die Anstrengung, es dennoch zu begreifen, machte mich jedes Mal schnell müde, so dass ich mich darauf beschränkte, einfach nur zu fragen »Und dann?«

Sie lächelte und fuhr in ihrer lieblichen, weichen, fast säuselnden Stimme fort: »Ja, als die Germanen weg waren, gab es hier gar keine Menschen, aber allmählich rückten aus dem Osten westslawische Jäger, Fischer und Bauern ein. Sie bauten ihre Siedlungen in der Nähe des Meeres, weswegen sie auch Pomoranen genannt wurden. Pomorje kommt aus dem Slawischen und heißt Land am Meer.«

»Und dann?«

»Und dann sprachen sie pomoranisch miteinander.« Durch meine Augenschlitze konnte ich sehen, dass sie das Gespräch amüsierte.

»Was haben sie gesagt?«

Sie konnte die Sprache der Pomoranen oder Wenden imitieren, jedenfalls tat sie so. Es war so lustig, dass ich wieder munter wurde, um es auch zu versuchen. Sie sagte, diese Wörter hätten sich durch die Vermischung mit den deutschen Dialekten erhalten, wie Grenze, Schmetterling, Peitsche, Jauche, Tollpatsch oder Lulatsch. Die beiden letzten gefielen mir besonders, weil ich Tollpatsche und Lulatsche sofort mochte, nachdem sie sie mir beschrieben hatte. Da man bei meinem Vater immer alles wissen musste, brachte ich meine neuen Kenntnisse bei seinem nächsten Besuch sofort an, doch es trieb mir fast Tränen in die Augen, dass er Tante Kläre und Tante Lieschen immer niedermachte, sofern sich ihm nur die kleinste Gelegenheit dazu bot. Hier behauptete er, Tollpatsch komme definitiv aus dem Ungarischen, was keine slawische Sprache sei, und Lulatsch könne auch ebenso gut jiddisch sein. Ich glaubte Tante Lieschen und nicht ihm und fand es sogar wunderbar, dass alle Worte mit »atsch« oder »iest« am Ende aus dem Wendischen kämen, also Worte der Ureinwohner wären.

»Dann bin ich ja auch ein Ureinwohner!«, rief ich erfreut.

»So könnte man sagen. Immerhin hat dein Großvater deinem Vater einen Stammbaum überreicht, der bis auf die Wenden zurückgeht.«

Ich fand das aufregend, aber sie meinte, so toll sei das gar nicht, denn die Slawen seien heute in Ungnade gefallen.

»Was heißt das?«

»Die Nationalsozialisten mögen nur Germanen. Keine Slawen.«

»Warum mögen sie uns nicht?«

»Weil sie sich selbst nicht mögen. Wahrscheinlich messen sich Hitler und Goebbels an ihren eigenen arischen Gesetzen, wenn sie sich abends vor den Spiegel stellen und sich als Schandfleck erkennen. Was jeder Arier bestätigen wird.«

»Was ist ein Arier?«

»Ursprünglich heißt es edel. Das sollen die Germanen sein, wenn sie blond, schlank, hochgewachsen sind und blaue Augen haben. Der Arier ist ein reinrassiger Abkömmling der Kimbern und Teutonen.«

»Wer sind die?«

»Nordische Urstämme.«

»Das sind wir nicht?«

»Das ist alles Unfug. Aber dennoch gibt es den Beschluss, dass die Slawen hier weg müssen. Sie sollen nach Polen oder sonst wo in den Osten umquartiert werden.«

»Aber dann gibt es hier ja keine Leute mehr.«

»Ein paar können noch hier bleiben, denn die Familie deiner Mutter zum Beispiel stammt nicht von den Westslawen ab.«

Als ich Tante Lieschen später noch ein paar Mal auf den »westslawischen« Ursprung meines Vaters ansprach, streichelte sie mir lächelnd über das Haar und sagte, sie habe nur einen Scherz gemacht, weil es Leute gebe, die sich in solche ethnologischen Unsinnigkeiten hineinsteigerten, aber so etwas stifte nur Verwirrung. »Kein Mensch kann sagen, woher all die Menschen kommen, die heute in Deutschland leben«, und sie fügte hinzu: »Und es wäre auch völlig egal.«

Das war es aber nicht, denn mein Vater regte sich ungeheuer darüber auf, dass Tante Lieschen, die er plötzlich Tante Luschen nannte, »diesen Blödsinn mit der iest-Endung« aus dem Wendischen erfunden habe. Der Name unserer Familie komme letzten Endes aus dem Holländischen, seine Vorfahren hätten also weit entfernt von den Slawen gelebt. Er verbot Tante Lieschen daraufhin, mir bei meinen Besuchen weitere geschichtliche Lektionen zu erteilen.

Tante Lieschen kümmerte sich aber nicht darum, sondern erzählte mir abends am Bett weiterhin von den heidnischen Wenden, oder genauer gesagt, dem Stamm der Pomoranen, die 1130 von einem süddeutschen Bischof zum Christentum bekehrt worden waren. Mit einem schwer bewaffneten Tross war er aus Bamberg hier angerückt, hatte vierzehn Kirchen gegründet und etliche Klöster, deren Mönche sofort anfingen, das Land urbar zu machen. Ich fand diese Möglichkeit, leeres Land zu besetzen, zu besiedeln und urbar zu machen, aufregend und stellte mir gerne vor, dass ich einer dieser deutschen Ritter gewesen wäre, die aus Niedersachsen, Schleswig-Holstein, Westfalen, der Pfalz, Flandern und auch aus Holland gekommen waren.

Holland, natürlich, ließ mich aufhorchen, denn vielleicht hatte mein Vater ja doch Recht! Vielleicht waren wir bei diesen Holländern dabei gewesen. Als ich das Tante Lieschen vorhielt, sagte sie, es könnte durchaus so gewesen sein.

War mein Vater nun also Slawe oder Holländer? Es ließ sich für mich nicht aufklären, und diese war eine von den vielen Sachen, die mich als Kind verwirrten und für deren Aufklärung die Erwachsenen sich dennoch nicht verantwortlich fühlten. Trotzdem versuchte ich es noch einmal, und ihre Antwort war:

»Ob die Vorfahren aus Holland kamen oder als Pomoranen hier schon lebten, war damals ganz gleichgültig. Es kam nur darauf an, dass sie katholisch waren und nicht heidnisch.«

»Und was waren sie?«

»Katholisch, jedenfalls von dem Moment an, wo ganz Europa katholisch geworden war.«

»Und sind wir das noch immer?«

»Nein. In unserer Familie sind alle evangelisch-lutherisch.«

»Ist das etwas anderes als katholisch?«

»Es ist nicht sehr verschieden. Der Hauptunterschied besteht darin, dass den einen ihre Sünden durch eine Beichte vergeben werden und die anderen sich ihre Sünden selbst vergeben.« Sie fügte hinzu: »Aber auch das ist egal, denn es werden so viele Sünden begangen, dass man weder mit dem Beichten noch dem Vergeben nachkommt.«

Natürlich reichte mir das nicht, und ich wollte wissen, was evangelisch-lutherisch war.

In ihrer weitschweifigen Art sagte sie: »Damals war ganz Europa katholisch, und da musste es natürlichen einen geben, den das störte, wie das immer so ist, und der der katholischen Glaubenspraxis den Kampf ansagte. Dieser Mann hieß Martin Luther, und der Krieg ging los.«

»Hier auch?« Die Idee mit dem Krieg regte mich auf, denn alle sprachen davon, aber ich hatte nie etwas davon gesehen und konnte mir kein wirkliches Bild machen, was das war. Aber ich wurde auch diesmal enttäuscht.

»Nein, hier nicht. In Pommern lief die Auseinandersetzung zwischen den Lutheranern und den Katholiken erst einmal ganz friedlich ab. Damit es auch so bliebe, lud der Pommersche Herzog Philipp den engsten Mitarbeiter Martin Luthers ein, so dass die Kirchenfrage nicht mit dem Schwert, sondern in einer Diskussion im Landtag ausgetragen würde. Der Landtag war in Treptow, und das Ganze passierte 1634. Da wurde beschlossen, in Pommern die Reformation ganz friedlich durchzuführen. Leider nutzte das nichts, weil die großen Fürstenhäuser die Religionsdebatte benutzten, um Krieg zu führen, damit sie sich gegenseitig das Land wegnehmen konnten.«

»Kriegten wir hier dann auch Krieg?«

»Ja. Die Truppen des Kaiserheeres kamen, die Truppen des schwedischen Königs ebenfalls, und damit kamen auch Tod, Elend und Verwüstung.«

»Starben da Leute?«

»Zwei Drittel aller Menschen mussten ihr Leben lassen, und die Kinder sangen, *Maikäfer flieg, der Vater ist im Krieg, die Mutter ist in Pommernland, Pommernland ist abgebrannt, Maikäfer flieg!* Das Lied kennst du ja. Die Rittergüter wurden ausgeplündert, die Überlebenden aus den Dörfern liefen davon, es blieb nichts weiter übrig als Verwüstung. Hundert Jahre gab uns Gott danach, um das Land wieder fruchtbar zu machen und die Dörfer und Güter wieder aufzubauen, dann kam wieder ein Krieg. Österreich verbündete sich mit den Russen, die bald in Pommern einrückten. Wo immer sie auftauchten, kam es zu Ausschreitungen und Übergriffen. Getreidefelder wurden von Pferden niedergetrampelt, Gebäude abgebrannt, Vieh und Vorräte geraubt.« Sie lächelte. »Das wolltest du doch wissen, nicht wahr? Was Krieg ist. Alles, was schrecklich ist, ist Krieg.«

Schrecklich konnte ich es mir nicht vorstellen, eher aufregend. »Kamen die Russen auch nach Naugard?«

»Ja.«

»Kamen sie in unsere Wohnung?«

»Eure Wohnung gab es damals noch nicht, das war 1758, aber bete zu Gott, dass das niemals passiert!«

»Warum nicht?«

Auf die Frage hin sang sie mir das Lied des Ritters von der Osten vor, in dem er sich darüber beklagt, wie sein Schloss geplündert wurde, die Federn aus den aufgeschlitzten Betten flogen, die blutgetränkte Erde mit Eingeweiden besudelt und auf der Straße das Korn zertrampelt wurde. Kein einziges Huhn war mehr zu finden, kein Saatkorn, kein Futter und kein Schwein.

»*Was macht der Krieg für Beute?*«, sang sie. »*Der Feind nimmt Geld und Vieh, die Armee nimmt uns die Leute! Und also ruht der Pflug, das Land bleibt unbestellt – kann wohl was Übleres sein auf dieser Welt?*«

Das war nicht schön, und ich wurde immer trauriger. Wo würden meine Kaninchen bleiben, besonders mein Lieblingskaninchen Blanche?

Sie fühlte meine Besorgnis, legte den Arm um mich und zog das Fotoalbum heran. Manchmal, wenn ich traurig war, schauten wir zusammen Fotos an, und ihre kleinen Geschichten dazu heiterten mich schnell auf. Auf einem Bild, das ich besonders mochte, saß ich in einer Kinderkarre, die neben dem Klavier stand, an dem meine Mutter fröhlich sang und spielte. Dann ich auf den Armen meiner Mutter, umgeben von Tante Kläre und Tante Lieschen, die mir beide lächelnd in die Wange zwickten. Auf der nächsten Seite das Bild mit Onkel Hugo, dem Bruder meines Vaters, in Uniform und Schiffchenmütze. Er kniete neben mir und versuchte mich zu beruhigen, während ich mich ängstlich an einem Stuhlbein festhielt. Auch Bilder aus Gollnow gab es: Mal spuckte ich von der Brücke, mal saß ich in der Kinderkarre, die Tante Lieschen schob. Auf einem weiteren Foto, das Onkel Hugo gemacht hatte, beugte sie sich zur mir herunter, um mich mit einer Klapper von der Gefängnismauer abzulenken, die mich offensichtlich zu Tränen rührte.

Jedes Mal fragte ich: »Warum weine ich?«, und jedes Mal gab sie die gleiche Antwort: »Die Mauer hat dir Angst gemacht.«

»Sind da Geister dahinter?«

Dann lachte sie und sagte: »Da sind Menschen dahinter, die von ihrem eigenen Geist gequält werden.«

Wenn wir alle Bilder gesehen hatten, zeigte sie mir manchmal Buchstaben. Wenn ich wollte, machte sie mich auch mit Worten, ja ganzen Sätzen vertraut, weil sie selbst manche Tage damit verbrachte zu lesen oder Briefe zu schreiben und in alle Welt zu schicken. Sogar nach Japan, wie sie mir an einem unserer nächsten Abende erzählte.

»Wo ist Japan?«

Sie zeigte es mir auf einem Globus, einer runden Kugel, auf der alle Länder aufgemalt waren. »Hier ist Japan«, sagte sie. »Schau mal – auf der anderen Seite der Welt. Und dort liest meine japanische Freundin sich laut vor, was ich schreibe.«

»Was schreibst du denn?«

»Dass Krieg schlecht ist. Weil sie mir geschrieben hat, dass Japan in den Krieg eintreten will.«

»Gegen uns?«

»Nein, mit uns. Die Japaner finden ihre Insel zu klein. Sie haben nicht genug Essen dort. Meine Freundin schreibt, das Volk werde verhungern, wenn sie sich nicht zusätzliche Länder erobern.« Sie zeigte wieder auf den Globus. »Das haben sie schon 1931 mit der Mandschurei gemacht.«

»Haben sie gewonnen?«

»Erst einmal ja. Sie haben auch versucht, Korea in Japan zu verwandeln. Korea – das liegt hier. Und sie haben China angegriffen und nun Russland.«

»Dann können sie ja auch Frankreich angreifen«, sagte ich, um ihr zu zeigen, dass ich auch etwas vom Krieg verstand. Papa hatte mir nicht nur das Buch geschenkt, sondern mir auch die Sachen darin erklärt. Sie aber hatte sich inzwischen an den kleinen Schreibtisch gesetzt und ein Blatt aus der Schublade genommen.

»An wen schreibst du denn jetzt?«, fragte ich.

»Weißt du, viele Freunde von mir wurden aus Gollnow weggeschickt oder sind selbst weggegangen. Ich kann nur bei ihnen sein, wenn ich ihnen Briefe schreibe. So unterhalte ich mich mit ihnen. Sie können es dann laut lesen und sich dabei meine Stimme vorstellen.«

Im Laufe der nächsten Zeit fiel mir auf, dass uns immer weniger Menschen auf den Spaziergängen begegneten, immer weniger Frauen Bettzeug heraushängten oder in den Gärten arbeiteten. Die Stadt wurde immer stiller, und ich habe nur noch das Rauschen der Ihna in Erinnerung, den Lärm der Spatzen in den Fliederbüschen und die leise Stimme Tante Lieschens. Eines Tages war es so still, als wären nur wir noch da.

Als mein Vater abgereist war, konnte ich wieder zurück nach Hause. Natürlich sagte Tante Lieschen zu mir nicht: Dein Vater ist jetzt weg, ich bringe dich nach Naugard, sondern sie erinnerte mich an die Maikäfer, die jedes Jahr um diese Zeit in dichten Schwärmen zwischen den Kastanienbäumen vor unserem Haus herumflogen. Das wollte ich nicht verpassen, denn jedes Jahr sammelte ich sie, steckte sie in meine Zigarrenkiste, die ich dafür aufhob, und tauschte sie mit anderen Kindern. Die Kiste hatte Löcher im Deckel, und innen legte ich sie mit frischen Kastanienblättern aus. Als Tante Lieschen sagte, in Naugard sei schon Maikäferzeit, spürte ich unmittelbar das Gekrabbel, wenn ich einen in die Faust nahm und er versuchte, zwischen Zeigefinger und Daumen zu entkommen. Es lockte mich auch noch etwas anderes nach Hause, nämlich Drewitz. Hatte ich nämlich genügend Käfer gefangen, fuhren wir nach Gut Drewitz zum Tauschen. Die helleren waren die Müller, aber die Könige und Kaiser waren mehr wert.

Ich tauschte natürlich auch mit Paul oder Irmchen im Haus, obwohl ich das eigentlich nicht gerne tat, weil Paul die Müller – oder Könige oder Kaiser, wenn sie schlapp machten, den Hühnern hinwarf, die sofort losrannten und sie aufpickten. Auch die Spatzen kamen an, machten einen ordentlichen Lärm, waren oft schneller und schnappten sie den Hühnern weg. Paul warf sie nicht einfach auf die Erde, sondern hoch in die Luft, sodass sie noch die Chance hatten wegzufliegen. Dabei sang er das Maikäfer-Lied. Er war richtig gemein zu den Käfern.

Jedes Mal weinte ich, wenn ich mich von Tante Lieschen trennen musste. Die Trauer fing schon im Zug an, in dem sie mich nach Naugard begleitete. Um mich auf andere Gedanken zu bringen, lenkte sie das Gespräch auf meine Kaninchen, besonders meine weiße Blanche. Oder auf die Gänse, was uns dann über Paul und Irmchen reden ließ, weil ich mit ihnen die Aufgabe teilte, die Güssel, also die jungen Gänse, zu hüten. Schattners waren zwar aus Berlin, aber nachdem

Dorothea Schattner mit ihren drei Kindern unten eingezogen war, hatte sie meiner Mutter zugestimmt, dass Pommern ohne Gänse und ohne Kartoffeln nicht denkbar wäre. Daraufhin hatte meine Mutter ihr den kleinen Acker hinter meinen Kaninchenställen und der Haselnusshecke verpachtet. Dort konnten sich die Schattners auch Gänse halten. Da die Tiere nachts wegen der Füchse nicht draußen bleiben konnten, und im Stall, wo das Brennmaterial und die Briketts lagerten, noch Platz war, bekamen die Schattners auch ein Stück vom Stall.

Der Stall bildete die eine Seite, der Kaninchenstall mit dem Gemüsegarten davor die Längsseite des Hofes. Vom Nachbargrundstück wurde der Hof durch eine hohe, mit Efeu bewachsene Mauer getrennt. Vor dieser Mauer war der Sandkasten, den aber niemand mehr benutzte, weil wir schon zu groß waren und die beiden Kleinen, Dagi und Laura, wegen des Ganters Cerberus nicht auf den Hof durften. Außerdem waren die vier Bretter um den Sandkasten grün und glitschig, weil er zu wenig Sonne bekam.

Auch Paul und Irmchen konnten anfangs nicht auf den Hof, weil Cerberus auf jeden Fremden zischend und fauchend losmarschierte und Klein-Laura sogar schon gebissen hatte. Nur in den Gemüsegarten durften sie mit mir, weil der durch einen Maschendrahtzaun vor den Hühnern und Gänsen geschützt war. Paul, der drei Jahre älter war als ich, interessierte sich überhaupt nicht für Gemüse, sondern nur für den Krieg und die Schlachten. Seine Mutter wollte aber nicht, dass er dauernd drinnen hockte, und hatte mich gefragt, wie wir das Problem mit Cerberus lösen könnten.

Daraufhin war mir die Aufgabe übertragen worden, Paul und Irmchen mit dem Ganter vertraut zu machen. Inzwischen konnten sie sich ohne Gefahr im Hof bewegen, was ja auch nötig war, wenn sie die Güssel hüten sollten. Nur Laura und Dagi durften sich bei den Gänsen nicht sehen lassen, weil sie zu tollpatschig waren und den Ganter schnell wütend machten.

6. KAPITEL

Als ich zu Hause ankam, lief ich gleich wieder hinunter, um Paul zu begrüßen. Ich musste ihn erst suchen, weil er ganz am Ende des Ackers hinter der Haselnusshecke auf einem Feldstein saß.

Er las in einem Buch, während die Güssel am Rand des Ackers herumwatschelten und nach Grün pickten.

Jede Familie hatte eine Zuchtgans, die pro Saison zwischen zehn und zwölf Eier legte. Sie wurden alle für das Brüten verwendet. Schon nach dem Schlüpfen der ersten Tierchen nahmen Paul, Irmchen und ich die ausgeschlüpften Güssel mit in die Wohnung, steckten sie in eine Mütze und legten sie in die Ofenröhre, weil es draußen meist noch zu kalt war, auch nachts im Stall. Die beiden Gänse brüteten währenddessen weiter und verließen nur zum Fressen ihr Nest. In dieser Zeit waren wir sehr um die kleinen, flauschigen Knäuel besorgt, damit sie alle am Leben blieben. Das Futter – ein Gemisch aus gekochten Eiern und jungem Nesselgrün, das fein gehackt wurde – machte Tante Kläre. Die ausgebrüteten Neulinge holte ich, weil die beiden Muttergänse niemanden sonst an sich heranließen. Aber auch ich musste in dieser Zeit auf Cerberus ein wachsames Auge haben, weil er während der Brut recht aggressiv war. Um ihn zu beruhigen, brabbelte ich beständig vor mich hin: »Wule wule Gänschen, Suse, Matruse, was raschelt im Stroh …« Ich war auch dafür zuständig, dass die kleinen Gänse ein Band um das rechte Bein bekamen, sodass sich erkennen ließ, welche unsere und welche Schattners waren.

Da meine Mutter mit Onkel Albi und Tante Sissi befreundet war, denen Drewitz gehörte, und das Rittergut viel mehr Platz für Gänse hatte, brachten wir sie am Anfang des Sommers dorthin, wo sie die Gänsehirtin Maria Aretz mit den etwa fünfhundert Gänsen des Gutes übernahm.

Letztes Jahr hatte ich dafür erst die Genehmigung des Administrators einholen müssen, der auf Drewitz für die Bewirtschaftung zuständig war. Rudolf Bahlow war ein grauhaariger, etwa sechzigjähriger Herr mit einer Narbe an der Oberlippe, die ihn ziemlich grimmig aussehen ließ. Er hatte sie sich als Student in Berlin bei einem Säbelkampf gegen einen anderen Studenten geholt, der seine Verlobte und spätere Frau Magdalene »fixiert«, was so viel bedeutete wie »angestarrt« oder »verlangend gemustert«, hatte. Das verletzte seine Ehre, er forderte »Satisfaktion« und trug dem Betreffenden »eine schwere Säbelkiste« an. Daher stammte der »Schmiss«.

Auf Drewitz war Bahlow das Bindeglied zwischen Onkel Albi und dem Hofmeister Erich Domke. Er wohnte mit seiner Frau Magdalene, die für alle Tante Leni war, im Ostflügel des Herrenhauses. Ich mochte ihn, weil er zwar »gerecht gegen sich selbst und andere« war, zu mir aber immer freundlich. Stets trug er Reitstiefel und einen grauen oder grünen Anzug mit einer Mütze. Seine Jacke war immer offen, damit er jederzeit die Taschenuhr zücken konnte, die sich an einer goldenen Kette in der Westentasche befand. Er ritt – nach Onkel Albi – das beste Pferd, einen Trakehner namens Fritz. Auch aus diesem Grund hatte er meine Achtung. Nach einem kurzen Gespräch über mein Lieblingsfohlen gab er mir die Zusage, dass wir unsere Gänse wieder nach Drewitz in Pension geben könnten.

Zusammen mit den Kindern der Gutsarbeiter, die sich pro Familie zwanzig Gänse halten durften, trieb ich sie dann dort auf ein abgeerntetes Feld, wo sie genügend Ähren und frisches Grün fanden. Paul hatte mich letztes Jahr für einen Nachmittag besucht, und gemeinsam sammelten wir an der Tränke, wo die Gänse ihr Gefieder putzten, so viele große Federn, wie in unseren Korb passten, um zu Hause daraus Indianerschmuck zu basteln. Als wir mit der Gänseherde abends zurück aufs Gut kamen, erlebte Paul zum ersten Mal, wie sie alle auf den Teich flatterten, um die Wette schnatterten, sich badeten, putzten und aufplusterten. In Berlin hatte er noch nie eine Gans gesehen und war ganz aufgeregt, als er die lange Leine mit halten durfte, die die anderen Jungs und ich quer über den Teich gespannt hatten, um die Gänse in den Stall zu treiben. Sie kreischten und schlugen mit den Flügeln, aber die einzelnen Gänsefamilien blieben stets zusammen. Wenn sie alle verschwunden waren, war der Teich bedeckt von weißen Federn. Paul und ich passten auf, was unsere Gänse taten. Cerberus watschelte zuerst aus dem Wasser, und die Familie folgte ihm im Gänsemarsch.

So marschierten sie bis September denselben Weg jeden Morgen und Abend. Von da an blieben sie bei Futtermöhren und Hafer im Stall. Wenn sich Anfang November der Sankt Martinstag näherte, sangen die Kinder auf dem Gut: »Die Gänse haben Sankt Martin verraten, darum tut man sie jetzt braten.«

Zu der Zeit holten wir unsere Gänse aus der Sommerpension zurück. Zwei schlachteten wir zu Weihnachten, die übrigen gab meine Mutter armen Leuten in der Stadt. Tante Doro brachte ihre zum Schlachter, ließ sie dort zubereiten und schickte das Fleisch Verwandten nach Berlin, denn Weihnachten 44 wurden die Nahrungsmittel in den großen Städten sehr knapp.

Bei uns übernahm meine Mutter das Schlachten. Sie schnitt dem Tier den Hals durch. Ich versteckte mich hinter der Tür, weil ich die Gans von klein auf kannte. Zwar hatte ich den Schlachtgänsen keine Namen gegeben hatte, doch hätte ich keiner von ihnen ein Leid antun können, obwohl das Schlachten der Hühner und Gänse genauso zum Landleben gehörte wie Pferde vor den Wagen zu spannen.

Wenn meine Mutter mich dann rief und ich ihre blutigen Hände sah, fürchtete ich mich immer erst vor ihr, bevor ich sie für ihre Stärke bewunderte. Niemand im Haus hätte ihr die Aufgabe abnehmen können. Weder Tante Kläre noch die Schattners oder mein Vater wären imstande gewesen, eines der Tiere zu töten. Nach diesem grausigen Akt halfen Tante Kläre und ich, das Blut in einer Schüssel aufzufangen. Ständig musste es gerührt werden, damit es nicht gerann. Das machte Tante Kläre. Mir wurde es dann überlassen, die Gans zu rupfen. Ich fand das

Ausreißen der Federn nicht nur anstrengend, es tat mir auch weh. Immer dachte ich daran, wie es ziepte, wenn mir die Haare grob gekämmt wurden.

Nachdem die Gans gut gesäubert und abgetrocknet war, wurde sie innen wie außen kräftig gesalzen und gepfeffert, mit einem Boskop-Apfel, mehreren Zwiebeln und Thymian gefüllt und von meiner Mutter zugenäht. Auch beim Braten half ich, denn während der etwa drei Stunden musste die Gans in kurzen Abständen mit ihrem eigenen Fett übergossen werden.

Dieses Schlachten und Braten der Gans zu Weihnachten, das Räuchern der Gänsebrust, das erste Abschmecken des Gänse- und Griebenschmalzes, in das wir frisches Brot stippten, waren aufregende Stunden und fast rituelle Handlungen, die meine Mutter und mich zusammenschweißten. Weihnachten ohne Gänsebraten war unvorstellbar und Gänsebraten ohne meine Mutter undenkbar. Weit weg war damals der Gedanke, dass mir irgendetwas davon genommen werden könnte.

Paul saß auf dem Feldstein über ein Buch gebeugt. Er war vollkommen in sich versunken. Als ich mich näherte, hob er den Kopf und beobachtete lächelnd, wie ich mit Schwung von Scholle zu Scholle sprang, sodass sie unter mir zerbrachen. Die Gänse und Gänschen hatten sich um den Rand des Ackers verteilt, wo sie in den Brennnesseln herumschnäbelten. Ich wusste, wenn sie da nichts mehr fänden, würden sie weiterziehen, und Paul würde es nicht einmal bemerken. Obwohl er die Gänsezucht und das Hüten erst zum zweiten Mal mitmachte, hatte er nach seiner anfänglichen Begeisterung das Interesse dafür verloren. Alles, was nicht mit Waffen und Kampf zu tun hatte, war für ihn »Weiberkram« und interessierte ihn nicht.

Mich erstaunte das immer, denn er wirkte nicht wie ein wilder Krieger, sondern eher wie ein hübsches, sanftes Mädchen. Seine Mutter war groß und schlank, hellblond wie ihr Sohn und hatte jedem ihrer drei Kinder zwei Jahre lang die Brust gegeben, wie sie meiner Mutter erzählt hatte. Meine Mutter nannte Dorothea Schattner deshalb eine »vorbildliche Reichsmutter«, vielleicht auch weil sie in Berlin Mitglied mehrerer Frauenorganisationen der Partei gewesen war. Sie selbst sagte, das sei dem Einfluss ihrer Schwester zuzuschreiben, die eine bekannte Sprecherin im Rundfunk war.

Täglich berichtete diese Schwester, an welcher Front wir welche Schlacht gewonnen hatten, Sendungen, die meine Mutter und ich uns schon ein paar Mal angehört hatten. Sie war direkt dem Propagandaministerium unterstellt und hatte daher einen guten Draht zu der Abteilung, bei der alle Kriegsnachrichten zusammenliefen. Sie wusste immer, wo welche Schlacht stattfand. Manchmal rief sie an, denn Schattners hatten ein Telefon, sprach dann auch mit Paul, und so erfuhr er die neuesten Frontnachrichten. Meine Mutter staunte darüber, dass er sich alle Einzelheiten merken konnte, auch wenn er sie nur einmal gehört hatte. Tante Doro nannte das »krankhaft«. »Wenn ich's nicht genau wüsste«, sagte sie einmal, »würde ich annehmen, dass er nicht mein Kind, sondern der Sohn meiner Schwester ist.«

Als ich vor ihm stand, sah ich, dass er gar nicht las, sondern das Buch nur als Unterlage benutzte. Darauf lag ein großer Zettel, auf den er irgendetwas zeichnete, statt auf die Gänse zu achten.

»Was machst du da?«, fragte ich verwundert.

»Das ist Sewastopol. Hier, siehst du? Das belagere ich. Und dies ist das größte Geschütz der Welt. Es heißt die Dora-Kanone, ist 1350 Tonnen schwer und braucht zum Bedienen eine 4400-köpfige Mannschaft.«

Er warf einen Blick auf sein Blatt und betrachtete selbstgefällig die Kanone mit dem viel zu langen Rohr.

»Das ist viel zu lang«, sagte ich.

»Nein, das Kanonenrohr ist so lang. Es ist 32 Meter lang, und jede Granate wiegt sieben Tonnen. Die Geschosse können eine zehn Meter dicke Betonwand durchschlagen oder dreißig Meter Fels. Wir haben jetzt vierzig Granaten in die verteidigte Stadt geschossen und damit alles zerstört. Alles ist nur noch eine Ruinenwüste.«

Ich zeigte auf die Gänse und sagte, er müsse sie ein wenig zusammentreiben, damit sie nicht wegliefen. Aber er sah mich nur an und lächelte. So verhielt er sich öfter, und selbst wenn ich dann Grimassen schnitt oder ihm die Zunge rausstreckte, reagierte er nicht.

Um ihn zu ärgern, meinte ich, mit der Kanone könnte er ja auch mal erschossen werden.

»Ich bin noch viel zu jung«, sagte er. »Um zu sterben, muss man schon eine Menge erlebt haben.«

»Hast du das nicht?«, fragte ich erstaunt. Schließlich war er fast vier Jahre älter als ich.

Er schüttelte den Kopf. Dabei stellte sich eine Locke ganz hoch auf, sodass es aussah, als trüge er eine weiß glänzende Feder im Haar, was ihn noch hübscher machte.

Plötzlich sagte er verärgert: »Meine Mutti besteht immer nur auf Schlafen und Mittagsschlafen und Essen und Langeweile.«

»Isst du nicht gerne?«

Er schüttelte den Kopf, und seine Locke fiel um. »Essen ist langweilig.«

»Ist es auch langweilig, wenn du spielst?«

»Ja, aber nicht wenn ich Krieg spiele. Weil dann ja was passiert. Ich möchte lieber im Krieg fallen als an Langeweile sterben.«

»Dann musst du dich zu den Soldaten melden«.

»Die nehmen mich nicht, weil ich noch zu jung bin.«

Ich wusste nicht, wie ich Paul helfen konnte. »Die Gänse musst du aber trotzdem richtig hüten«, sagte ich und ging, um sie zusammenzutreiben, da es ohnehin bald Zeit sein würde, sie in den Stall zu bringen.

»Komm doch mit«, rief ich ihm zu, aber er rührte sich nicht und zeichnete weiter. Ich ging noch einmal zu ihm, zog an seinem Pullover, doch er hörte nicht auf, seine Pfeile zu zeichnen, seine »Vorstöße« und »Gegenstöße«. Als ich mich umdrehte, stand die Sonne hinter ihm, und es sah aus, als säße er vor einem großen, roten Ball. Er wirkte ganz zerbrechlich, und mir fiel ein, dass Tante Kläre oft sagte, er müsse mehr essen. Die

Schattner-Kinder kamen ebenso oft zu uns hoch, wie wir unten bei ihnen waren, und daher wusste ich, dass er kein Schmalz mochte, weder von Schweinen noch von Gänsen und auch kein Griebenschmalz. Selbst Butter, die ich so liebte, aß er nicht besonders gerne. Einmal hatte meine Mutter die Schattners eingeladen, als es Hammelfleisch mit Kohl gab. Auch das lehnte er ab, weil der Kohl mit Kümmel gewürzt war. Er stocherte so lange darin herum, bis alles kalt war. Bei uns wurde gegessen, was auf den Teller kam.

»Beim Essen ist er kiesätig«, konstatierte meine Mutter.

Besonders abstoßend fand er Schweinepfoten, Schweineohren oder Schweineschwänze, die es in der Erbsensuppe gab. Die Beilage war eingelegter Kürbis, aber auch den mochte er wegen des süßsauren Geschmacks nicht. Eines meiner Lieblingsgerichte war Buttermilchsuppe, die es oft abends gab, doch Paul schüttelte sich schon bei der Erwähnung und lehnte alles ab, was mit Buttermilch gemacht wurde, zum Beispiel Kartoffeln, die mit Salz, Lorbeer, Zwiebeln und Gewürzkörnern gekocht und dann in Buttermilch und etwas Gewürzwasser eingerührt waren. Tante Kläre goss noch Sahne darüber, schmeckte alles mit Pfeffer und Salz ab. Bei meiner Mutter gab es meist noch klein geschnittenen Matjeshering dazu. Aber von allem rührte er nichts an.

Die einzige Aversion, die ich mit ihm teilte, war Schwarzsauer mit Kartoffelklößen. Das hatte es bei uns im letzten Jahr nach dem Schlachten der Weihnachtsgans gegeben. Das Gänseklein wurde mit Zwiebeln, Lorbeer und Gewürzkörnern aufgekocht, und dann rührte meine Mutter angedicktes Gänseblut mit etwas Zucker dazu. Als ich das sah, protestierte ich so laut, dass sie versprach, es nicht wieder zu kochen. Vorher aber versuchte sie, mich von der Köstlichkeit mit dem Argument zu überzeugen, dass das sogar Paul essen würde. Ich musste hinunterlaufen und ihn holen, aber schon als ich Gänseblut erwähnte, verdrehte er die Augen.

7. KAPITEL

Am Abend meiner Rückkehr aus Gollnow saß Tante Kläre an meinem Bett, um mir endlich wieder vom kleinen Prinzen zu erzählen. Ich hatte das Buch doch ein wenig vermisst, das allerdings nicht *Der kleine Prinz* hieß, sondern *The Little Prince*, weil es auf Englisch war. Tante Kläre behauptete zwar immer, Englisch zu können und alles zu verstehen, was in dem Buch stand. Aber ganz sicher war ich mir da nicht. Als Mädchen hatte sie bei einer englischen Erzieherin Unterricht erhalten und vor dem Ersten Weltkrieg auch ein Jahr bei deren Familie in Bury St Edmunds verbracht, aber sicher hatte sie inzwischen vieles vergessen. Es machte ihr jedoch riesigen Spaß, mir diese Geschichten zu erzählen und dabei so zu tun, als erinnere sie sich an jede Einzelheit und jede Formulierung. Ich hielt derweil das Buch und sah mir die Zeichnungen an.

Bevor sie diesmal anfangen konnte, erzählte ich ihr, was mich heftig bewegte, nämlich dass Paul sich sogar beim Gänsehüten langweile und deswegen Kanonen mit ganz langen Rohren zeichne.

»Seine Mutter ist ja auch nicht sehr temperamentvoll«, sagte sie. »Er ist eben ein Schluck Wasser. In seinem Leben wird nie was passieren. Solche Menschen hoffen immer, dass doch noch irgendetwas geschehen wird, aber das ist ein schwerer Irrtum. Seine Schlachten sind das Einzige, was die Eintönigkeit für ihn unterbricht. Wenn der Krieg vorbei ist, wird er Kriegsbriefmarken sammeln. Die kleinen Bilder darauf werden dann das Kostbarste sein, was er hat.« Dann drückte sie mir das Buch in die Hand und fragte, welche Geschichte sie mir erzählen solle.

Der kleine Prinz leistete einem Mann in der Wüste Gesellschaft, dessen Flugzeug abgestürzt war. Er war mit einem Fallschirm abgesprungen, wie ich es auch schon einmal gesehen hatte.

Der Himmel war voller Flugzeuge gewesen, die in sehr großer Höhe flogen und die wir aus der Kutsche, mit der wir Richtung Naugard fuhren, vielleicht gar nicht bemerkt hätten, wären nicht das unheimliche Brummen und die Kondensstreifen gewesen, die die Maschinen hinter sich herzogen. Grohmann, der Kutscher, der uns von Gut Drewitz nach Hause fuhr, sagte: »Das sind Amis, die Royal Air Force kommt nachts. Die fliegen die Industrieanlagen im Stettiner Haff an. Wenn Sie darauf achten, können Sie die Detonationen hören. Wahrscheinlich das Hydrierwerk bei Pölitz.« Dann zeigte er mit der Peitsche nach oben. »Sehen Sie, da kehrt eine um!«

Eine der Viermotorigen kam zurück, wobei sie ständig an Höhe verlor. Sie steuerte auf den Drewitzer Wald zu. Ich freute mich schon, weil ich dachte, sie lande bei uns und ich könnte das Paul erzählen.

»Hören Sie den Beschuss?«, fragte Grohmann. »Sie wird von der Flak unter Feuer genommen.«

Im selben Moment drehte sie in einer Schleife Richtung Naugard ab und zog eine dicke Rauchfahne hinter sich her.

»Sehen Sie, wie sie noch die Bomben fallen lässt?«

Dann krachte es auch schon – und kurz danach hingen kleine Fallschirme in der Luft. Ich zählte sie laut, aber Grohmann war schneller. »Es sind sieben«, sagte er.

Das Flugzeug stürzte ab und sägte eine Schneise in den Wald.

»Wollen Sie das sehen?«, fragte er, und ich schrie sofort: »Ja!«

Da meine Mutter nicht widersprach, nahm er die Peitsche, kitzelte das Pferd in den Trab und bog nicht weit entfernt in einen Feldweg ein.

Als wir an die Absturzstelle kamen, hatten sich schon Leute versammelt, die beim Beerensuchen gewesen waren. Eine Frau gab mir eine Hand voll Waldhimbeeren, und alle redeten darüber, wer wohl die abgesprungenen Feinde einfangen würde.

Ich war sehr erstaunt, wie groß die Maschine war. Von dieser Riesenhaftigkeit träumte ich sogar in den Nächten danach, denn ich kannte nur die Maschinen aus dem Bilderbuch von Papa und die kleinen aus Blech, mit denen Paul bei seinen Schlachten die Feindangriffe flog. Irmchen oder ich mussten dabei die Panzer steuern, damit wir abgeschossen werden konnten.

Als wir unsere Fahrt nach Hause fortsetzten, fragte ich den Kutscher, ob die mit den Fallschirmen noch lebten.

»Wenn sie nicht gelyncht wurden, ja.«

Ich verstand das nicht, und meine Mutter erklärte mir schnell, dass man auch zu Schaden kommen könne, wenn die Fallschirme in einem Baum oder einer Hochspannungsleitung hängen blieben.

»Ich glaube, das ist sogar der Fall«, sagte Grohmann, griff in seine alte Ledertasche unter der Sitzbank und brachte ein Fernglas zum Vorschein. Er hielt das Pferd an, wobei er »Brrrrr« machte, und ich griff sofort nach den Zügeln. Auf eine solche Gelegenheit wartete ich immer, das war mein größtes Glück, die Pferde zu lenken oder wenigstens die Zügel zu halten. Grohmann achtete nicht darauf, weil er konzentriert durch das Glas schaute.

»Ja, er ist in einer Eiche hängen geblieben, am Rand des Kornfeldes dort drüben, sehen Sie, wo der Eichenwald anfängt.«

»Lass uns da hinfahren, bitte, ich möchte ihn sehen, wir müssen ihn retten, ich habe noch nie einen Feind gesehen, bitte, Mami!«

Grohmann stellte sich aufrecht hin, um besser zu sehen. »Die anderen sind auf dem Weideland von Dingatsch runtergegangen, da bauen sie gerade eine Landebahn.«

»Darf ich auch mal sehen?«, fragte ich begierig.

»Muss deine Mutter entscheiden«, sagte Grohmann.

Meine Mutter saß hinter uns in der Kutsche und cremte Dagi das Gesicht ein, die das nicht wollte, aber Mama meinte, sonst bekomme sie so viele Sommersprossen. »Was gibt's denn zu sehen?«, fragte sie.

Ihre vorsichtige Nachfrage war ganz normal, denn alle Nachrichten wurden stets hinsichtlich ihrer Kindertauglichkeit gefiltert.

»Es sind Leute vom Reichsarbeitsdienst, die die Landebahn da bauen, aber im Moment bearbeiten sie mit ihren Schaufeln etwas anderes«, antwortete Grohmann, ohne das Glas abzusetzen und mit einem nicht zu überhörenden Unterton.

Meine Mutter sprang auf. »Das ist doch nicht möglich!«, rief sie. »Das verstößt doch gegen die Genfer Konvention! Geben Sie mal her!«

Die Aufregung war so groß, dass ich an der Leine ruckelte, das Pferd anzog und alle auf dem Hintern landeten, bevor Grohmann meiner Mutter das Glas reichen konnte.

Grohmann nahm mir die Leine weg, rief ärgerlich und scharf »Brrr« und zügelte das Pferd so heftig, dass es den Kopf hochwarf. Dann stand der Wagen wieder, meine Mutter stieg aus und kletterte zu uns auf den Kutschbock. Während Grohmann das Pferd hielt, blickte sie, hoch aufgerichtet, durch das Fernglas.

Ich wartete, dass sie es mir gab, aber nach einer Weile reichte sie es Grohmann zurück, kletterte vom Wagen, ging zu einem Vogelbeerstrauch und erbrach sich. Ohne ein Wort zu sagen, setzte sie sich wieder in die Kutsche, nahm Dagi auf ihren Schoß und legte beide Arme um sie. Grohmann hatte die Leine an der Querstange festgemacht, stand wieder neben mir und schaute selbst durch das Glas, statt es mir zu geben. Ununterbrochen hörte ich in mir die wütende Stimme: Wenn ich bloß erst mal groß bin!

»Gibt's da keinen Verantwortlichen?«, fragte meine Mutter von hinten.

»Der mit der Waffe herumfuchtelt, ist Ortsgruppenleiter Finke, wenn mich nicht alles täuscht«, sagte Grohmann.

Dann hörte man es knallen, und es klang genauso wie weiße Knallbeeren, wenn ich sie an die Wand warf, doch es waren Schüsse aus einer Waffe, denn Grohmann sagte: »Die Schüsse sind aus Finkes Waffe.«

»Wie viele waren es?«, fragte meine Mutter.

»Sechs.«

»Was ist mit dem anderen? Es waren doch sieben.«

»Der hängt da noch. Sein Fallschirm hat sich verfangen.«

»Ist der schon entdeckt worden?«

»Sieht nicht so aus. Finke und die vom Reichsarbeitsdienst können den wegen der hohen Eichen nicht sehen.«

»Fahren Sie zu, Grohmann, ich möchte daran nicht beteiligt sein.«

Grohmann steckte das Glas wieder in die Ledertasche unter seinem Sitz und ließ antraben. »Zu Ihnen nach Hause?«

»Nein. Wir müssen den da aus dem Baum holen!«

»Wenn Sie es anordnen.«

Grohmann hob die Zügel einmal an, schnalzte mit der Zunge, nahm die Peitsche und knallte in die Luft, sodass das Pferd in Galopp fiel. »Hier müssen wir nach rechts », sagte er, »bitte festhalten!«

Er bog in einen Feldweg ein, der trocken und ausgefahren war. Nach ungefähr einem Kilometer erreichten wir das Eichenwäldchen, an dessen Rand ein kleiner Bach verlief. Wir folgten den eingekerbten Wagenspuren am Ufer, und nach einigen hundert Metern konnte ich in einem der Bäume den Fallschirm sehen, an dem ein Mann hing.

»Wir sind gleich da«, sagte Grohmann. »Was machen wir mit dem Mann? Ihnen ist sicher bekannt, dass der Reichsführer-SS eine Weisung herausgegeben hat, nach der es nicht Aufgabe der Polizei ist, sich in Auseinandersetzungen zwischen deutschen Volksgenossen und abgesprungenen Fliegern einzumischen, egal ob englischen oder amerikanischen.«

»Woher wissen Sie das?«

»Mein Bruder ist bei der Schutzpolizei.«

»Ist die Weisung ein Freibrief für Lynchmorde?«

»So drücken Sie das aus. Der Chef des Reichssicherheitshauptamtes nennt es würdeloses Verhalten aus falsch verstandenem Mitleid. Er hat vor kurzem noch einmal bekräftigt, dass Himmler alle in Schutzhaft sehen will, die sich gegenüber gefangenen Fliegern würdelos verhalten. Man kann dadurch sogar ins KZ kommen.«

»Wir werden uns nicht aus falsch verstandenem Mitleid würdelos verhalten, Grohmann«, sagte meine Mutter mit Entschiedenheit. »Wir werden den Mann gefangen nehmen und den Behörden übergeben.«

»Heißt das, wir bringen ihn auf das örtliche Polizeirevier nach Naugard?«

»Da ist er doch nicht sicher, Grohmann, das wissen Sie auch selbst. Wir bringen ihn zurück auf das Gut und übergeben ihn Major von Roxin. Der weiß sicher am besten, was zu tun ist«, entschied sie.

Ich merkte mir jedes Wort des Gespräches, und obwohl ich nicht alles verstand, ahnte ich, dass der Mann dort vor uns im Baum in Gefahr war. Er war ein Gefangener, wenn auch kein Russe oder Pole, wie die auf dem Gut, die hinter einem hohen Stacheldrahtzaun in einer Baracke lebten und bei den Feldarbeiten halfen.

Als wir unter dem Baum angekommen waren, in dem der Gefangene hing, sagte meine Mutter: »Grohmann, Sie wissen, es gibt immer einen Parteigenossen, der sich wichtig machen will«. Grohmann nahm das Fernglas aus seiner Tasche, stellte sich hin und suchte die Gegend ab, ob wir von irgendwoher beobachtet würden.

Ich war neugierig auf den Feind im Baum, der mit den Beinen strampelte und dabei versuchte, sich einen Ast hoch zu hangeln, um dem Stamm näher zu kommen. Zwischendurch ging ihm die Kraft aus, er blieb hängen und starrte auf uns herunter. Plötzlich aber gab es einen Ruck, der Ast brach, und der Gefangene sackte ein Stück tiefer.

»Das ist gut«, sagte Grohmann, kletterte vom Wagen und führte das Pferd so, dass der Ami direkt über der Kutschbank hing. Dann kam Grohmann wieder herauf, stieg auf die Bank, fasste die Füße des Gefangenen, zog und zerrte so lange, bis er neben uns stand. Grohmann tastete ihn nach Waffen ab, schnitt die Riemen des Fallschirms durch und befahl ihm, die

Uniformjacke auszuziehen. Er tat das, und dabei kam ein Buch zum Vorschein.

Das war nicht so erstaunlich, denn auch mein Vater hatte mir schon ein paar Mal erzählt, dass er als Soldat immer ein Buch bei sich hatte. In seinem Fall war es *Faust*, Teil 1, bei anderen die Bibel. Dieses hier hatte eine bunte Zeichnung vorne drauf und sah eher aus wie ein Kinderbuch. Mit seiner Stupsnase, dem roten Haar und einem Gesicht voller Sommersprossen sah der Mann auch selbst wie ein Kind aus. Er lächelte mich an, sagte etwas in seiner Sprache und drückte mir das Buch in die Hand. Ich wusste nicht, ob ich es annehmen durfte, aber Grohmann gab mir die Uniformjacke und machte ein Zeichen, dass ich mich nach hinten verziehen sollte. Dann befahl er dem Gefangenen, neben ihm auf der Bank Platz zu nehmen, band die Leine los, nahm die Peitsche und trieb das Pferd an.

Wir fuhren zurück auf das Gut, wo Grohmann den Gefangenen dem Administrator übergab. Ich dachte, ich könnte die Fliegerjacke Paul zeigen, aber ich durfte nur das Buch behalten.

Als wir zu Hause waren, beschwor mich meine Mutter, über die ganze Geschichte Stillschweigen zu bewahren. Sie wollte auch nicht, dass ich zu irgendjemandem etwas von dem Buch sagte. Das machte mich furchtbar neugierig und nun wollte ich natürlich unbedingt wissen, was drin stand.

Bei unseren ersten abendlichen Lektürestunden erfuhr ich, dass das Buch von einem kleinen Prinzen handelte, der, wie ich, einen abgestürzten Flieger gefunden hatte, mit dem er sich jeden Tag unterhielt. Das konnte ich nicht, denn meinen Flieger sah ich nicht wieder, aber meine Mutter beruhigte mich, er sei wohlauf und werde nach der Gefangenschaft heil nach Hause zu seiner Familie kommen.

Der Flieger in dem Buch war aber nicht in einem Baum hängen geblieben, sondern mit seiner Maschine in der Wüste gelandet, wo es gar keine Bäume gab, und benutzte den Fallschirm nur, um sich damit vor der Sonne zu schützen. Dazu spannte er ihn zwischen dem Propeller und den Flügeln auf und versuchte dort im Schatten, seine Maschine zu reparieren. Plötzlich stand ein kleiner Mann neben ihm, der mit ihm eine Unterhaltung begann, und das war der kleine Prinz.

Das Buch hatte auch Bilder, zum Beispiel die Schachtel, in der das Schaf war, das der Pilot dem kleinen Prinzen gleich zu Anfang schenkte. Während ich mich an der Bewegungslosigkeit der Soldaten in Papas Kriegsbilderbuch stieß, schien es dem kleinen Prinzen nichts auszumachen, dass das Schaf nicht mal ein Bein heben oder kauen konnte. Vielleicht war ich schon verdorben, weil ich einmal mit meiner Mutter im Kino gewesen war, wo sich alle Bilder bewegt hatten. Mehr als die Zeichnungen des Buches faszinierte mich jedenfalls der Name des Planeten, von dem der kleine Prinz kam – B 612.

Als mir mein Vater zum ersten Mal von einer unglaublichen deutschen Wunderwaffe erzählte, war mir sofort klar, dass sie eigentlich B 612 heißen sollte. Er lachte darüber, obwohl er gar nicht wissen konnte, worum es bei B 612 ging. Ich konnte nicht widerstehen zu sagen, B 612 sei ein Planet, aber er hörte kaum hin und meinte, ein Planet fliege schneller als jedes Flugzeug, könne von keinem Abfangjäger und keiner Geschützkugel eingeholt werden, und wenn er zum Beispiel in England einschlüge, wäre die Insel nur noch ein tiefes Loch, in das das Meerwasser einströme. Da könnten dann auch gleich alle englischen Flotten mit eingesaugt werden.

Das war ein beeindruckendes Bild, und er erfand es am Abendbrottisch in einem Moment, als er sich gerade zwei Spiegeleier nahm. Nicht die englischen Flotten sah ich in dem alles verschluckenden Loch verschwinden, sondern seine beiden Spiegeleier. Vielleicht war es auch mein Schlund, in dem die Eier eigentlich hätten verschwinden sollen. In den Jahren damals war das Essen immer ein Thema. So beeindruckte mich auch das Schaf des kleinen Prinzen schon dadurch, dass es alle Affenbrotbäume auf B 612 auffressen sollte, weil die Bäume den ganzen Planeten mit ihren Wurzeln umklammerten und im Griff hatten.

An einem jener Abende, an denen mich Tante Kläre in weitere Geheimnisse des Buches einweihte, fragte ich meine Mutter noch einmal nach dem Schaf, weil ich dachte, vielleicht hätte ich etwas falsch verstanden.

»Das mit dem Schaf stimmt schon«, sagte sie in ihrer schelmischen und respektlosen Art. »Wenn der Boden zu knapp ist, um die Bewohner zu ernähren, nimmt man sich sogar ein Schaf, um sich Raum zu verschaffen.« Dabei schaute sie Tante Kläre an und lachte.

Die legte den Finger an den Mund und meinte, meine Mutter solle solche Bemerkungen lieber nicht machen. Ich wollte natürlich wissen, warum nicht, aber Tante Kläre sagte wieder mal ihren Satz, das sei nichts für Kinder.

Es machte mir großen Spaß, mit Dagi König und kleiner Prinz zu spielen, obwohl – oder vermutlich weil – diese Figuren vor ihr ein Geheimnis waren. Oft war ich der König, und sie musste tun, was ich ihr befahl, ohne dass sie wusste, woher diese Geschichten und Einfälle rührten. Das Problem war nur: Wenn ich ihr etwas befahl, das sie nicht wollte, fing sie an zu brüllen. Das rief dann gleich meine Mutter auf den Plan, die mir verbot, Dagi zu ärgern.

Also musste ich ihr etwas befehlen, das sie wollte. Dazu musste ich sie zuerst ärgern, denn dann wollte sie sofort etwas, und sie zu ärgern, war ganz leicht. Ich sperrte sie zum Beispiel in die Speisekammer ein, und augenblicklich schrie sie: »Ich will hier raus!« Dann befahl ich ihr, die Speisekammer so schnell wie möglich zu verlassen, und ohne Widerrede befolgte sie meinen Befehl. Wenn sie etwas zu essen haben wollte, machte ich sie zu meinem Gesandten und befahl ihr, sofort zur Köchin zu gehen und ihr den Befehl zu übermitteln, meinem Gesandten etwas zu essen auszuhändigen. Bis auf einmal, als es Bratkrappen gab, klappte es immer. Die in der Pfanne kräftig durchgebratenen Speckschwarten mochte sie nicht, auch nicht, wenn sie richtig knackig waren und beim Kauen zerbröselten.

Manchmal setzte ich Mamas Hut auf und sagte zu Dagi, sie solle klatschen, wenn ich vorbeiging. Das erste Mal ging ich zweimal an ihr vorbei, aber sie klatschte nicht. Mir fiel ein, dass sie vielleicht nicht wusste, was Klatschen ist. Ich zeigte es ihr, nahm ihre Hände und klatschte. Aber auch das nächste Mal schaute sie mich nur groß an. Ich erklärte ihr wieder: »Sieh mal, wenn du klatscht, ziehe ich den Hut.« Dann zog ich den Hut ganz tief und verbeugte mich sogar, aber sie begriff es einfach nicht. Ich drohte, ihr auf den Kopf zu hauen, wenn sie nicht in die Hände klatschte.

Meine Schwester hatte, als sie klein war, eine ganz eigne Widerstandskraft, verstockt nannte das meine Mutter manchmal, und daher klatschte sie nicht. Als ich ihr zur Strafe auf den Kopf haute, fing sie an zu kreischen. Sofort kam Tante Kläre und fragte, was los sei.

»Ich bin der Eitle«, sagte ich, »und deswegen muss Dagi klatschen und mich bewundern.«

Tante Kläre sagte streng: »Dem Eitlen applaudiert die Welt nicht.«

Solche Einsichten sprach sie in einem Tonfall aus, den ich heute blasiert nennen würde. »Selbstherrlich« nannte ihn meine Mutter. (Sie verachtete jede Form von Selbstherrlichkeit). Selbstherrlich - das Wort könnte »eitel« bedeuten, vermutete ich. Von nun an beobachtete ich Tante Kläre genauer, wenn sie sich ihre Dauerwellen legte. Sie trug das Haar nicht streng nach hinten wie Tante Lieschen, sondern praktizierte sich kunstvoll eine ganze Dünung auf den Kopf. Dazu benutzte sie eine Ondulierschere, die sie in der Küche in die Glut legte und umständlich erhitzte. Immer wieder nahm sie sie heraus, tippte sie mit ihren nassen Fingern an und hielt sie probeweise in Seidenpapier, ob sie vielleicht schon zu heiß wäre. Wenn sich das Papier stark verfärbte, war sie zu heiß und Tante Kläre musste sie erst wieder abkühlen lassen. Das war manchmal ein langes Hin und Her, und sie duldete nicht, dass ich darüber Witze machte. »Lass mich in Ruhe«, sagte sie streng, »geh und füttere lieber deine Kaninchen!« Auch wenn ich die gerade gefüttert hatte. Erst nach vielem Probieren fasste sie mit den Zangen ihr Haar, drehte die Schere und hielt sie eine Weile zugedrückt. Wenn sie sie dann aus dem Haar zog, prüfte sie die Locke im Spiegel, ob sie stabil genug wäre. Wenn sie fertig war, hatte sie auf dem Kopf drei verschiedene »Brandungen«, wie ich zu ihrem Ärger die Anordnungen ihrer Wellen nannte: Wellen, die von der Stirn in den Nacken liefen, Wellen, die rechts den Kopf umspielten, und die Wellen links vom Kopf.

Dieser aufwändigen Prozedur unterzog sie sich nicht jeden Morgen, sondern nur wenn sie ausging, bei Besuch oder wenn der Leierkastenmann in die Stadt kam. Er hatte stets einen Affen bei sich, dem ich eine Mohrrübe, Nüsse oder ein Stück Apfel geben durfte. Der Affe hing an einer Kette, die ihm genügend Raum zum Herumspringen ließ, und als Tante Kläre einmal unaufmerksam war, griff er zu und erwischte eine ihrer ondulierten Locken. Sie kreischte auf, beschimpfte den Affen und den Leierkastenmann, der zu spielen aufhörte und höflich, aber eindringlich sagte: »Passen Sie auf, gute Dame, Sie dürfen ihm nicht zu nahe kommen, sonst fasst er Ihnen ins Haar!«

Ich lief gleich zu meiner Mutter und erzählte ihr die Geschichte. Wir machten eine Menge Witze darüber und lachten, ohne zu bemerken, dass Tante Kläre inzwischen in der Tür stand. Meine Mutter wurde ziemlich bleich, als wir spitz zu hören bekamen: »Euch wird das Lachen schon noch vergehen, wenn die Russen kommen.«

Der Affe des Leierkastenmannes, der Dinge wie ein Mensch tun konnte und dafür nicht einmal gescholten wurde, beschäftigte mich, und ich lief zu Paul hinunter, um ihn zu fragen, ob er den Affen auch gesehen habe. Hatte er nicht. Ich beschrieb ihm die eben erlebte Szene bis zu der Bemerkung Tante Kläres über die Russen. Er lachte zwar auch über die zerzupften Locken, aber viel wichtiger war ihm jener letzte Satz, und er erklärte mir, dass Tante Kläres Vorhersage wegen des Ostwalls niemals eintreten könne. Sofort zeigte er mir, wo der Ostwall verlief. An ihm würden die heranrückenden Russen scheitern, wenn sie denn überhaupt so weit kommen sollten.

Ich hatte von meiner Mutter gehört, wie viele Frauen, Alte, auch Kranke am Ostwall graben und schippen mussten, bis sie kraftlos zusammenbrachen. Sie sagte nicht, warum ihr und Pauls Mutter der Dienst dort erspart geblieben war, aber ich fand schon die Möglichkeit unangenehm. Inzwischen hatte Paul eine Schlachtordnung aufgebaut und wollte, dass Irmchen und ich die russischen Panzer und Bleisoldaten herumschoben. Irmchen hatte dazu ebenso wenig Lust wie ich.

Er fragte uns, ob wir denn lieber den Kriegsanfang spielen wollten. Wir schüttelten den Kopf. Oder das Kriegsende? Irmchen gab als Erste nach, und dann auch ich, denn das Ende würde vielleicht nicht so lange dauern.

Irmchen war genauso alt und fast genauso groß wie ich, aber nicht so wild. Tante Kläre sagte, sie sei ein gut erzogenes Mädchen, und sie würde es noch einmal zu etwas bringen. Irmchen trug Kleider und Affenschaukeln, die Dagi an sich nicht duldete. Sie fing sofort an zu kreischen, wenn meine Mutter die Enden ihrer Zöpfe zum Zopfanfang hochschlagen wollte, um sie festzustecken. Sie sahen dann aus wie Schaukeln und konnten sich nicht so leicht irgendwo einhängen. Das war nämlich schon passiert, einmal hatte ich einen ihrer Zöpfe in den Honigtopf getaucht, und ein anderes Mal war einer in heißes Gänseschmalz geraten. Dagi aber lehnte Affenschaukeln ebenso ab wie einen Kopfkranz, bei dem die Zöpfe um den Kopf gelegt und festgesteckt wurden. Das war meine Lieblingsfrisur, und die trug Irmchen immer sonntags. Dann sah sie mit dem goldblonden Haar aus wie eine Prinzessin, die eine geflochtene Haarkrone trug. Meine Mutter verglich sie mit Isolde, der schönsten Königin im alten Europa. Ich konnte mir keine Schönere als Irmchen vorstellen, besonders wenn sie das hellgrüne Kleid mit den Mohnblumen darauf anhatte.

An jenem Tag trug sie ein blaues Kleid, und Paul meinte, das habe sie extra angezogen, weil sie jetzt die Marine sei und mit vielen Booten angreifen müsse. »Es sind zu viele Boote, du musst ihr dabei helfen«, sagte er und gab jedem von uns etwa zwanzig Streichholzschachteln, in denen seine Mutter normalerweise Knöpfe, Stecknadeln und anderes Nähzeug aufbewahrte. Der Holzboden im Esszimmer war das Meer, der Teppich die Küste von Frankreich, ein großer Teller die Stadt Calais und ein langes Brett, das er aus dem Gänsestall geholt hatte, der Atlantikwall. »Jede Streichholzschachtel sind hundert Landungsboote«, erklärte er uns, »deine sind amerikanische und deine englische. Ihr braucht dann noch Tassen, weil das die großen Kriegsschiffe sind, unter deren Feuerschutz ihr eure Boote an Land bringen müsst. Außerdem habt ihr noch ganz viele Flugzeuge, das sind die kleinen Stöcke, die ich euch dort hingelegt habe.«

Irmchen und ich warteten geduldig auf weitere Anweisungen.

»Ich bin der Oberbefehlshaber der Verteidigungslinie und feuere auf euch aus dem Schutz des Atlantikwalls. Ich habe zwei angespitzte Bleistifte, und wenn ich euch damit in die Hand oder auf die Finger pieke, müsst ihr die Landungsboote oder die Flugzeuge fallen lassen und euch neue nehmen. An eurer Operation sind alle Feinde beteiligt, nur die Russen nicht. Alles, was ihr habt, müsst ihr hier in den Angriff werfen, und wenn ich all eure Mannschaften und euren Nachschub erledigt habe, könnt ihr nicht mehr Krieg führen und müsst mit dem Deutschen Reich Frieden schließen. Ich ziehe dann alle Truppen auf der Westfront ab und erledige den Russen.«

Pauls Augen glänzten, seine Stimme überschlug sich. Irmchen und ich hofften, dass er mit seinen Ausführungen bald fertig sein würde und wir endlich zu spielen beginnen konnten.

»Die westlichen Alliierten werden uns als Rammbock gegen den Bolschewismus benutzen wollen!«, rief Paul. »Mit ihren Flugzeugen und technischen Reserven werden sie uns helfen, die russische Armee an vier Stellen vernichtend zu schlagen. Churchill und Roosevelt denken, wir sind dann vom Krieg erschöpft, und sie haben dann die Weltherrschaft. Das ist die Falle, in die sie gehen! Deswegen müssen wir Erschöpfung vortäuschen, und das haben wir auch schon gemacht. Darum haben wir die Russen für kurze Zeit die polnische Grenze überschreiten lassen. Zu diesem Täuschungsmanöver gehört auch der Rückzug deutscher Truppen auf der Krim, obwohl die 17. Armee unter Generaloberst Jaenecke ungeschlagen ist.«

Irmchen und ich machten genau, was Paul sich ausgedacht hatte, und trotz der großen Mühen, die ich mir gab, gelang es mir nicht, meine Truppen hinter sein Brett zu bringen. Immer war er schneller mit seinen zwei spitzen Bleistiften und piekte mich, wenn ich dem Brett nahe kam.

»Der Atlantikwall ist uneinnehmbar!«, schmetterte er uns im Siegestaumel immer wieder entgegen.

Bevor Irmchen und ich unsere Kapitulation erklären konnten, kam Pauls Mutter und schimpfte ihn aus, weil er ihren ganzen Nähkorb geplündert hatte. Sie sammelte alle Streichholzschachteln ein und auch die Knöpfe, die wir als Kanonenkugeln benutzt hatten. Wir mussten ihr dabei helfen, und als sie alles konfisziert hatte, kam sie mit dem Häuptlingsschmuck in der Hand zurück, den Paul und ich letztes Jahr aus den Gänsefedern gemacht hatten, und fragte, ob wir nicht lieber im Garten Indianer spielen wollten. Paul wollte das nicht, aber ich nahm den Schmuck, der in allen Farben leuchtete, und zog ihn mir über den Kopf.

»Blöd«, sagte Paul.

»Schön, nicht wahr?«, sagte Pauls Mutter. »Ich habe mir so viel Mühe beim Einfärben der Federn gegeben, und nun trägt er ihn nicht.«

Ich hielt den Mund, weil Paul ziemlich wütend war wegen der abgebrochenen Schlacht. Wut machte ihn nicht aggressiv, er wurde dann nicht laut oder schlug uns, sondern fing an zu weinen. Das wollte ich nicht, gab seiner Mutter aber recht, denn nicht einmal in Pauls Indianerbüchern war ein so prachtvoller Häuptlingsschmuck zu finden. Vielleicht wollte er ihn nicht tragen, weil Irmchen einmal zu ihm gesagt hatte, mit dem Schmuck sehe er aus wie die hübscheste Squaw im ganzen Indianerreich. Wäre ich an seiner Stelle gewesen, hätte ich Irmchen verhauen, aber er schloss sich stattdessen in sein Zimmer ein. Das fand ich seltsam, denn ich empfand das Eingesperrtsein als qualvolle Strafe.

8. KAPITEL

Eine Kutschfahrt nach Drewitz war für mich wie eine Fahrt ins Paradies, besonders an einem warmen Junitag, wenn die Sonne schon frühmorgens den wolkenlosen Himmel blau leuchten ließ. Otto Grohmann holte uns nach dem Frühstück mit der zweispännigen Kutsche ab, weil auch die drei Schattner-Kinder mitfuhren. Tante Doro hatte meine Mutter dazu überredet, damit Paul und Irmchen von ihren scheußlichen Kriegsspielen wegkämen. Sie hatte mir eine Tafel Schokolade versprochen, wenn ich Paul alles auf dem Gut zeigen würde. »Wir sind hier auf dem Land, und er hat keine Ahnung, wie es auf einem pommerschen Gut zugeht. Du wirst dafür sorgen, dass sich das ändert, hörst du?«, hatte sie zu mir gesagt.

Ich war sofort gierig auf die Schokolade, denn Schokolade gab es schon seit Langem nicht mehr. Entweder hatte sie sie aufgehoben, was bei drei Kindern eher unwahrscheinlich war, oder sie bekam sie aus Berlin durch die Beziehungen ihrer Schwester.

Eine Bitte, die von Pauls Mutter kam, hätte ich auch ohne Schokolade nicht abgeschlagen. Dazu hatte ich sie zu sehr ins Herz geschlossen. Sie war nicht nur warmherzig, sondern auch einfühlsam. Sie ahnte schlechte oder schwierige Stimmungen bei anderen, nahm Rücksicht und fand immer tröstende Worte. Sie war auch die Einzige, die begriffen hatte, dass ich alles über das Rittergut wusste, was mir schmeichelte, obwohl ich eigentlich nur erzählt hatte, wem es gehörte, dass Onkel Albi mit Tante Sissi verheiratet war, dass sie keine Kinder hatten und dass Tante Sissi einmal gesagt hatte, wenn ich so begeistert von der Landwirtschaft sei, sollten sie mir vielleicht später das Gut übergeben.

Das war die Wahrheit. Sie hatte dabei zwar gelacht, aber sie äußerte niemals etwas leichthin, was andere wichtig nahmen.

Ich liebte sie, denn sie war zu jedem auf dem Gut freundlich, und alle verehrten sie. Onkel Albi war ernster und strenger als sie, aber ich mochte ihn trotzdem, weil er mir erlaubte, überall dabei zu sein. Ich durfte bei jedem Gespann mitfahren, und die Gespannführer ließen mich sogar beim Anschirren der Pferde helfen, obwohl ich dafür eigentlich zu klein war. Sie standen wohl immer daneben, griffen auch zu, aber gaben mir das Gefühl, dass ich wüsste, wie es ginge.

Ich kannte die Namen aller sechs Gespannführer, die auch für die Fütterung und Pflege der Pferde verantwortlich waren. Sie unterstanden dem Hofmeister Erich Domke, der morgens früh die Arbeit für die einzelnen Fuhrwerke einteilte. Vorher läutete er die große Glocke, die vor der Schreinerei hing. Wenn wir auf Drewitz waren, war die Glocke auch für mich das Zeichen loszurennen. Ich brauchte nicht lange, um die Rangfolge der Gespanne zu kennen. Wurde zum Beispiel die erste Furche beim Pflügen auf den großen Feldern gezogen, die Hunderte von Metern lang war, teilte Erich Domke den ersten Gespannführer Julius Schugk dafür ein, weil die Furche schnurgerade verlaufen musste.

Auf dem Gut gab es fünfzig bis sechzig Pferde, und immer wollte ich schon früh um vier aufstehen, weil sie dann gefüttert wurden. Jeder der Gespannführer hatte eine große Futterkiste, in der Häcksel, Schrot und Hafer aufbewahrt wurden. In einer Kiepe wurde das Häcksel mit dem Schrot oder Hafer vermischt und danach etwas angefeuchtet. Manchmal durfte ich vom Kornboden Hafer oder Schrot holen oder während der Fütterung beim Ausmisten oder frisch Einstreuen helfen. Nur an die Häckselmaschine, wo das glatte Stroh geschnitten wurde, ließen sie mich nicht heran.

Am liebsten half ich beim Putzen der Pferde, obwohl ich nur die Beine oder den Bauch striegeln konnte. Im letzten Winter kassierte ich großes Lob, weil ich geholfen hatte, die Pferdegeschirre mit Tranöl einzufetten, damit sie geschmeidig blieben. Ich hatte mich sehr angestrengt, damit sie so schwarz glänzten, als wären sie neu. Am prachtvollsten waren die Geschirre der

Kutschpferde, die im Winter zusätzlich mit einem Schellengeläut geschmückt wurden.

Im Kutschenstall, für den Otto Grohmann zuständig war, standen nicht nur die Kutschpferde und die Reitpferde von Onkel Albi und Tante Sissi, das Pferd des Administrators und des Hofmeisters, sondern auch der Zuchthengst, ein reinrassiger Trakehner mit Stammbaum. Einmal war ich beim Decken dabei. Otto Grohmann hatte eine Leiter an die hohe Bretterwand gestellt, die die Deckeinrichtung umgab, damit niemand von den Hufschlägen der Stute getroffen würde. Obwohl ich hoch oben über die Holzwand lugte, bekam ich ein wenig Angst, als die Stute sich von dem Hengst nicht besteigen ließ und ihre Hufe so wild gegen die Bretterwand hämmerte, dass meine Leiter fast umfiel. Mein Herz schlug bis zum Hals, aber ich nahm all meinen Mut zusammen und schaute mir das Schauspiel bis zum Ende an. Meine Mutter musste mir versprechen, dass wir auf jeden Fall nach Drewitz führen, wenn die Stute fohlen würde.

Auf dem halben Weg zwischen Naugard und Drewitz kam uns Elsbeth Schlodhauer auf ihrem Milchwagen entgegen. Ich winkte ihr zu und rief: »Wo ist Eule?«

»Der ist mit Brunhilde bei den Bienenstöcken. Komm bei uns vorbei, dann kannst du naschen.« Sie lachte und war auch schon weiter. Sie war die Mutter von Berti, den jeder Eule nannte, weil er aussah wie eine Eule. Sie hatte nicht nur den Milchwagen übernommen, den sie fuhr, seit ihr Mann, wie etliche andere auf dem Gut, eingezogen worden war, sondern half auch im Kuhstall. Eule war mein Freund auf dem Gut, mit dem zusammen ich Hühnereier in der Dreschscheune suchte. Er war genauso alt wie ich. Er hatte nicht die grüne Augenfarbe seiner Mutter, in deren Nähe ich mich immer so wohl fühlte. Vielleicht hatte das auch mit ihren Pferden Hänsel und Gretel zu tun, Halbblüter, die ich gerne einmal kutschiert hätte.

Paul fragte mich, wer das war, und ich erzählte ihm von Elsbeth, die die Milch zur Molkerei brachte, und von Eule, der genauso gern heiße Milch mit Honig trank wie ich. Mein anderer Freund auf dem Gut war Hotte, wenn er auch schon vierzehn war und mich immer damit neckte, dass er mein Onkel sein könnte. Hotte arbeitete in der Schmiede, und ich beschrieb Paul, wie die Pferde beschlagen wurden und was ich sonst noch über das Roxin'sche Reich wusste. Das war mein Auftrag, und ich wollte mir die Tafel Schokolade verdienen. Es war nur nicht so einfach, denn Paul redete am liebsten über den Krieg und versuchte, mir auf der Kutschfahrt nach Drewitz zu erklären, wie der Krieg angefangen hatte.

Um mich in das Thema zu verwickeln, fragte er zunächst scheinheilig, ob ich überhaupt wisse, wie der Krieg angefangen habe und gegen welches Land wir zuerst zu Felde gezogen waren. Meine Mutter erklärte ihm, dass ich noch gar nicht auf der Welt war, als Hitler die Tschechoslowakei besetzte. Aber Paul lachte nur und sagte, der Krieg habe gar nicht mit der Besetzung der Tschechoslowakei begonnen, sondern mit dem Feldzug gegen Polen.

»Der Krieg kann hundert Jahre dauern oder mehr«, sagte ich, »solange er nicht hierher kommt, gibt es hier alles, was die Menschen zum Leben brauchen, und nichts zum Sterben.«

Paul lachte. »Sterben müssen sowieso alle.«

»Aber nicht am Krieg«, beharrte ich.

»Der Krieg ist in wenigen Tagen zu Ende«, sagte Paul selbstgewiss und fügte hinzu, um mich zu ärgern: »Aber hundert Jahre wird das Gut nicht standhalten.«

Gegen Pauls Wissen hätte ich auch dann nicht ankommen können, wenn ich älter gewesen wäre, aber auf dem Gut würde das nicht gelten. Ich nahm mir noch einmal ganz fest vor, ihm alles zu zeigen – alle Tiere und all die Menschen, die mit ihnen arbeiteten, auch das Herrenhaus mit den Kellergewölben. Er sollte nicht nur zuschauen, wenn die Pferde gefüttert, die Kühe gemolken, die Gänse zusammengetrieben wurden, er sollte auch mithelfen. Ich würde ihm zeigen, wie gemolken wurde, wie die Pferde gefüttert wurden, wie er sie zu striegeln hatte, wie er sich dabei auf einen Hocker stellen musste. Ich wollte, dass er das Glück kennen lernte, wenn die Pferde schnaubten, die Kühe ihren warmen Geruch morgens verströmten, wenn sie abends muhend von der Weide zurück in den Stall gingen, wenn die Schweine grunzten und die Hühner gackerten, nachdem sie ein Ei gelegt hatten. Also schwieg ich und lauschte dem Gesang eines Lerchenpaares, das über dem Kornfeld neben der Straße schwebte.

Die Chaussee von Naugard nach Drewitz war zwar asphaltiert, aber wir fuhren auf dem danebenlaufenden Sommerweg für Kutschen und Pferdewagen, sodass außer den Hufen auf dem Sand, dem Ächzen des Geschirrs und dem gelegentlichen Schnauben nur die Vögel zu hören waren. Keine Eisenbahn und kein Auto, kein Flugzeug, nicht einmal die Kleinbahn, die von Naugard am Gut vorbeiging. Je nach Bedarf hielt sie an einer Verladerampe vor einer großen Lagerhalle, um das Korn aufzunehmen oder Säcke mit Düngemitteln abzuladen.

Als wir Drewitz fast erreicht hatten, bogen wir vor einem Birkenwäldchen rechts von der Chaussee ab und fuhren über einen breiten Feldweg, der direkt auf das Gutsgelände führte. Ich suchte mit den Augen nach den Störchen, von denen es zwei auf dem Gut gab. Sie hatten ihr Nest auf dem Dach der Dreschscheune, in der auch das Korn lagerte. Jeden Tag wurde es von zwei Frauen gewendet, damit es nicht schimmelte. All diese Tätigkeiten störten die Störche nicht, denn sie waren immer ganz damit beschäftigt, Frösche zu fangen, um ihre zwei Jungen zu füttern. Es gab eine Menge Teiche und Tümpel um das Gut, wo sie ihre Beute fanden. Wir waren kaum auf den Feldweg eingebogen, da stieg einer der beiden mit langen Schlägen seiner Schwingen auf. Ich stieß Paul aufgeregt an und zeigte dorthin, denn er hatte sicher noch nie einen so großen Vogel gesehen, aber er sagte nur: »Ein Storch.«

Ich mochte die Störche, denn sie brachten die Babys und galten mir als Zeichen, dass alles auf dem Gut auf eine friedliche Weise ablief. Ich malte sie oft und gerne, mir gefielen ihre

Farben – das Schwarz-Weiß des Gefieders, die roten, langen Stelzen und das leuchtende Rot ihrer Schnäbel.

Der Storch schaufelte sich flach über die Siedlung der Gutsarbeiter hinweg, die links unseres Weges lag, nicht weit entfernt von den mit Stacheldraht umzäunten Baracken der russischen Kriegsgefangenen. Die Jahre zuvor war es ein gewöhnlicher Maschendrahtzaun gewesen, aber eines Tages verlangte Ortsgruppenleiter Finke, dass er durch hohen Stacheldraht ersetzt würde.

Ich hatte bei Onkel Albi dagegen protestiert, weil die Kriegsgefangenen zu uns Kindern immer nett waren und einer mir sogar das Fahrradfahren beigebracht hatte, indem er hinten den Sattel festhielt und aufpasste, dass ich nicht umkippte. Es waren umgängliche Leute, ohne die das Gut gar nicht bewirtschaftet werden konnte, seit die meisten Gutsarbeiter an der Front waren. Fast allen von ihnen ging es auf Drewitz besser als in Russland, auf jeden Fall besser als bei der Roten Armee, und so nahm es nicht Wunder, dass das Verhältnis zwischen ihnen und den Gutsbewohnern entspannt und freundlich war. Niemand von ihnen wäre geflohen. Der Stacheldrahtzaun ging allein auf Anweisungen Finkes zurück, der auch die abgesprungenen Flieger »auf der Flucht« erschossen hatte. Als wir die Siedlung erreichten, in der auch Eule und Hotte wohnten, fuhren wir am großen Teich rechts in die Kastanienallee ein, die schnurstracks auf das Herrenhaus zuführte. Es war der Teich, in dem abends auch unsere Gänse badeten. Ich schaute nach rechts zum Backhaus, aus dem gerade Irmgard Plum mit ein paar Broten herauskam. Die Plums waren »Umquartierte« und stammten aus dem Siegburger Kreis. Hilde, die Mutter, war wegen der Bombengefahr mit ihren zwei Kindern nach Ostdeutschland evakuiert worden. Sie war eine nette Frau, gewohnt, mit anzupacken, und schon an ihrem Gang und den festen Schritten sah man, wie viel Kraft sie hatte. Auch ihr Sohn Schmierbacke, der eigentlich Oswald hieß, war ein kräftiger Kerl und wirkte mit 16 schon wie ein Mann. Er nannte seine Schwester Mauerblümchen, was sich inzwischen bei allen eingebürgert hatte, weil sie so vernarrt ins Lesen war. Am liebsten hockte sie in ihrer Freizeit mit einem Buch in der Scheune, wo sie ungestört war. Die Mutter und Mauerblümchen halfen in der Küche, Schmierbacke bei den Kühen.

Ich kannte die ganze Familie. Wenn ich in der Küche war, beobachtete ich gern die Mutter und zählte ihre »Puster«. So nannten Mama und ich es, wenn sie versuchte, die Strähnen, die ihr ins Gesicht fielen, wegzupusten, was sie andauernd tat. Zwar sollte ein Band ihr rotes Haar festhalten, aber das klappte ganz und gar nicht. Mauerblümchen hatte die vielen Sommersprossen von ihrer Mutter geerbt, aber nicht das Haar. Ihres war aschblond und ziemlich dünn. Sie kämmte es zwar über ihre abstehenden Ohren, für die sie sich schämte, aber leider war das Haar zu dünn, und die Ohren schauten zwischen den aschblonden Strähnen heraus. Dadurch fielen sie noch mehr auf. Außerdem ging sie etwas nach vorn gebeugt, weil sie sich wegen ihrer kleinen Brüste schämte. Wenn die anderen Kinder oder Mädchen vom Gut im Sommer abends am Teich saßen und schwatzten, verbrachte sie die Zeit damit, sich mit dem Diener Heinrich Bach über Bücher zu unterhalten. Er las dieselben Bücher, und wenn er dann darüber sprach, hing sie buchstäblich an seinen Lippen. Meine Mutter meinte, in diesen Momenten würden ihre sonst steifen Bewegungen ganz flüssig und natürlich, und all ihre Schüchternheit wäre dahin. Hilde Plum hatte recht – ihre Kinder waren verschieden wie Tag und Nacht.

Wir fuhren am Backhaus und an der Schmiede vorbei, dann zwischen Schafstall und Kuhstall hindurch und passierten dort, wo links und rechts Park und Obstgarten begannen, das Kornhaus auf der linken, Remise und Pferdestall auf der rechten Seite. Das Herrenhaus bestand aus einem Haupttrakt mit zwei Seitenflügeln, die einen Springbrunnen umrahmten. Grohmann umfuhr das Rondell mit dem Brunnen, aus dem eine hohe Fontäne aufstieg, und hielt vor der Freitreppe des Schlosses, wie viele das Herrenhaus nannten.

Als ich aus der Kutsche kletterte, sah ich Eule im Schatten der zwei großen Eichen links und rechts des Eingangs zum Obstgarten. Er beobachtete uns, ich winkte ihm zu, aber er wagte sich nicht näher an das altehrwürdige Herrenhaus heran, das Anfang des 13. Jahrhunderts erbaut worden war, wie Onkel Albi jedem Besucher erklärte. 1500 wurde es erweitert und auf denselben Fundamenten 1700 bis 1701 noch einmal neu erbaut. Auf den soliden Mauern standen große Gewölbe, deren feste, rote Ziegelsteine sich in den Jahrhunderten schwarz gefärbt hatten. Unheimlich waren Dagi und mir die großen schweren und oben gerundeten Eichentüren, weil sie beim Öffnen und Schließen laut und gruselig knarrten, was man durchs ganze Haus hörte.

Vierzehn Jahre nachdem das Herrenhaus fertiggestellt worden war, wurde der Park angelegt. Da zu dieser Zeit der französische Sonnenkönig Europa überstrahlte, entstand der Park ganz in französischem Stil. Tante Sissi war sehr stolz darauf und zeigte mir Bilder vom Hofe Ludwigs XIV. mit ähnlichen Gartenanlagen. Sie meinte, das Einzige, was in Europa noch herrlicher erstrahlte, wären die Aufmärsche des Führers, die sogar noch über Homer, über das Alte und das Neue Testament hinaus leuchteten. Natürlich wollte ich mehr darüber wissen, denn alles, was mit dem Führer zusammenhing, war geheimnisvoll und erregte mein Interesse, und sie sagte etwas von der *Ilias*, einem griechischen Epos, das der Führer als Maler, der er ja eigentlich wäre, mit allem, was er triebe und auf die Beine stellte, illustrieren wollte. »Darum geht es ihm eigentlich«, knurrte sie voller Verachtung und versprach, mir bei den nächsten Besuchen die *Ilias* zu erzählen. Dazu kam es nicht mehr, weil die Veranstaltungen des Führers, von denen sie sprach, zu gewaltig und zu apokalyptisch wurden.

Gleich nachdem wir am Teich rechts in die Kastanienallee eingebogen waren, mussten wir anhalten, weil die Kühe uns den Weg versperrten. Aus ihrem an- und abschwellenden Muhen hörte ich das Quietschen der Pumpe heraus. Ich kannte dies

Geräusch, weil wir uns Kinder unter der Pumpe immer die Füße wuschen. Als es noch keine Leitungen gab, holten die Gutsarbeiter dort ihr Wasser in je zwei Eimern, die sie an einem Schulterkreuz aufhängten.

Die Kühe kamen am späten Nachmittag immer zur gleichen Zeit von der Weide. Die Trift von der Koppel bis zum Stall querte die Kastanienallee, und da es mehr als hundertfünfzig Kühe waren, gab es vor dem Stall einen Stau. Jeder Eingangsbereich des Kuhstalles hatte einen breiten Gang, und auf jeder Seite dieses Ganges standen dreizehn Kühe. Ich staunte oft darüber, dass jede Kuh genau ihren Platz fand, obgleich sich die Plätze nur durch die darüber angebrachten Nummern unterschieden.

Mit der letzten Kuh kam Günni Kelm, der Bruder des kleinen Ricki, dessen Vater Gärtner auf dem Gut war. Günni war mit vierzehn der Jüngste bei den Kühen. Er hechelte, weil er als Säugling eine Lungenentzündung hatte, die nie ganz ausheilte. Daher war es nicht leicht für ihn gewesen, auf dem Gut Arbeit zu finden. Das Kühehüten war eine Lösung, es strengte ihn nicht so sehr an, und alles wäre auch gut gegangen, wenn er nicht außerdem noch so ein Träumer gewesen wäre, der aus der realen Welt gänzlich entschwinden konnte. Manchmal vergaß er alles um sich herum und schaute dann auch nicht mehr nach den Kühen. So handelte er sich einen Verweis nach dem anderen ein.

An seiner Mutter Ursula hing er wie eine Klette und war sehr eifersüchtig auf seinen vierjährigen Bruder Ricki, dessen Temperament und Liebreiz zu ihm in völligem Gegensatz standen. Ricki war ein hellblondes aufgewecktes Kerlchen, dem die Eltern alles erlaubten. Daher trieb er sich überall auf dem Gut herum und kannte sich gut aus. Kelms hatten noch zwei weitere Kinder bei sich aufgenommen: die Zwillinge Brunhilde und Eckhard, die in Hamburg ausgebombt worden waren und dabei ihre Eltern verloren hatten. Eckhard arbeitete in der Verwaltung, und Brunhilde half dem Imker Richard Wittek. Sie waren drei Jahre älter als Günni, und er kam mit ihnen sehr gut klar. Das war wie ein Geschenk für ihn, denn mit den anderen Jungs auf dem Gut konnte er wenig anfangen, weil er nicht so stark, nicht so schnell und nicht so wagemutig war wie sie. Ich sah ihn oft schmächtig und verträumt am Fenster sitzen, wenn ich mir bei den Kelms Honig holte, den Brunhilde vom Imker mitbrachte. Da Günni und seine Mutter eine Allergie gegen Honig hatten, blieb immer genug für Ricki und mich übrig. Günni und seine Mutter waren sich auch sonst sehr ähnlich, beide waren dünn und hatten eine durchscheinende Haut.

Ich rief ihm etwas zu, doch er winkte nur kurz und verschwand im Stall.

Paul erklärte ich, dass nun gleich gemolken würde und ich ihm das morgen zeigen wolle. Er war damit zwar einverstanden, aber ich merkte, dass er vor den Tieren Angst hatte. Unbehaglich fand er es auch später an der Abendtafel, weil er nicht vom Krieg schwärmen durfte, wie er es sonst immer tat, denn auf Gut Drewitz hatten Kinder beim Essen zu schweigen, wenn sie nicht sowieso an einem Extratisch saßen. Das war keine bewusste Zurücksetzung, sondern ein ungeschriebenes Gesetz. Sogar die beiden von Tante Sissi so geliebten Dackel Plüsch und Plum mussten brav auf ihren Plätzen an der Tür zur Terrasse liegen und durften sich nicht mucksen.

Als Hofmeister Erich Domke morgens die Glocke läutete, war ich schon angezogen und rannte schnell in Pauls Zimmer. Er schlief noch. Ich weckte ihn und beschrieb ihm, was für großartige Erlebnisse ihn erwarteten. Er zog sich die Decke über den Kopf, und ich bekam ihn nicht aus den Federn. Mir blieb nichts übrig, als an diesem ersten Morgen alleine loszuziehen.

Im Kuhstall waren schon alle da, als ich kam. Am Eingang stand Günni Kelm, den ich nach Brunhilde und seinem kleinen Bruder Ricki fragte, doch er schaute mich nur an. Vielleicht träumte er wieder. Oder hatte Ärger mit irgendjemandem hier. Vielleicht mit Rupert »Ruppig« Rohr, der keine Träumer mochte und ihn mit Vorliebe aufs Korn nahm, obgleich er selbst ein Spinner war und oft Schauergeschichten erfand, um sich bei Schmierbacke wichtig zu machen. Für Schmierbacke tat er alles und war sehr stolz, ihn als Kumpel zu haben, denn Schmierbacke war der Anführer unter den Hütejungen. Für mich war Rupert ein Trottel, weil er wie ein Dackel hinter Schmierbacke her lief. Er versuchte, ihm alles gleich zu tun, und war sich überhaupt nicht bewusst, wie lächerlich er mit seinen schmalen, hängenden Schultern, dem langen Hals und dem eiförmigen Kopf neben Schmierbacke wirkte. Da halfen auch seine rotblonden, dünnen wehenden Haare, die blassen Augen, die farblosen Wimpern und die vorstehenden Beißer nicht. Schmierbacke war groß wie ein Mann und sah auch sonst sehr männlich aus. Das war ihm selbst auch bewusst, und er unterstützte es durch Liegestütze, wann immer er Gelegenheit dazu hatte. Ganz anders als Ruperts Eierkuchengesicht war Schmierbackes Visage mit seinem breiten Mund und den hohen Wangenknochen markant. Wenn er den Mädchen auf dem Hof begegnete, verzog sich sein eckiger Mund zu einem verwegenen Lachen. Er strahlte Sicherheit und Freundlichkeit aus, ganz anders als seine zwei Jahre ältere Schwester Irmgard, das Mauerblümchen. Im Kuhstall war er gerade wegen seiner Flausen beliebt, die nicht zuletzt mit seiner Unerschrockenheit zusammenhingen. Er war zum Beispiel der Einzige, der den Bullen bei der Stange hielt, wenn es sein musste, aber er ärgerte auch gern die Mädchen oder heckte etwas aus, um den anderen Streiche zu spielen. Wenn Mädchen dabei waren, machte er Rupert nach, der noch im Stimmbruch war, und alle lachten.

Schmierbacke, Rupert, Bruno und Günni waren nur Helfer, aber sie waren wichtig geworden, seit die richtigen Melker an die Front mussten. Zu mir waren sie alle nett, und Bruno erlaubte stets, dass ich in seiner Reihe melkte.

Als ich aus dem Stall zurückkam, brachte ich frische, warme Milch mit, die meine Mutter so gerne vor dem Frühstück trank. Ich fragte gleich nach Paul und glaubte es kaum, als sie sagte, er schlafe noch immer.

Ich verstand das nicht. Das Füttern der Pferde und das Melken hatte er versäumt. Wie aber sollte ich ihm alles zeigen, wenn er so lange im Bett lag? Jedenfalls würde ich keine Ruhe geben und freute mich, als meine Mutter rief: »Genug geschlafen!«, ihn aus dem Bett holte und sagte, er solle sich nun mit mir auf den Weg machen. Besonders mürrisch wurde er, als sie obendrein bestimmte, dass wir die drei Mädchen mitzunehmen hätten. Das gefiel auch mir nicht. »Dagi und Laura sind noch zu klein«, protestierte ich, doch es half nichts.

»Nach dem Mittagessen müssen sie schlafen, bis dahin nehmt ihr sie mit.«

Meine Mutter schlug eine große Wanderung über das Gut vor, damit die Schattner-Kinder erst einmal lernten, wo alles war. Wir sollten beim Friedhof im Norden anfangen und bei der Verladestation der Kleinbahn im Süden aufhören. Durch den Park durfte niemand, aber in diesem Fall genehmigte es Onkel Albi.

»Es ist ein warmer Tag, ideal für eine Landpartie«, meinte meine Mutter, als sie uns hinausschob.

Auf dem Friedhof zeigte ich Paul zuerst die Helden des Krieges, wie meine Mutter sie nannte. Das waren die, die schon aus dem Krieg zurück und hier beerdigt worden waren, wie der Gärtner Hans Ossowski, Ruthchens Vater. Da war außerdem der Kutscher und Chauffeur Johannes Bretschneider, der sehr stolz darauf gewesen war, mit 34 Jahren schon Kutscher und Chauffeur zu sein. Ich erinnerte mich sehr gut an sein breites Gesicht mit der schiefen Nase, was von einer Schlägerei herrührte. In seiner Jugend war er ein Raufbold gewesen, weil er nicht wie sein Vater Wilhelm sein wollte, ein ängstlicher, unbeständiger Mann ohne eigene Meinung, der es nicht weiter gebracht hatte als bis zum Pferdeknecht. Johannes aber wollte selbst stark sein und kümmerte sich schon früh um die Fahrzeuge auf dem Hof, denn ein Fahrzeug war noch stärker als ein Pferd. Es gab anfangs zwar nur Onkel Albis Auto, nicht mal einen Traktor, aber Johannes reichte das. Schließlich schaffte er es, seine eigene Unbändigkeit zu zügeln, sodass er die ersehnte Stelle als Kutscher und Chauffeur bekam. Seine Sprache blieb grob und holprig, was Onkel Albi nicht gefiel, auch nicht, dass er ins Stocken geriet, wenn er nicht das richtige Wort fand. Daher schützte er sich durch zunehmende Schweigsamkeit. Selbst gegenüber seiner Frau Ida. Schweigsam und streng – das war nichts für Kinder, obwohl Johannes das Kätzchen Minki, Liebling der Kinder, sanft behandelte. Ich konnte mich noch daran erinnern, wie er nach Feierabend im Sessel saß, Minki auf seinem Schoß kraulte und mit ihr zusammen schnurrte. Das waren seine intensivsten Unterhaltungen.

1943 wurde Ida mitgeteilt, dass sie keinen Mann mehr hatte. Onkel Albi bemühte sich, seine sterblichen Überreste nach Drewitz zu holen. Nachdem es ihm gelungen war, kniete Ida nieder und küsste ihm die Hand.

Onkel Albi holte auch Kurt Pieper heim, den Rechnungsführer aus der Verwaltung, und Lars Holte aus der Gärtnerei. Langsam ging ich mit Paul von Grabstein zu Grabstein, um ihm all das über die Menschen auf Drewitz zu erzählen, was ich wusste. Aber da Paul diese Menschen nicht gekannt hatte, langweilte es ihn, und er wollte mir lieber verklickern, wie der Krieg mit Polen begonnen hatte.

Leider konnte ich ihm nicht berichten, was die Leute, die hier auf dem Friedhof lagen, im Krieg getan hatten. Ich wusste nur, wer sie auf dem Gut gewesen waren und was sie hier getan hatten. Doch das wollte er nicht hören.

Paul war zu den Mädchen gegangen, die in einer Ecke mit Ricki spielten, den jeder auf dem Gut kannte und mochte. Ich ging auch hin, aber sie spielten nichts, sondern hockten da und beobachteten eine Katze. Es war Minki, die Katze von Johannes Bretschneider. Kam sie hierher, um ihn an seinem Grab zu besuchen?

Ich konnte nicht wirklich darüber nachdenken, weil Paul schon wieder mit seinem Kriegszug anfing. Diesmal redete er vom Ersten Weltkrieg und dem Friedensvertrag von Versailles. Er versuchte mir klarzumachen, dass es kein Friedensvertrag war, sondern das Diktat der Siegermächte. Der Krieg sei schon zu Ende gewesen, aber dennoch hätten die Polen Oberschlesien besetzt, also rein deutsches Gebiet. Das sei ein glatter Landraub gewesen. So sah das Paul, klopfte mir auf die Schulter, schaute mich begeistert an und dachte, dass ich ihn verstanden hätte. Ich dachte aber nur daran, den Schattner-Kindern das Gut zu zeigen, nahm Ricki an die Hand und überredete ihn und die Mädchen, mit zum Sägewerk zu kommen. Wirklich gewinnen konnte ich sie nur, indem ich versprach, sie würden in einer Hochzeitskutsche fahren und danach die gerade geborenen Fohlen sehen.

Die große Kutsche fanden sie tatsächlich interessant, und alle kletterten hinein. Gleich darauf gingen wir zum Stall mit den Reit- und Kutschpferden, aber die Boxen waren so hoch, dass die Kleinen nicht viel sehen konnten.

Paul wollte gleich wieder mit den Polen anfangen, und ich schlug schnell vor, zur Schmiede zu gehen. Wir würden dort Hotte treffen, der vielleicht mehr von Polen verstand als ich. »Der kann Russisch«, sagte ich.

Hotte stammte aus einem kleinen Ort bei Köln. Er war der jüngste von sieben Brüdern, die alle im Feld standen. Seine Eltern waren bei einem Fliegerangriff ums Leben gekommen, und damit Hotte nicht das gleiche Schicksal ereilte, kam er im Alter von zwölf Jahren mit der Kinderlandverschickung nach Drewitz. Ihm fehlte seine Familie sehr, und so war er dankbar, dass ihn der Schmiedemeister Max Wendt und seine Frau Gerda wie ein eigenes Kind aufgenommen hatten. Max Wendt war außerdem sehr bemüht, ihn zu einem guten Schmied zu machen.

Wenn es kalt war, trug Hotte einen langen Luftwaffenmantel von einem seiner Brüder und eine dunkelblaue HJ-Mütze aus dickem, schmiegsamem Stoff mit einem Schirm, den er so häufig wie möglich putzte und polierte. Von einem anderen Bruder hatte er die HJ-Bluse, die er jeden Sonntag anzog. Sie zierten schöne Knöpfe, die er mir schenken wollte, wenn er die Bluse einmal nicht mehr brauchte.

Hotte war über beide Ohren verliebt in Kathrin Wendt, die Tochter von Max und Gerda. Sie war zwar sechs Jahre älter als er, aber das bedeutete nicht viel, denn nicht nur er, sondern auch alle anderen waren in sie verknallt. Daran konnte auch Martha Ossowski nichts ändern, wenngleich die sich alle Mühe gab. Martha hatte die Wäschekammer unter sich und war damit Kathrins Chefin. In dieser Eigenschaft bestand sie darauf, dass Kathrin ihr glänzendes kastanienbraunes Haar unter einem strengen grauen Kopftuch verbarg und immer zurückhaltend aufzutreten hatte. Ich nannte Martha wegen ihrer stechenden Augen und der schrillen Stimme immer »Habicht«. Wenn Kathrin sich nach der Arbeit das Tuch abstreifte und ihr Haar mit einem Schwung herabfallen ließ, was sie gerne vorführte, begriff selbst Martha, dass sie die Schönste auf Drewitz war. Egal ob Martha schimpfte oder die Männer Scherze machten oder pfiffen, alles belohnte Kathrin stets mit einem fröhlichen Lachen.

Dabei ließ sie sich nie auf Liebeleien ein, was mir besonders gefiel. Tante Kläre sagte, als ich ihr das erzählte, sie wartete auf mich, und behauptete, ich wäre in sie verliebt. Hotte war es jedenfalls.

Als wir an der Schmiede ankamen, wurde gerade eines der Pferde beschlagen. Hotte betätigte den Blasebalg und winkte uns zu. Ich führte Paul und die Mädchen in eine Ecke, wo sie einen sicheren Abstand von dem Pferd hatten. Nicht alle Pferde ließen das Beschlagen so einfach über sich ergehen, und gerade dieses war ziemlich nervös. Um es fester im Griff zu haben, hatte ihm Max einen Holzstab mit einer Schlinge über die Oberlippe gestreift. Immer, wenn es wild wurde, drehte er den Stab, bis es den Schmerz verspürte und still hielt. Wenn das nicht reichte, kam es in einen Bock, wo alle Bewegungen völlig eingeschränkt waren, doch versuchten es Max und Hotte immer erst mit gutem Zureden.

Den Mädchen gefiel es nicht in der Schmiede, und auch Paul wartete auf die erstbeste Gelegenheit, um zu verschwinden. Als Hotte eine Vesperpause einlegte, gingen wir alle zum

Backhaus, denn heute war Backtag, und Bäcker Otto Buns achtete darauf, dass auch für die Kinder mitgebacken wurde. Kleine Brote und Kuchen. Man brauchte nur vorbeizukommen und darum zu bitten, und schon hatte man ein duftendes und warmes Gebäckstück.

Otto Buns beaufsichtigte zwar das Backen, aber eigentlich backte jede Familie für sich. Die Brote wogen zwei Kilogramm, und eine Ration von fünf oder sechs Broten pro Familie musste für die Woche reichen. Das Gutshaus ließ nachmittags backen. Der Diener Heinrich Bach, die Mamsell und eine Küchenbedienstete holten das Brot auf einem großen Tragetisch ab. Die Küchenbedienstete war diesmal Nina Nowikow, eine Schwarzmeerdeutsche aus der Ukraine, die Russisch, Polnisch und Ukrainisch sprach und für den Administrator zwischen ihm und den russischen Gefangenen dolmetschte. Ansonsten half sie in der Küche und beim Servieren.

Einmal war ich beim Übersetzen zwischen dem Administrator und russischen Kriegsgefangenen dabei gewesen und hatte gesehen, wie die Blicke der Männer an ihr hingen, wenn sie mit knappen Bewegungen ihre Worte unterstrich oder ihr rotbraunes Haar nach hinten nahm und mit einer Klemme feststeckte. Sie hatte die Angewohnheit, beim Reden mit der Zungenspitze über ihre vollen Lippen zu fahren, und weil sie oft nach frischem Brot roch, dachte ich, sie schmecke das Brot nach. Ich mochte das und ließ sie gerne das Brot nachschmecken und mich in die Arme nehmen.

Im Winter trug sie eine graue Pelzmütze, die sie bis über ihre Augenbrauen in die Stirn zog. Dann sah ich nur ihre Augen, die haselnussbraun waren. Den grauen Wollmantel, der eng anlag, zurrte sie mit einem breiten Gürtel nach Kosakenart um die Taille. Nicht nur die Russen, auch die Gutsarbeiter drehten sich nach ihr um und machten heimliche Bemerkungen über ihre dicken Wollstrümpfe, wie zum Beispiel Schmierbacke: »Ihre Strümpfe sind dick, ja, aber die Beine werden dadurch nicht kürzer.« Seit der Administrator sie als Dolmetscherin einsetzte, nannten die Frauen des Gutes sie das »Russenweib«.

»Na, wollt ihr Kuchen holen«, fragte sie, als sie das Brot wegtrugen.

»Ja, aber eigentlich will ich meinem Freund zeigen, wie das Backhaus heult.«

Das Backhaus hatte nämlich eine seltsame Akustik. Man konnte darin rufen, heulen, schreien, alles kam zum Schornstein heraus und klang wie das Röhren eines gequälten Windes. Die Frauen im Dorf sagten, irgendwann sei da jemand umgebracht und zu Brot verbacken worden, und seine Seele beginne immer wieder zu jammern, wenn sie andere klagen höre.

Um Paul das zu demonstrieren, ging ich mit den Mädchen hinein und sagte zu Otto Buns, wir wollten einen Klagechor machen. Er lachte und hatte nichts dagegen. Bevor wir anfingen, schaute ich aus dem Fenster, ob Paul auch im richtigen Abstand draußen stand, da, wo man es am besten hörte. Der Abstand passte, aber er lauschte nicht, sondern hielt Hotte einen Vortrag. Also mussten wir besonders laut heulen. Wir klangen wie eine kleine Herde zu Tode gepeinigter Tiere. Es erinnerte mich an den Schlachthof, und eine Gänsehaut lief mir über den Nacken.

Paul aber blieb von unseren Schreckensgesängen unberührt, weil er sich dauernd mit Hotte unterhielt. Es ärgerte mich, aber vor dem starken Hotte wagte ich nicht einzugreifen. Als ich ihn dann später fragte, ob er unseren Gesang gehört habe, fragte er erstaunt: «Ihr habt gesungen?«

»Ich wollte dir doch zeigen, dass es so unheimlich klingt, wenn man im Backhaus schreit.«

»Dies Katzenmiauen war von euch?«

Im ersten Moment glaubte ich, er wollte mich ärgern, und ich sah ihn böse an. Doch er war freundlich und lieblich wie immer, so dass ich ihm sofort verzieh und ihn fragte, was er Hotte erzählt habe.« Ich habe ihm von der Phase Zwei der polnischen Kriegsvorbereitungen erzählt«, sagte er. Dabei schaute er mich mit dem unschuldigen Blick eines Mädchens an, bekam rote Ohren und fing sofort an, mir den Überfall der Polen auf den deutschen Radiosender in Gleiwitz zu beschreiben.

Während Paul ganz in seinem Element war, beobachtete ich die Schwalben, die im April aus dem Süden zurückgekommen waren. Drewitz war ein Paradies für Schwalben. Ich liebte es, in den Abendstunden auf einer Mauer zu sitzen und den eleganten Seglern zuzuschauen. Die Rauchschwalben bauten ihre Nester in Ställen, in Scheunen und in den Häusern der Arbeiter, die die Schwalben als Glücksbringer betrachteten. Die Nester, die aussahen wie Teetassen, waren aus Schlamm und Halmen. Die Anflugkante lag dicht unter der Decke. Den Schlamm für den Nestbau holten sie vom Rand des Gutsteiches oder aus Pfützen. Sobald sie ihre Nester bezogen hatten, begannen sie mit der Brut. Beide Eltern fütterten die Jungen, und sie hatten gut zu tun, denn manche Weibchen brüteten dreimal. Besonders sympathisch waren sie mir, seit ich einmal gesehen hatte, wie eine Katze in den Stall kam: Die Schwalben gingen sofort zu mehreren in den Tiefflug und machten über der Feindin so lange ein Gezeter und Geflatter, bis sie sich genervt trollte.

9. KAPITEL

Paul stand wie erfroren in seiner Schlafkammer, obwohl es kein Tag im Januar 1943 war, voller Kälte, Schnee und Eis, sondern ein schöner Juniabend von wundervoller Milde. Jeder spürte das Herannahen eines Sommers, der voller Lust sein würde. Die Enten, Gänse, Kühe, Pferde, Menschen und Spatzen – alles, was atmete, wollte nichts als weiter atmen und sich bewegen. Herumtollen, fressen und lieben. Paul nicht. Ihm waren solche Gefühle nicht vertraut. Er war häufig von unangenehmen Spannungen bedroht, die er als Langeweile oder Leere empfand. Davon erlöst war er nur, wenn er seine Schlachten spielen konnte, für die er alles nutzte, was ihm an Material in die Hände kam. Dies war nicht nur ein Ausweg aus den ihn bedrängenden Ängsten; er war stolz darauf, denn er organisierte die einzelnen Kriegskatastrophen im Kleinen, wie sein Führer es im Großen tat.

Er wollte sein Spielzeug haben, ohne das ihm nichts Spaß machte, und er hatte es schon lange genug entbehren müssen. Sechs Tage. Er merkte, dass sich in ihm alles zu einer Krise zusammenbraute. Das hatte er schon einmal erlebt, als er bei einem Besuch seines Vaters drei Tage Spielentzug hatte durchstehen müssen. Die Strafe war wegen »mädchenhaften Benehmens« gegen ihn verhängt worden. Pauls Vater reagierte ziemlich allergisch auf die Augenaufschläge seines Sohnes, bestimmte Kopfbewegungen, den Gang, die meist zu langen Haare, sein plötzliches Lachen. Er wollte »solche Regungen« gleich im Keim ersticken. Einen homosexuellen Sprössling hätte er auf keinen Fall ertragen. Der spezielle Grund für den dreitägigen Spielentzug war ein parfümiertes, seidenes Halstuch seiner Mutter, das er sich ahnungslos umgelegt hatte, weil er nicht wusste, dass sein Vater im Anmarsch war.

Den heutigen Tag hatte Paul bei der Ernte der Wintergerste verbracht, bei der er zusammen mit den anderen Jungs helfen musste, wenn er sein Gesicht nicht verlieren wollte. Morgen sollte er beim Pflügen und Eggen dabei sein, aber dagegen hatte er sich zur Wehr gesetzt und vor dem Abendessen versucht, durch eine vorgetäuschte Migräne früher nach Hause zu kommen. Er hatte keine Kutsche beansprucht, sondern wollte den ganzen Weg nach Naugard gehen, aber alle hatten auf ihn eingeredet, es gebe bald Abendbrot, er solle einfach durchhalten. Als sie begriffen, dass er kein Abendbrot wollte, hatte meine Mutter ihn mit zwei Kopfschmerztabletten ins Bett geschickt.

Nun stand er mitten in seiner Kammer, das Gesicht bleich, die Lippen blass, während er in seinen Erinnerungen Zuflucht suchte. Er konzentrierte sich auf das, was ihm seine Tante berichtet hatte, im Radio und bei ihren zusätzlichen Anrufen. Aus diesem ganzen Wust von Kriegsinformationen entschied er sich für die russische Gegenoffensive in Stalingrad. Eine Million Menschen in sieben Armeen traten an, um die in einem Nord- und einem Südkessel umzingelten Deutschen zu vernichten. Er sah es in Bildern vor sich. Er wollte es nicht wahrhaben und hatte schon zu Hause mehrmals den Widerstand der 6. Armee mit seinen eigenen Truppen variiert, sodass sie gewannen. Doch weil er wusste, dass es so nicht verlaufen war, sondern dass die Meisten starben und die Restlichen in die Gefangenschaft gingen, ließ er die Übergabe nach der Kapitulation am Ende zu. Danach war er jedes Mal erschöpft. Er legte sich dann neben das Schlachtfeld auf die Erde und starrte ausgelaugt zur Decke. Essen hätte er in diesen Momenten nicht können, schlafen auch nicht, denn sobald er sich erholt hatte, spürte er schon wieder diese beunruhigende Spannung, so als befände er sich in der vordersten Kampflinie der Front und wäre der Einzige, der bestimmte Geräusche oder schattenhafte Bewegungen wahrnahm, die einen Angriff des Gegners andeuteten, während alle anderen vor Kraftlosigkeit besinnungslos geworden waren oder die Zähesten von ihnen beim Schein einer Taschenlampe Skat spielten oder einen Brief an die Liebste schrieben. In seiner Kriegswelt gehörte Paul nicht zu den Liebesbriefschreibern und Skat konnte er sowieso nicht, davon hatte er nur aus Soldatenberichten erfahren. Sein angespannter Zustand, der diese Kriegsspiele immer in Gang setzte, hätte das auch gar nicht erlaubt. Er war dieser Spannung ausgesetzt, so wie jetzt, und hier auf Drewitz hatte er noch nicht einmal jemanden, der ihm die letzten Frontberichte mitteilte. Er hatte ein paar Mal versucht, aktuelle Nachrichten im Radio zu hören, sich sogar versteckt, aber Dagi und ich hatten ihn immer ziemlich schnell entdeckt. Unserer Mutter kam dann, rief »Raus an die frische Luft!« und drehte das Radio aus. Er konnte auch mit keinem über wichtige Sachen reden, denn niemand hier interessierte sich für den Krieg. Das hatte ihm Hotte, der Junge aus der Schmiede, außerdem deutlich gesagt.

Er hätte gar nicht mit hierher fahren dürfen, es war ein Fehler gewesen. Was sollte er hier? Gänse hüten, Kühe melken oder die Toten auf dem Friedhof, die nichts mehr leisten konnten, mit Wasser begießen?

Ganz sacht nahm Pauls innere Bedrohung zu. Er merkte es, ohne dass es ihm direkt bewusst wurde. Wenn solche Impulse kamen und er nicht sogleich an sein Spielzeug konnte, geriet er in Panik, doch es war keine Panik, die ihn herumtoben ließ. Im Gegenteil: Es war ein Zustand, der mit einer äußeren Antriebslosigkeit einherging. Wenn er älter gewesen wäre, hätte er nachdenken können, was ihm zu schaffen machte und wie sich das auf die Dauer ändern ließe, aber so jung, wie er war, hatte er keine Ahnung davon, was mit ihm los war, zumal sich ihm von den wenigen Begriffen, die ihm für die Beschreibung seelischer Zustände zur Verfügung standen, der in diesem Fall passendste wie von selbst verbot: Angst. »Ein deutscher Junge kennt keine Angst« war nicht nur ein stehendes Wort, es war der Grundakkord einer ganzen Kultur, die Paul umgab. Und nicht nur umgab, sie bildete den fruchtbaren Boden, dem Paul entsprossen und auf dem er wie ein Mustersoldat gewachsen war.

Er suchte in seinen Erinnerungen nach einem Sieg. Dass

das Siegen das Leben sinnvoll machte, war nicht nur seine Überzeugung, auch alle anderen glaubten es.

Wenn es keine Siege gab, wie in Stalingrad, bediente er sich verschiedener Taktiken der Umdeutung: Er trauerte nicht um die deutschen Opfer, sondern schrieb die meisten Toten den Gegnern zu. Sie waren besiegt worden, doch den Widerstand, den die Deutschen geleistet hatten, überhöhte er zu einem Schachzug: Stalingrad habe die strategisch wichtige Funktion gehabt, die russischen Kräfte zu binden, sodass die Deutschen an allen anderen Ostfronten leichtes Spiel haben würden.

Während im Speisezimmer der Tisch abgeräumt wurde und alle sich zu einem Rommé-Spiel im Kaminzimmer niedergelassen hatten, stand Paul in seiner Schlafkammer, hörte weder das Zirpen der Schwalben noch das Klappern der Storchenschnäbel, sah nicht einmal das Bett vor sich, sondern blätterte im Geist immer wieder all die Fakten durch, die er gespeichert hatte. Durch seinen Kopf liefen wie elektronische Schlagzeilen kurze militärische Informationen, die er sich nach den Telefonaten mit seiner Tante oder während der Nachrichten vor dem Volksempfänger notiert hatte: Britische Einheiten besetzen Tripolis, der Tunesien-Feldzug, die Mareth-Linie und der Einsatz der Strafdivision 999. Der Sieg der SS-Sondereinheit Dirlewanger über das Dorf Chatyn am 22. März 43, was tatsächlich nur eine Nebenbemerkung seiner Tante gewesen war, mit der sie nicht viel preisgegeben hatte. Sein suchendes Hirn sprang zurück. Es war der Tag im Oktober 41, an dem Charkow, die viertgrößte Stadt der Sowjetunion und Produktionsstätte des T-34 von deutschen Truppen erobert wurde. Ja, das war gut, sehr gut sogar, denn die Besetzung führte zu der berühmt gewordenen Schlacht bei Charkow im Mai 42, in der die wieder angreifende russische Armee blutig geschlagen worden war. Später waren die Deutschen im Februar 43 kurzzeitig aus Charkow abgezogen, sodass die Russen die Stadt besetzen konnten, aber sofort darauf hatte die Wehrmacht zurückgeschlagen und Charkow nach schweren Gefechten wieder eingenommen.

Paul lächelte, denn Charkow einzunehmen hatten die Russen im Mai 42 nicht geschafft!

Seine Stimmung verdüsterte sich aber gleich wieder, als er daran dachte, dass die Stadt, wenngleich nur noch ein Trümmerhaufen, schon drei Monate später den Deutschen endgültig verloren gegangen war.

Vielleicht war es besser, sich auf ruhmreiche Spezialeinheiten zu konzentrieren, statt auf ruhmreiche Schlachten und Orte.

Diese Wendung brachte im ersten Moment nicht gleich den Gedankenblitz, der Paul aus allem Frust erlöste, doch nach einer Weile erinnerte er sich an eine Bemerkung seiner Tante über einen ihrer wichtigen Bekannten. Es war Gottlob Berger, der die SS-Sondereinheit Dirlewanger protegierte. Seine Tante hatte ihm erzählt, dass das Sonderregiment aus ehemaligen Wildschützen bestand. Das hatte sofort Pauls Interesse geweckt, denn er besaß nicht nur eine Tesching-Luftpistole, sondern war bei seinem letzten Berlin-Besuch anlässlich einer Schießübung des Reichsjungvolkes mit großer Begeisterung an der langen und der kurzen Waffe ausgebildet worden.

Da Paul seine vielen Spielzeuge nicht bei sich hatte, mit denen er die Schlachtordnungen hätte nachstellen können, suchte er nach einem Ersatz. Chatyn fiel ihm ein, und es kam ihm die Idee, Gut Drewitz als diesen Ort zu nehmen und Dirlewangers Angriff nachzuspielen. Hotte hatte ihm erzählt, dass er das Gut zusammen mit dem Tischlergesellen Hermann Beckering nachgebaut und auf eine Sperrholzplatte geklebt hatte. Hotte hatte auch verschiedene Figuren beschrieben, die die Gutsarbeiter und das Personal im Herrenhaus darstellten. Diese Figuren ließen sich sicher in zwei Hälften teilen, von denen die eine die Angreifer darstellen könnten.

Paul packte eine angenehme Erregung, er fühlte sich warm und lebendig, und alle Trostlosigkeit, die ihn gerade noch so steif gemacht hatte, war verschwunden. Leise schlüpfte er aus dem Zimmer, die Treppe hinunter und aus dem Hauptportal. Wie von alleine liefen seine Füße. Um nicht gesehen zu werden, wählte er den Weg hinten an den Stallungen und der Remise vorbei zur Schmiede. Schon aus einiger Entfernung hörte er das Klingen des Hammers auf den Amboss.

Hotte war alleine. Er glühte und glättete einige Hufeisen. Paul brauchte nicht lange, um ihn zu überreden, sich Pauls Kriegskunst an seinem Drewitz-Modell zeigen zu lassen. Er war sich sicher, dass Hotte schon sehr bald genauso entflammt sein würde wie er.

Damit hatte er auch Recht, jedenfalls anfangs. Und so lange Hotte ihm das Modell erklären konnte – den Friedhof, die Kapelle für die Andachten, den Park, das Herrenhaus mit den Jahrhunderte alten Kellerräumen und Fundamenten, die Stallungen, vor allem die Schmiede, die einzelnen Weiher und sogar den Schäfer mit den zwei Herden –, war er begeistert und wie verliebt in seinen jungen Zuhörer aus Berlin, der mit glänzenden Augen und roten Ohren zuhörte.

Das war neu, denn vorher hatte Paul das alles gelangweilt. Nun aber war er voller Aufmerksamkeit und stellte immer wieder Fragen, um sich die Anlage genau einzuprägen. Dann ließ er sich die Figuren erklären, angefangen bei Onkel Albi und Tante Sissi, die er sogleich zum Bürgermeisterpaar von Chatyn machte. Der Administrator Rudolf Bahlow wurde zum Leiter der örtlichen Polizei in Chatyn und der Hofmeister Erich Domke zum Arzt in der örtlichen Krankenstation.

Als Hotte wissen wollte, wer denn die Deutschen sein sollten, entschied sich Paul ohne zu zögern für Elsbeth Schlodhauer.

»Das ist eine Frau«, wandte Hotte ein.

»Gut, dann nehmen wir ihren Mann als deutschen Führer der SS-Einheit.«

»Ihr Mann ist an der Front.«

»Ist doch für unser Spiel egal. – Such mir zwei kleine Eisenklötze.«

»Wofür?«

»Das sind zwei deutsche Tiger-Panzer. Die deutsche Einheit nähert sich dem Dorf und stößt unter dem Schutz der angrenzenden Wälder mit zwei Panzern vor. Drei Lastwagen fahren hinterher, auf denen die Fußtruppen sitzen. Sowie sie aus dem Wald kommen, versuchen sie, den Zufahrtsweg zum Dorf so schnell wie möglich zu erreichen und biegen dann in die Zufahrtsstraße ein, die auf den Dorfteich zuführt. Das ist hier! Hier, siehst du das? Dort machen die Panzer einen Stopp, die Scharfschützen springen von den Lastwagen und beziehen Stellung in den Giebeln der Stallungen hier, um einen guten Überblick über das ganze Dorf zu haben. Die Männer schwärmen aus und stürmen die Arbeitersiedlung - hier - zur Linken, besetzen die Häuser und treiben die, die sich ergeben haben, auf die Zufahrtsstraße zum Herrenhaus, was bei uns jetzt das Bürgermeisteramt ist.«

»Und was machen die russischen Verteidiger?«, fragte Hotte.

»Ich habe da nicht so viele Informationen, ich weiß nur, dass der Bürgermeister und seine Frau sich nach der ersten Angriffswelle erhängt haben, weil sie nicht in Gefangenschaft gehen wollten. Du musst dir überlegen, wie du das Dorf verteidigst.«

Hotte hatte nicht erwartet, dass der nette, aber viel jüngere Gast ihm plötzlich Befehle erteilen würde. Er betrachtete ihn amüsiert, aber auch ein wenig mitleidig, wenngleich er erst einmal über Pauls stürmische Begeisterung verblüfft war, mit der er sein mühevoll gebautes Drewitz überfallen wollte. Er hielt Paul für ein typisches Berliner Großstadtkind, das sich mit Enthusiasmus eine Welt vorstellte, die es in Wirklichkeit gar nicht gab. Hotte selbst baute und schmiedete die Dinge mit seinen eigenen Händen und wusste von den Schwierigkeiten und welche Ruhe und Geduld allein zum Bau eines kleinen Modells nötig waren. Wie alle anderen half er bei der Ernte und kannte auch den langsamen und beharrlichen Prozess vom Säen über das Großziehen bis zum Ernten und wusste, dass sich nichts mit fliegender Begeisterung erreichen ließ. All die Dinge, mit denen er zu tun hatte, waren nicht wie die Gedanken, schnell her und schnell wieder weg. »Wie soll ich das Dorf verteidigen ohne Panzer, ohne Flak, ohne eine geeignete Bewaffnung und Ausbildung der Bauern?«

Mit solchen Einwänden unterschätzte er Pauls Bereitschaft, alles für die Sache in eine Waagschale zu werfen, und sah auch nicht, wie besessen Paul von der plötzlichen Gelegenheit war, den Krieg nun hier auf Drewitz konkret fortzusetzen, ohne seine eigenen Häuser, Brücken, Flüsse, Bauern, Felder, Kirchen, Schienen und Bahnhöfe, ja sogar Bürgermeisterämter plus Waffen und Armeen dabei zu haben. »Du musst dir eben was ausdenken. Glaubst du, Partisanen haben eine militärische Ausrüstung? Die müssen sich halt auch was erfinden!«

Partisanen hatte Hotte zwar schon mal als Wort irgendwo gehört, aber er hatte nie darüber nachgedacht und wusste auch nicht genau, was es bedeutete. »Partisanen?«, fragte er verdutzt.

Paul hatte inzwischen zwei rechteckige Metallstücke erspäht. »Kann ich die als Panzer nehmen?«

»In Ordnung.« Hotte verfolgte mit Neugierde, wie der Junge sein Spiel entwickelte.

Paul nahm die Metallklötze und zeigte auf eine Reihe kleiner Holzkästchen, die nebeneinander oben im Regal standen. »Was ist das?«

»Da sind Nägel verschiedener Größe drin.«

»Kann ich drei davon haben? Für die Lastwagen.«

»Ich suche dir die drei mit den wenigsten Nägeln raus«. Hotte ging auf die andere Seite der Schmiede, um eine lange Leiter zu holen. Er stellte sie an, und als er hinauf stieg, wandte sich Paul der Esse zu. Er nahm mit einer Zange ein kleines, glühendes Stück Koks und schob es in eines der Siedlungshäuschen in Hottes Modell.

Als Hotte herunterkam, zeigte er Paul den Inhalt der Kästchen und fragte, ob er die Nägel herausnehmen solle.

»Die lassen wir da drin,« sagte Paul in seiner immer freundlichen Art, die er nur durchbrach, wenn er den typischen Befehlston Uniformierter nachahmte. »Die Nägel sind die Soldaten auf den Lastwagen. Von deinen Figuren nehmen wir nur die Offiziere.«

Er brachte die Panzer und die Lastwagen in Position, hielt die Offiziere in der linken Hand, um sie dort aufzustellen, wo er sie brauchte und ließ den ersten Panzer voranrollen, wobei er das schwere Rasseln der Ketten mit seinem kratzenden Gebrumme imitierte. »Wir kommen!« unterbrach er sein angestrengtes Krächzen. »Hast du eine Abwehrtaktik gefunden?« Dabei schob er das vordere Eisenstück gegen die kleine Wartehalle an der Haltestelle der Kleinbahn, wo sich die Gutsbewohner unterstellen konnten, wenn es regnete und sie auf den Zug warteten.

Dieser Kleinbahnhof, wo das Korn verladen wurde, war eines von Hottes Meisterstücken, weil er dort nicht nur echtes Glas verwandt, sondern auch die Inschriften und alles andere sehr genau nachgeformt hatte. Das Hüttchen knickte um, der Panzer rollte darüber, drehte ein paar Mal hin und her, sodass das Glas zersplitterte und auch alles Übrige zerbrach.

Hotte traute seinen Augen nicht. In diesem Moment fühlte er sich von dem Berliner Schnösel total auf den Arm genommen, war jedoch so verblüfft, dass er im ersten Moment nicht reagierte. Er holte einmal tief Luft, zog die Augenbrauen hoch und gerade als er etwas sagen wollte, weil die zwei Eisenstücke weiter in sein von allen Dorfbewohnern bewundertes Modell einfuhren, stoppte ihn die scharfe Stimme Pauls, der sich alle Mühe gab, wie ein aus der Haut geratener Feldwebel zu brüllen.

»Wo ist die Abwehrtaktik für deine Soldaten?! Ich höre nichts! Wenn du eine Abwehrtaktik für deine Partisanen gefunden hast, musst du sie laut sagen, damit ich weiß, was die machen! Du musst also sagen: Zwei Leute bewegen sich, Deckung suchend, auf Lastenwagen Nummer Eins zu, um eine Handgranate auf die Ladefläche zu werfen!«

Hotte wollte ihn für so viel mangelnden Respekt gerade zurechtweisen, als eines der Arbeiterhäuser zu brennen anfing. Der kleine Brand drohte, sich schnell auszubreiten.

Das Feuer war nicht zu übersehen, aber Paul schien das nicht zu kümmern. »Partisanen sind eine große Bedrohung für die Sicherheit und das Reich«, fuhr Paul belehrend fort. »Die

Bekämpfung der Partisanen ist der Haupteinsatzzweck für das SS-Sonderkommando Dirlewanger. Du musst jetzt also dein Dorf verteidigen. Oder bist du einer von diesen feigen Untermenschen, die sofort den Schwanz einziehen, wenn deutsche Panzerketten rasseln?«

So wie andere Kindergenies schon mit acht Jahren Konzerte gaben und Mozart vorspielten, beherrschte Paul durch das viele Nachrichten-Hören und die Gespräche mit seiner Tante das Vokabular der Partei. Er hätte mit routinierter Eloquenz noch viel schärfer werden können, beschränkte sich aber auf diese kleinen Hinweise, denn er war sich bewusst, dass die Leute auf dem Dorf eine klare Sprache noch nicht gelernt hatten. Außerdem wollte er Hotte nicht verletzen – im Gegenteil, er mochte ihn, er wollte nur, dass er seiner Pflicht genügte.

Hotte war zwar bereit, mit den Gastkindern des Rittmeisters zu spielen oder herumzulaufen und ihnen das Gut zu zeigen, aber er war keinesfalls damit einverstanden, dass sein Drewitz-Modell, an dem sein ganzer Stolz hing, demontiert oder gar den Flammen überantwortet wurde. »Bist du verrückt!«, rief er erbost. Er nahm schnell ein Tuch und erstickte damit die Flammen. Dann packte er Paul am Kragen und schüttelte ihn kräftig. Er zog ihn zu sich heran und knurrte ihn voller Wut an: »Fass ja nicht noch einmal mein Modell an, sonst zieh ich dir die Hosen stramm und prügele dich nach Strich und Faden durch. Hast du verstanden?«

Paul nickte. Er hatte verstanden, verspürte aber keinerlei Angst, sondern überlegte, wie er ihm doch noch eine zweite Spielrunde abhandeln könnte, während der Schmiedehelfer ihn zur Tür schubste. Er hatte sogar eine Idee, aber bevor er den ersten Vorschlag äußern konnte, haute ihm der aufgebrachte Hotte mit der Faust auf den Kopf, sodass Paul schwindlig wurde.

Schwankend ging er die Allee entlang, auf der eigentlich seine Panzer hätten rollen sollen. Durch seine Tränen sah er alles hinter Schleiern und orientierte sich an dem Licht, das im

Herrenhaus schon überall brannte, aber wegen der vorschriftsmäßigen Verdunklung nur durch Schlitze und Ränder blitzte.

Am Tag vor unserer Rückfahrt nach Naugard fragte Onkel Albi mittags beim Essen die Schattner-Kinder, ob es ihnen gefallen hätte, und wollte von Paul wissen, wofür er sich am meisten interessierte. Er ging ganz selbstverständlich davon aus, dass Paul seine Vorliebe für irgendetwas auf dem Gut entdeckt hätte, aber Paul antwortete ohne Zögern: »Für den Krieg.«

Anfangs dachte Onkel Albi, Paul hätte seine Frage falsch verstanden, und wiederholte sie. Paul lächelte ein wenig schüchtern, machte einen hinreißenden Augenaufschlag, wobei er seine für Onkel Albis Geschmack zu langen Haare nach hinten strich, um sie gleich wieder nach vorne fallen zu lassen, und wiederholte seine Antwort. Alle hatten ihre Augen auf ihn gerichtet, und so musste er sich wie auf einer Bühne fühlen, wo der Erwartungsdruck der Zuschauer ihn zwang, weiterzuspielen. Das tat er mit dem Satz: »Hitler blieb praktisch keine andere Wahl.« Das erklärte er damit, dass Polen die Situation nach dem Ersten Weltkrieg nicht nur politisch ausgenutzt hätte, um sich deutsche Gebiete anzueignen, sondern auch höchst kriminell vorgegangen wäre, indem es gegen die dort lebenden Deutschen alle Mittel brutaler Unterdrückung und Ausbeutung eingesetzt hätte. Dann wiederholte er all das, was er mir bereits über Polen erzählt hatte, und meine Mutter meinte später, Onkel Albi, der diese Gespräche bei Tisch nie duldete, habe vermutlich angenommen, Paul sei einer der Fanatischen vom DJ.

»Was ist das?«, wollte ich wissen.

»DJ heißt Deutsches Jungvolk. Da müssen die Jungs ab zehn hin.«

»Und was machen die da?«

»Die lernen da Disziplin und Gehorsam. Vor allem auch Marschieren. Bei jedem öffentlichen Auftritt wird marschiert, und dazu singen sie Marschlieder. Und damit es auch recht musikalisch klingt, sind ihre Schuhsohlen mit Nägeln beschlagen. Wer also nicht im Gleichschritt ist, fällt sofort auf. Schon beim Antreten heißt es: »Der Größe nach angetreten, Marsch, Marsch!« Das üben sie ständig, und wer nicht schnell genug ist, kriegt Schliff. Wer Schwäche zeigt, wird gedrillt, weil jeder hart und stählern sein muss.« Sie lachte. »Hart wie Krupp-Stahl.«

»Ist Paul denn so hart?«

»Weiß Gott nicht. Er ist ja auch nicht beim DJ, da hätten sie ihm seine langen Zotteln schon abgeschnitten. Außerdem müsste er da zehn sein. Aber Paul wirkt viel älter als er ist, das kann Albi ja nicht wissen.«

Bis zur Erwähnung der polnischen »Konzentrationslager Bereza Kartuska und Brest Litowsk« hatten alle Paul gebannt zugehört, wenngleich meine Mutter anschließend meinte, das wäre dem ungewöhnlich fließenden Vortrag Pauls geschuldet gewesen, nicht aber den politischen Fakten, die Paul so bravourös auswendig gelernt hatte.

Ich verstand von all dem nichts, doch mir war im Laufe der vielen Besuche auf Drewitz nicht entgangen, dass Onkel Albi nicht nur die Regeln bei Tisch und auf dem Gut bestimmte, sondern auch stets alles besser wusste. Jedem auf dem Gut war das klar, und man musste schon ein Träumer wie Paul sein, um das ungeheure Sakrileg zu begehen, jemanden von so hoher Stellung mit einer derartigen Rede herauszufordern. Natürlich war es nicht die politische Perspektive Pauls, die so empörte, sondern die Ungezogenheit, in Gegenwart von Erwachsenen so lange und so belehrend daherzureden.

Ich hatte so etwas noch nie erlebt. Man könnte annehmen, ich hätte ihn dafür bewundert wie für den Ritt auf einem schwierigen Pferd. Bewundert für die Missachtung aller Hierarchien, doch diese Haltung, die später im positiven Sinne »demokratisch« genannt wurde, war jedem am Tisch so vollkommen fremd und außerhalb der Welt, dass Paul während seiner Rede auf mich gewirkt hatte, als spräche er in Trance oder als wäre ein Geist in ihn eingetreten, der eine jener Reden hielt, wie ich sie auch manchmal im Radio hörte. Vielleicht war es ein Geist von einem Nachbarstern, auf dem der kleine Prinz noch nicht gewesen war und von dem er vielleicht in späteren Erzählungen berichten würde, B 613.

Paul schwieg nicht sofort, nachdem Onkel Albi ihn unterbrochen und entschieden hatte, dass »dies kein Thema für eine Konversation bei Tische« sei. Obendrein wagte er es dann noch, sich zu rechtfertigen, sodass Onkel Albi in knappem Kommandoton bestimmen musste: »Verlass bitte den Tisch!«

Paul senkte den Blick und schaute so traurig auf seinen Teller, dass ich für einen Moment glaubte, er würde anfangen zu weinen. Dann legte er die Serviette beiseite, stand auf und verließ den Raum, nicht ohne sich in der Tür noch einmal umgewandt und zu allen verbeugt zu haben.

Am liebsten wäre ich sofort hinterhergelaufen, aber ich musste warten, bis Onkel Albi »Gesegnete Mahlzeit« sagte, aufstand und die Tafel aufhob.

Ich rannte gleich hinauf zu Pauls Zimmer im zweiten Stock. Wir mussten nach dem Mittagessen immer eine Stunde schlafen, und Paul hatte sich vielleicht schon ins Bett verzogen.

Sein Zimmer war akkurat aufgeräumt, das machten jeden Morgen die Stubenmädchen. Das Bett war unberührt, aber dennoch fiel mir irgendetwas auf, das nicht stimmte.

Das Oberlicht stand auf. Ich hörte von draußen das Gezirpe der Mehlschwalben, die ihre Nester unter Dachvorsprüngen bauten und deren schwatzendes Zwitschern ich von dem der Rauchschwalben unterscheiden konnte. Ich mochte sie lieber als die Rauch- und Uferschwalben, weil sie wegen ihrer schwarzen Flügel und der weißen Unterseite so schnittig aussahen, was gut zu ihrer eleganten Flugtechnik passte, mit der sie Insekten jagten oder im Flachflug über das Wasser des Dorfteiches glitten und dabei tranken.

Ich bliebe eine Weile bewegungslos in der Tür stehen und sah die Schwalben an- und abfliegen. Dabei wurde ich in eine Art zeitlosen Zustand versetzt. »Für dich bleiben manchmal die Uhren stehen«, hatte Tante Kläre gesagt, nachdem ich ein paar Mal zu spät zum Essen gekommen war. Auf dem Land gab es viele Dinge, die diese Wirkung auf mich hatten, zum Beispiel der Gesang der Lerchen, das Rauschen des Windes in den Kronen, das Tropfen des Wassers nach einem Regen, das Quietschen der Pumpe.

Schließlich fiel mir auf, dass Pauls Koffer auf dem Schrank eine Ecke der Kante überragte. Auch der Stuhl vor dem Tisch am Fenster stand mit der Lehne nicht parallel zur Tischkante, und ich wusste, beides würden die Stubenmädchen korrigiert haben. Diese Asymmetrie in dem Zimmer ließ mich auf den Gedanken kommen, dass Paul nach dem Essen hier gewesen war und in einem ersten Impuls seinen Koffer vom Schrank hatte nehmen wollen, um zu packen und wegzulaufen. Dann hatte er sicherlich begriffen, dass er dazu eine Kutsche und Otto Grohmann brauchte und die Idee aufgegeben. Aber wo war er nun?

Inzwischen kannte er Eule, der möglicherweise mit Brunhilde bei den Bienenstöcken war. Erst aber würde ich in der Schmiede nachschauen, denn Hotte schien einen Narren an Paul gefressen zu haben, mit dem er sich in jeder Pause traf.

Als ich aus der Haustür trat, blieb ich einen Moment auf der Freitreppe stehen. Der Wind blies das Wasser der Fontäne durch die Luft und vor dem Brunnen war eine Pfütze entstanden, an deren Rand eine Ringeltaube saß. Sie trank. Ein Schwarm Spatzen kam dazu und leistete ihr für einen Moment Gesellschaft. Über den Himmel trieb der Wind ein paar weiße Wolken, deren Schatten über die Kastanienallee huschten. Einer der russischen Kriegsgefangenen war damit beschäftigt, Pferdeäpfel auf ein Blech zu fegen. Vielleicht war Hotte in der Baracke bei den Gefangenen, von denen ihm einer Russisch beibrachte. Dafür gab Max Wendt ihm immer frei, weil er meinte, man wüsste nie, was noch kommen würde. Auch die anderen Russen waren bemüht, Hotte bei seinen Fortschritten zu helfen. Sie mochten ihn, und das nicht nur, weil er ihnen oft aus frischer Schlachtung oder aus der Bäckerei etwas mitbrachte. Ich fragte den Russen, ob er Paul gesehen habe, doch der verstand mich nicht und sah mich nur seltsam an.

Ich wählte den Weg hinter den Pferdeställen zur Schmiede, und als ich an der Remise vorbei kam, entdeckte ich Paul auf dem Kutschbock der großen geschlossenen Chaise, wie er mit seiner Tesching auf ein Schwalbennest mit sechs Kleinen zielte.

Ich schrie »Nicht schießen!«, aber er hatte schon abgedrückt. Ein Teil des Nestes bröckelte zu Boden, und vier von den Kleinen fielen herunter. Ich wusste, dass ihnen nicht mehr geholfen werden konnte, rannte schnell zu der Kutsche, kletterte zu Paul auf den Sitz und belehrte ihn aufgeregt, dass er das nicht dürfe.

Er wandte mir ganz freundlich sein Gesicht zu. Er hielt mir seine Pistole hin und fragte lächelnd, ob ich auch einmal schießen möchte.

»Das darf man nicht!«, sagte ich ganz außer mir. Ich war noch niemals dabei gewesen, wie ein Tier getötet worden war. Ich hatte auch noch nie gesehen, wie ein Tier ein anderes zur Strecke gebracht hatte, und ich hätte sogar noch einer Maus geholfen, der Katze zu entkommen. Das war für ein Landkind ungewöhnlich, aber meine Mutter akzeptierte das, weil sie in mir nicht das Landkind, sondern ein künstlerisch begabtes Kind sehen wollte, das, wie sie selbst einst, auf dem Weg ins Konservatorium nach Stettin war.

Ich hätte die Tesching nehmen und weglaufen können, aber ich war so schockiert, dass ich die Waffe weg schob und wiederholte: »Das darfst du nicht! Man darf auch keine Nester ausnehmen!«

Das entsprach der Wahrheit, denn selbst wenn Eule oder Hotte auszogen, um Kiebitz-Eier zu suchen, ging ich immer nur mit, um sie davon abzulenken oder abzuhalten, sobald sie einem Nest nahe kamen. Ruthchen hatte mir die Taktik der Kiebitze erklärt, die im Tiefflug über den Jäger hinweg flatterten, um ihn vom Gelege abzulenken. Manchmal stellte sich ein Kiebitz auch krank und ließ einen Flügel hängen. Dann versuchte ich dem Vogel zu helfen, indem ich Eule oder Hotte animierte, dem scheinlahmen Vogel zu folgen.

Ruthchen hatte mir auch das Nest des Hühnerhabichts in dem Kieferwäldchen jenseits der großen Kuhweide gezeigt und gesagt, dass er sich während der Aufzucht seiner Brut oft ein Huhn der Gutsbewohner hole, um damit seine Jungen zu füttern. Aus Rache zogen dann die größeren Jungs aus der Siedlung los, um sein Nest auszunehmen. Hotte war dabei und hatte mich eingeladen mitzukommen, aber auch das hatte ich mit Erfolg boykottiert und konnte später sehen, wie die zwei Habichte flügge wurden.

Paul schob mich zur Seite und zielte wieder, aber diesmal traf er nicht. Es war kein großer Trost für mich, denn die Schwalbeneltern würden das Nest nicht mehr reparieren können und es nicht mehr betreuen. Meine letzte Hoffnung war, dass es in der Küche vielleicht jemand gäbe, der die Kleinen mit einer Pinzette füttern würde, doch als ich vom Wagen kletterte, um sie unter dem Nest einzusammeln, sah ich, wie sich die große Tigerkatze, die sich immer im Kuhstall herumtrieb, gerade das letzte Vögelchen schnappte.

Verzweifelt schrie ich Paul an: »Da siehst du, was du angestellt hast! Wenn man mit dir so was machen würde!«

»Der Tod ist ein Teil der Natur«, sagte er lächelnd und warf mit einem Schwung des Kopfes seine langen Haare nach hinten. Dass er sie zu lang tragen durfte, war eine Liebeserklärung seiner Mutter.

Der Tod ein Teil der Natur, ja, aber er war nicht in mir, und daher konnte ich ihn auch nicht austeilen. Ich liebte die Pferde, die Schafe, die Schwalben, sogar die Bienen, selbst wenn sie stachen, ich liebte auch meine Schwester, außer wenn ich wütend war, weil sie mein Spielzeug nahm. Wütend war ich auch jetzt und unter Tränen brüllte ich zum Kutschbock hinauf, dass ich mit ihm nicht mehr spielen werde.

Dann ließ ich ihn sitzen, ging zum Bienenwäldchen, wo ich Brunhilde vermutete. Vor dem Wäldchen hatte sich ein großes Feld von wildem Thymian ausgedehnt. Der intensiv duftende Thymian blühte, und überall schwirrten Bienen herum, die es nicht weit bis zum Rand des Wäldchens hatten, wo Richard Witteks Bienenstöcke standen. Eigentlich hätte ich es nicht gewagt, mit kurzen Hosen über das Feld zu gehen, aber Paul hatte mich in einen Zustand gebracht, in dem mir alles egal war. Da ich niemanden bei den Bienenstöcken sah, änderte ich meine Absicht und ging zu einem der Tümpel, an dem ich schon einmal mit Hotte geangelt hatte. Überall gab es solche Kuhlen und Teiche aus der Eiszeit. Manche waren wie kleine Seen, doch traute sich da niemand von den Dorfkindern zu baden, weil sie sehr tief und nicht nur voller Fische, sondern auch voller Blutegel waren. Ich setzte mich an den Rand und schaute auf die gelben Blüten der Schwertlilien, auf das Schilf und die Binsen. Nach einer Weile bildete ich mir ein, dass sich die Rohrkolben bewegten und sah auch dunkle Schatten bei den Seerosen. Das schwarze Wasser wirkte so unheimlich, dass die Kinder auf dem Gut glaubten, die Schwärze verschlucke jeden, der es wage, in einem der Tümpel zu baden.

Ich legte mich auf den Rücken und kniff die Augen zusammen, sodass die Sonnenstrahlen sich in rote, blaue, grüne und gelbe Punkte verwandelten und atmete tief ein. Der kräftige, aromatische Geruch der blühenden Pflanzen um mich her hatte eine leicht betäubende Wirkung, auch auf meine Trauer und Wut. Ich wartete so lange, bis ich zu Paul wieder eine Zuneigung verspürte und beschloss, ihn heute Abend vor dem Schlafengehen zu bitten, nicht mehr auf Vögel zu schießen.

Als ich mich später an sein Bett setzte und ihn erst einmal vorsichtig fragte, wie es ihm inzwischen auf dem Gut gefalle, machte er eine Schleiereule nach, klapperte mit seinen langen Wimpern und sagte: »Hörst du ihren dumpfen Ruf *hu … hu … hu …* dreimal, dann wird bald jemand sterben.« Er ahnte nicht, dass er es selbst sein würde. Er legte die Hände an den Mund, sodass es klang wie eine unheimliche Stimme aus dem Schornstein des Backhauses. Ich wollte aufstehen und weg, doch er hielt mich fest und streichelte meine Hände. »Euch hier auf dem Gut ist doch die Schleiereule sehr willkommen, weil sie die Mäuse und Ratten tötet, von denen sie sich ernährt.« Er lächelte mich süß wie eine Prinzessin an. »Und von kleinen Vögeln, die aus dem Nest fallen.«

10. KAPITEL

Seit es keine Butter mehr gab, hatten wir ein polnisches Mädchen, Alexa. Sie war zwei Jahre älter als Hotte, obgleich sie nicht älter aussah. Hotte war mein Freund, und der Altersunterschied spielte aus meiner Sicht keine Rolle. Wirkte Alexa also mit Hotte gleich alt, so musste ein Altersunterschied zwischen ihr und mir ebenso bedeutungslos sein. Dieser Gedanke überzeugte mich, und von da an fühlte ich mich Alexa sehr nahe.

Sie hatte dunkles, in zwei sehr dicken Zöpfen geflochtenes Haar, dunkle Augen, die stets schwarz glühten, wenn ich an ihr vorbeiging, und dicke, dunkelrote Lippen, weil sie oft von den Brombeeren, Kirschen, Johannisbeeren oder Blaubeeren naschte, wenn sie frisch gepflückt in der Küche standen oder auch, wenn sie ein Glas der eingeweckten Früchte öffnen musste.

Ab Juli gab es keine Butter mehr, weil Ortsgruppenleiter Ludwig Finke es sich zur persönlichen Aufgabe gemacht hatte, das private Butterungsverbot der Partei durchzusetzen. Das bedeutete, dass die Partei den Rahm abschöpfte und es für uns, selbst mit den Kontakten nach Drewitz, sehr schwierig wurde, Sahne oder gar Butter zu bekommen. Als Tante Kläre uns Ende Juli verließ und zu Verwandten nach Stettin zog, nahm sie die letzte Butter als Gastgeschenk für Tante Eva und Onkel Otto mit. Von dem Tag an gab es keine Brötchen und kein Brot mehr mit frischer Butter und sonntags keinen Butterkuchen. Von dem Tag an war Alexa bei uns, die von nun an Tante Kläres Hausarbeiten übernahm.

Alexa musste das erst lernen, denn sie kam aus Weißrussland. Sie selbst glaubte, sie könnte das alles, weil sie auch in ihrer Heimat den Haushalt geführt und gekocht hatte, aber mein Vater war der Meinung, in einem hochindustrialisierten Land wie dem Deutschen Reich müsste sie erst eine besondere Eignung erwerben, und setzte fest, dass sie die hätte, wenn sie ohne jedes Problem mit der Wäschemangel im Keller umgehen könnte.

Am ersten Sonntag, nachdem Alexa bei uns war, beklagte meine Mutter das ganze Frühstück über, dass es keine Butter zum weich gekochten Ei gäbe, keine frischen Butterbrötchen und nachmittags keinen Butterkuchen.

In dem Moment begriff ich, dass nicht nur Butter fehlte, sondern dass sich etwas sehr Bedrohliches ereignet hatte oder anbahnte, obwohl ich keine Ahnung hatte, was das war, aber ich wusste, dass meine Mutter niemals klagte und bislang jeder Situation gewachsen gewesen war. Ihrem anhaltenden Unmut musste also ein großes Unheil zugrunde liegen. Sogar Alexa spürte das, denn sie fragte mich im Keller, ob meine Mutter auf sie böse wäre.

Ich klärte sie über die Butterrationierung auf, während sie die Wäsche, die zu mangeln war, um eine lange Rolle wickelte.

»Vielleicht ist sie schlecht gelaunt, weil dein Vater nicht da ist«, sagte sie.

»Das kann nicht sein, sie fährt ja immer nach Dresden und besucht ihn da«, sagte ich, während ich ihr beim Wickeln half.

Sie zeigte mir, wie ich das richtig zu machen hatte, damit die Knöpfe nicht brachen. Dabei berührte sie meine Hände, was mir sehr gefiel. Sie legte die Rolle unter den Kasten, in dem eine Kurbel lag und dicke Steine. Dann kurbelte sie den Kasten auf der Wäscherolle hin und her. Dabei warnte sie mich, nicht die Hand unter die Rolle zu kriegen, weil sie dann zerquetscht würde und im Krankenhaus abgenommen werden müsste. Ich fragte sie, ob sie das schon mal erlebt habe; sie lachte und sagte: »Oft.« Ich fand das Thema sehr interessant und wollte ganz genau wissen, wie weit die Hand von dem Betreffenden überrollt worden war, wann er das gemerkt hatte, ob er dann schrie und ob sie dann trotzdem noch weiter gedreht hatte.

Diese Fragen und ihre Antworten waren alle aufregend und daher unerschöpflich, denn es ging nicht nur darum, ob die Rolle bis zum Ellbogen über den Arm rollen konnte, sondern auch darum, was geschehen würde, wenn man den Fuß darunter stellte, ob sie sich das trauen und wann sie zurückzucken würde und so weiter. Ich liebte diese Aufregung, besonders weil ich meinte, dass ich sie mit ihr teilte. Wenn sie nicht richtig mitmachen wollte, forderte ich sie auf, jetzt mal ihre Hand oder wenigstens einen kleinen Finger darunter zu legen, und wenn sie das nicht in Lachen oder Erregung versetzte, schob ich meine Fingerspitzen in die Nähe der Rolle, sodass sie aufschrie und mir mit dem Fuß einen Stoß gegen die Schulter gab. Dabei konnte ich unter ihrem Rock den Schlüpfer sehen. Das dürfe ich nicht, sagte Tante Kläre, als ich ihr die Geschichte erzählte. Die Heißmangel tauchte auch in meinen Träumen auf, und da Alexa jeden Sonntag zur Kirche ging, waren der Kasten und die Kurbel auf dem Kirchturm, und die Steine im Kasten drohten herabzustürzen, gerade als Alexa auf das Portal zuschritt. Unsere Familie ging nie zur Kirche, aber im Traum war ich da und rechtzeitig zur Stelle, sah das drohende Unglück und sprang so schnell auf Alexa zu, dass ich sie unter den polternden Steinen wegreißen konnte und wir beide in den Mittelgang fielen, wo wir uns eng umklammert hielten.

Das war auch schon in Wirklichkeit passiert, denn wenn meine Mutter nicht da war, durften Dagi und ich zu ihr ins Bett, wo sie uns zum Einschlafen Märchen vorlas. Wenn die Märchen schrecklich waren, zum Beispiel von Rübezahl handelten oder von schrecklichen Drachen oder Schlangen und Dagi dann zu weinen anfing, tat ich ebenso ängstlich, bibberte so gut ich bibbern konnte und klammerte mich eng an Alexa. Sie roch nach Schmalz, und Schmalz war einer meiner Lieblingsaufstriche.

Wenn ich mich so anklammerte, heulte Dagi noch lauter, so laut, dass Alexa mich nicht mehr klammern ließ und streng sagte: »Na, willst?!« Sie meinte damit zwar: Na, willst du das mal lassen!, aber die Verkürzung gefiel mir viel besser und motivierte mich, nicht locker zu lassen.

Meine böse Schwester erreichte schließlich, dass ich gar nicht mehr zu Alexa ins Bett durfte. Meist schaffte sie es schon mit ihrem Geschrei, doch wenn das nicht reichte, griff sie zu handfesteren Mitteln, zum Beispiel zu der faustdicken Lüge, ich hätte sie getreten.

Ich sagte dann: »Ich kann dich gar nicht treten, ich stehe viel zu weit weg.«

»Der hat mich gekniffen!«, besserte sie dann nach und erreichte immer irgendwie ihr Ziel.

Was blieb mir in solchen bitteren Momenten anderes übrig, als in die Speisekammer zu gehen, am Griebenschmalz im Steintopf zu schnüffeln oder in meinem Bett darüber nachzudenken, wie ich durch »einen Sieg auf ganzer Linie« meine Schwester vernichten könnte, wie mein Vater es ausgedrückt hätte. Sie wenigstens bei meiner Mutter verdrängen. Vielleicht wäre das kein Sieg auf ganzer Linie gewesen, aber eine Entschädigung. Dann hätte ich abends meine Mutter gehabt und sie Alexa. Also war mein nächster Gedanke, meine Mutter zu bitten, mir aus dem Buch *Der kleine Prinz* vorzulesen. Der kleine Prinz wurde nämlich nicht mehr aufgeführt, seit Tante Kläre nach Stettin gezogen war.

Als ich meine Mutter suchte, fand ich sie im Herrenzimmer am Schreibtisch. »Liest du mir den kleinen Prinzen vor?«

»Ich komme nachher noch Gute Nacht sagen, aber jetzt schreibe ich einen Brief an deinen Vater«, sagte sie, und ich musste mit langem Gesicht abziehen.

Ich gebe zu, dass ich der Ansicht war, es würde meine Mutter durch und durch beglücken, wenn sie mir vorlesen oder etwas kochen oder etwas nähen dürfte. Ich war der Meinung, mein Glück wäre ihr Glück. Nun aber beschlich mich zum ersten Mal die Ahnung, dass die Befriedigung meiner Bedürfnisse sie nicht unbedingt beglückte, sondern dass es alles viel unbequemer war und mein Plan nur funktionieren würde, wenn ich nichts von ihr haben wollte, sondern ihr etwas gäbe, das ihre Bedürfnisse befriedigte. Aber was konnte ich ihr anbieten? Einer erwachsenen Frau, die alles hatte?

Butter fiel mir plötzlich ein, und ich erinnerte mich an einen ihrer ärgerlichen Sätze über den Parteigenossen Ludwig Finke: »Erst lassen sie sich den Krieg einfallen, dann rationieren sie die Butter, und jetzt glotzt der Ortsgruppenleiter noch höchstpersönlich in die Kannen und Fässer, damit auch jedes Gramm bei der Partei landet!«

Die Butter war ein Thema, und ich hatte auch mit Alexa schon ein paar Mal darüber gesprochen, wie ich wohl für meine Mutter Butter auftreiben könnte. Sie hatte gesagt: »Mal ihr doch welche.« Also nahm ich meinen Malblock und Stifte und malte eine kleine Pyramide aus Butterstücken, schön eingewickelt in dem weißen Papier mit der schwarzen Aufschrift »Deutsche Molkereibutter«. Auf dem nächsten Blatt ließ ich die Butter zusammenschmelzen zu einem Frankfurter Kranz, dem ich eine Krone mit goldener Buttercreme und rotem Johannisbeergelee aufsetzte.

Als ich ihr das brachte, war sie so entzückt, dass sie den Brief an Papa liegen ließ, mich ins Bett brachte und mir eine Geschichte vom kleinen Prinzen vorspielte. Meine neue Einsicht über das Geben statt des Nehmens hatte also geklappt.

Als ich selig einschlief, begriff ich außerdem, dass ich mein Glück nicht nur meiner Initiative verdankte, sondern auch meiner Fähigkeit, irgendwelche Dinge, Tiere oder Menschen zu Papier zu bringen. Ich hatte damit sogar meinen Vater »aus dem Feld geschlagen«, wie er selbst sagen würde, denn schließlich hatte sie den Brief an ihn liegen lassen, um mich ins Bett zu bringen. Es war auch nicht sehr fernliegend, denn alle Frauen um mich herum lobten meine Bilder und sagten dann: »Der wird mal ein Maler.«

Mein eigentlicher Sieg aber wartete noch und würde mich lehren, was ich schon etliche Male von Tante Kläre gehört hatte: Dass das Glück des Menschen zwar von seinem Schicksal abhinge, der Mensch es aber erkennen und beim Schopfe packen müsse, wie ich es dann in Swinemünde tat.

Eine Woche später fuhr meine Mutter mit uns dorthin an die Ostsee. Es waren die Tage höchsten Glücks, weil ich bei den Reisen an die Ostsee mit ihr zusammen war – tags am Strand in der Burg und nachts im Hotelzimmer. Ob Swinemünde, Mistroy, Reval, Horst, Deep, Kolberg, Rügenwalde oder Stolpmünde – zuerst kam immer das Wettrennen. Wer würde das Meer zuerst riechen, wer es zuerst sehen?

Am Bahnhof wartete eine Kutsche oder ein Dienstmann, der das Gepäck nahm und mit einer Karre zum Hotel oder in die Pension brachte. Wir begleiteten ihn, wenn er Koffer und Taschen aufs Zimmer trug. Danach ging das Wettrennen los. Oft konnten wir das Meer schon riechen, bevor wir die Pension erreichten, aber dann galt es aufs Neue, wer am schnellsten über die schmalen Bretterlaufstege durch die Dünen kam und, wild mit den Armen wedelnd, schreien konnte: »Das Meer! Ich sehe es, ich sehe das Meer!« Für Dagi war es eine weitere Gelegenheit zu heulen, weil sie es nie als Erste schaffte.

Es war Hochsommer, das Seebad war sehr voll, am blauen Himmel zeigte sich nichts als gelegentlich ein Fieseler Storch, der einmotorig dahin schnurrte, alle Strandkörbe waren vermietet, meine Mutter braun und glücklich, der Wettbewerb um die schönste Burg, die wir jeden Tag neu begossen und mit Muscheln schmückten, war noch nicht entschieden, und wir konnten mit anderen Kindern kleine Boote fahren lassen, die sie mitgebracht hatten. Das Einzige, was mir und Dagi ganz und gar nicht gefiel, war der Brauch, nach dem Essen in der Pension eine Stunde Mittagsschlaf zu halten. Davon ging meine Mutter nicht ab. Sie meinte, wir wären sonst zu nölig.

Einmal hatte ich eine Revolte dagegen unternommen, mich aber nicht durchgesetzt. Als wir nachmittags wieder am Strand waren, trottete ich immer noch schlecht gelaunt die Wasserkante entlang. Ich war so mürrisch, dass ich mit dem Hacken auf alle Muschelschalen trat, die auf meinem Weg lagen. Ich war entschlossen, kilometerweit zu gehen, so weit, bis Erschöpfung meinen Ärger überlagern würde. Zwanzig Meter hatte ich schon hinter mir, da hörte ich ein lautes Geschrei. Ich blieb stehen und sah unter der Anlegebrücke für Schiffe eine Frau im Wasser, die aufgeregt mit den Armen auf etwas zeigte, das ihr davon geschwommen war. Ich konnte nicht erkennen, was es war, aber ihre Aufregung versprach eine Abwechslung. Ich lief schnell, bis ich nah genug war und sehen konnte, dass es etwas in weißes Pergamentpapier Gewickeltes war – etwa so groß wie ein Brötchenbeutel. Dem Geschrei der Frau konnte ich jedoch entnehmen, dass es etwas viel Wertvolleres als Brötchen sein musste. Die Vorstellung von etwas Wertvollem hatte damals jeder im Kopf, denn durch die Fliegerangriffe und die Flüchtlinge, die in großen Trecks immer zahlreicher aus Ostpreußen kamen, redete jeder davon, dass er das Wertvollste noch gerettet hatte oder retten würde oder leider nicht mehr retten konnte. Ich wusste zwar nicht, was die Leute als wertvoll erachteten, aber das Wort und die damit verbundenen Signale waren mir vertraut.

Ich rannte mit aller Kraft ins Meer, um so schnell wie möglich zu der Frau zu gelangen und sie zu fragen, was so Wertvolles da vor ihr schwamm. Als ich sie erreichte, ging mir das Wasser schon bis zu den Achselhöhlen. Ich hielt die Arme hoch, weil es doch etwas kühl war und rief ihr die Frage zu, was sie verloren hätte. Sie hörte nicht auf mich, sondern schrie etwas zur anderen Seite, von der sie auch Hilfe anforderte.

Das weiße Päckchen schaukelte nun fünf Meter von mir entfernt auf den nächsten Brückenpfeiler zu. Ich wusste, dass es die Frau davon abhielt, weiter ins Wasser zu gehen, da der Meeresboden in der Nähe der Pfeiler steil abfiel. Sie konnte vermutlich ebenso wenig schwimmen wie ich, denn das konnten damals nur wenige, und daher war es ihr zu riskant, dem Pergamentpäckchen zu folgen.

Ich aber tat es. Ohne zu überlegen hechelte ich auf das Treibgut zu, dem ich mit jedem Schritt näher kam. Das Wasser wurde tiefer, ich musste mich immer mehr strecken, musste schließlich auf Zehenspitzen stehen, gab aber dennoch nicht auf, sondern paddelte mit den Armen weiter. Das Wasser reichte mir schon bis zur Unterlippe, aber das schwimmende Päckchen war greifbar nahe, ich wollte auf keinen Fall aufgeben. Mit dem letzten Ruderschwung verlor ich den Boden unter den Füßen. Ich strampelte, doch nicht vor Angst sondern vor Gier, und schaffte es, das Paket zu greifen. Sofort wandte ich mich zurück, wie ein Hund, der brav etwas apportierte, schluckte Wasser, ruderte mit dem freien Arm und strampelte, bis ich mit den Zehen wieder Boden spürte. Mit den Füßen konnte ich mir kleine Schubse geben und erreichte allmählich flaches Wasser. Ich nahm das Paket in beide Hände und hastete zum Ufer. Dort drehte ich mich um, um nach der Frau zu sehen. Sie wedelte immer noch mit den Armen und dirigierte einen Mann in Richtung auf den Brückenpfeiler, vielleicht weil sie annahm, dass das Paket dort versunken wäre.

Ich setzte mich auf den Strand und faltete das Pergamentpapier vorsichtig auseinander. Was ich sah, machte mich fassungslos. Als ich es begriff, durchflutete mich eine Welle von Glück. In meinen Händen hatte ich Butter! Einen dicken Klumpen selbst hergestellter Butter.

Ich sah mich strahlend vor meine Mutter hintreten, in beiden Händen, die ich zu einer Schale zusammengefügt hatte, den Klumpen löwenzahngelber Butter. Ich liebte meine Mutter, und ich war ihr ein lieber Sohn. Aber mir ging es um die Steigerung. Schon jetzt hatte ich alles vor Augen.

Euphorisiert sprang ich los und rannte zu unserer Burg. Stolz und strahlend rief ich schon von weitem: »Rate mal, was ich dir mitgebracht habe?«

Dann trat ich vor sie hin, die Butter in meinen Händen, ihr schneller Griff und dann ihr Finger in der Butter, wie sie sie probierte, wie sie sie schmeckte, als würde sie den Lamellen auf ihrer Zunge lauschen, ihr überraschtes Aufjuchzen, ihre strahlenden Augen, durch die das Blau des Himmels auf mich zufloss, aber nicht als Himmel, sondern als himmlische Mami. Nie werde ich vergessen, wie entzückt ich war, als sie dann sachlich und kühl, aber mit der höchsten Anerkennung verkündete: »Ja, stimmt, tatsächlich, das ist Butter!«

An den darauffolgenden Tagen beschrieben wir uns jeden Abend im Bett, was wir mit der Butter alles kochen und backen könnten. Das Kochen, wenn Dagi bei ihren Puppen war oder schon im Bett sein würde. Dann das gemeinsame Essen mit den wiederholten fachgerechten Urteilen: »Ohne Butter würde das nicht so schmecken«, oder: »Vielleicht habe ich etwas zu viel Butter genommen, aber da sie uns vom Himmel gefallen ist …« Und ich: »Die ist nicht vom Himmel gefallen, ich habe sie gerettet.« »Ja, mein Lieber.« Streicheln über meinen Kopf.

Abends im Bett wiederholten sich mir die Worte, als wären es Fähnchen an einem Brummkreisel: Die Liebe und die Butter ist das Lächeln meiner Mutter. Die Worte wiederholten sich, ich musste sie nur drücken und drehen, immer wieder aufpumpen, sodass sie schneller flogen, bis sie in einem einzigen Lied aufgegangen waren, das ganz Swinemünde erfüllte.

11. KAPITEL

Wenn die Stettiner zu Besuch waren, gab es abends Hausmusik, auch wenn mein Vater in Dresden war, denn meine Mutter wusste immer jemand, der ihn ersetzen konnte. Manche hatten gerade Urlaub oder eine schwere Verletzung, die erst heilen musste, wie dieser Oberleutnant Eberhard von Krabben, der von den Ersatzgeigern zwar nicht am besten spielte, aber dessen Spiel einen gewissen Charme hatte, wie meine Mutter meinte. Dagi wurde vorher immer ins Bett gebracht und mir war schon zum Abendbrot ein weißes Hemd angezogen worden. Tante Kläre, die aus Stettin mitgekommen war, bestand darauf, mich noch einmal nass zu kämmen, obgleich sie das schon vor dem Essen getan hatte.

Dieses letzte Mal sang meine Mutter nicht, sondern Dorothea Schattner kam von unten herauf, packte ihre zwei Mädchen auf das Sofa, wickelte sie in eine Decke, stopfte ihnen die Kissen zurecht, stellte sich neben das Klavier und sang Schubert-Lieder. Paul, den neuerdings alle Pauli nannten, setzte sich neben mich auf einen Stuhl. Er trug eine blaue Hose, einen gelben Pulli mit V-Ausschnitt und eine braune Krawatte. Sein etwas zu langes Haar fiel ihm in einer Locke über die Stirn und glänzte so hell, dass ich meinte, die Kerzen spiegelten sich in ihm. Ich sagte: »Du hast Kerzen im Haar.« Und er: »Eine Brandbombe.« Ich hatte meine Mutter vorher gefragt, warum sie nicht singe, wenn die Stettiner da wären, und ihre Antwort war, Dorothea Schattner sei die beste Schubert-Interpretin weit und breit.

Wenn mein Vater dabei war, aber nicht spielte, weil er das Spielen vor Publikum denen überließ, die seiner Meinung nach dazu eher berufen waren, saß er mit übergeschlagenen Beinen in einem der Sessel. Die senkrechte Stirnfalte zwischen seinen dunklen Augenbrauen zeigte seine Konzentration. Jetzt, da er nicht hier war, hatte Onkel Otto seinen Platz eingenommen – die dicken Pranken auf den Lehnen, das wuchtige Kinn erhoben und die Augen halb geschlossen. So lauschte er der Musik. Tante Eva, seine zierliche Frau mit dem Bubikopf, saß weiter hinten auf einem der Esszimmerstühle. Wenn ein Stück zu Ende war, klatschte mein Vater normalerweise als Erster, leise und bescheiden, aber heute war es Onkel Otto, der so richtig in die Pranken ging und den Ton für die anderen vorgab, die dann versuchten, es ihm gleich zu tun. Man hätte meinen können, dass Onkel Otto sich dabei sehr anstrengte, weil sein Kopf puterrot wurde, aber er hatte diese Farbe auch sonst. Besonders rot war seine große, fleischige Nase, fast schon violett, und jedes Mal, wenn ich ihn ansah, brauchte ich eine Weile, um zu begreifen, dass das sein natürlicher Teint war und nicht ein Zeichen für Aufgeregtheit. Einem heftigen Unwetter kam es gleich, wenn er lospolterte, was er zu jeder Gelegenheit tat, selbst wenn meine Mutter zugegen war. Bei Tisch knurrte er öfter »Sitz gerade!« Dabei knuffte er mir mit seiner großen Faust in den Rücken. Es waren dieselben Aufforderungen, die auch von Papa kamen, wenn er zu Besuch war. »Rede nicht mit vollem Mund!«, »So spricht man nicht!«. Es war eine Liste kurzer Befehle, die ich endlos verlängern könnte.

Traf es sich mal, dass beide, mein Vater und Onkel Otto, mit uns Kindern an einem Tisch saßen, kam vom Onkel seltsamerweise nie ein Ton. Er überließ dann alles Vater. Er übernahm dessen Stelle nur, wenn der, wie heute, nicht da war. Meine Mutter, Tante Eva und auch Tante Kläre schienen das ganz in Ordnung zu finden und sagten dazu nie ein Wort.

Bei diesen Hauskonzerten strickte Tante Kläre nicht, weil die Nadeln Onkel Otto und meinem Vater zu laut klapperten. Sie nutzte diese Hauskonzerte, um Strümpfe auf einem Stopfpilz zu stopfen.

Beim letzten Besuch der beiden besprach meine Mutter mit ihnen einen Gegenbesuch in Stettin Anfang des Herbstes. Ich wehrte mich dagegen, weil ich lieber nach Drewitz zur Ernte gefahren wäre, besonders weil es mir inzwischen gelungen war, Pauls Interesse für das Leben auf Drewitz zu gewinnen. Ich wollte ihm die Schwalben zeigen, die sich vor ihrem Abflug in den Süden in großen Mengen auf den Leitungsdrähten versammelten, wo sie dicht beieinander saßen, bis sie eines Tages wie auf ein Kommando hin verschwanden. Ruthchen, die alles über die Vögel wusste, sagte: »An Mariä Geburt ziehen die Schwalben furt.« Wenn sie auch dieses Jahr recht hätte, wären wir zu der Zeit gerade in Stettin. Ich hatte Paul nicht nur von den riesigen Schwalbenversammlungen erzählt, sondern auch beschrieben, wie das Getreide geerntet wurde, wie man dengelte, wie die Kartoffeln und die Rüben eingebracht wurden, wie das Erntefest ablief und ihm vorgemacht, wie alle in der Kornscheune tanzten. Blitzschnell konnte er nicht bloß die Melodien, sondern auch die Texte – *Siehst du woll, da kimmt er, lange Schritte nimmt er. Siehst du woll, da kimmt er schon, der besoff'ne Schwiegersohn. In der Ecke steht er, seinen Schnurrbart dreht er. Sein' Schnurrbart muss er drehen, wenn er will zum Mädchen gehen.* Von meiner Mutter ließ er sich die Polkaschritte dazu zeigen, und wir beschlossen, dass er es mir auch beibringen würde. Beim Erntefest wollten wir beide dann zusammen tanzen.

Das alles sollte nun nicht sein. Ich war sehr traurig, aber meine Mutter ließ sich nicht umstimmen, und so saßen wir zur schönsten Erntezeit in der Reichsbahn nach Stettin.

Nach unserer Ankunft war ich ziemlich hungrig und freute mich, dass Tante Kläre für uns Kartoffelsalat mit Spiegeleiern gemacht hatte. Sie schien sehr glücklich, dass wir gekommen waren, streichelte immer wieder mein Haar und war bereit, mir ihr Ei abzugeben. Natürlich protestierte Dagi und maulte, sie wolle dann auch ein Ei mehr, aber meine Mutter sagte, sie sei noch zu klein für zwei Eier und außerdem zu müde, um noch so viel zu essen. Dagi hasste es, wenn sie hören musste, dass sie noch zu klein für irgendetwas war und konnte dann sehr zornig werden. Meine Mutter nahm sie kurzerhand und brachte sie ins Bett. Onkel Otto rief Dagi zum Trost nach, dass er uns am nächsten Tag die Stadt zeigen würde und er wisse auch, wo es Schwäne gäbe.

Dagi interessierte das die kalte Bohne, sie quäkte weiter und schrie wütend, ich will nicht in die Stadt. Außerdem hasste sie Schwäne, weil die für sie wie unser Ganter Cerberus aussahen, von dem sie einmal gebissen worden war.

Dagi hätte einen Besuch bei den Schwänen sicherlich dem vorgezogen, was am nächsten Tag auf uns wartete, hätte sie es vorher gewusst. Schon nach dem Frühstück heulten die Sirenen. Dagi und ich hatten keinen Schimmer, was das Geräusch zu bedeuten hatte. Uns war etwas in solcher Lautstärke noch nie in die Ohren gefahren. Zuerst war es ein prall anschwellender Ton, dann gesellten sich weitere Sirenen aus anderen Stadtteilen dazu, und zuletzt blähte es sich zu einer Sirenen-Symphonie auf, die der Wind über alles hinweg trug, in jedes Haus, in jedes Ohr und in jedes Herz. Hin und her, an- und abschwellend.

Tante Kläre, die nicht nur große Ohren hatte, sondern auch gut hören konnte, wurde vollkommen nervös, redete in einem fort vor sich hin und ging solange im Wohnzimmer auf und ab, bis meine Mutter sie nahm, auf einen Stuhl in der Ecke setzte und sagte: »Bleib hier, wir sind gleich fertig und nehmen dich dann mit in den Luftschutzkeller.«

Tante Kläre tastete aufgeregt ihre Locken ab und meinte, es werde schon nichts passieren, aber einen Keller mit so vielen Leuten überlebe sie auf keinen Fall.

Onkel Otto und Tante Eva begannen abwechselnd und immer wieder »Tempo! Tempo!« zu rufen. Wir sollten uns anziehen und einpacken, was wichtig war.

Mir war nichts wichtig, Dagi aber nahm den Struwwelpeter und wollte das Buch nicht wieder loslassen.

Bevor Onkel Otto die Wohnungstür von außen zuzog, warnte ich, dass Tante Kläre noch drinnen war, aber meine Mutter drängte, es sei keine Zeit mehr, auf sie einzureden.

Dann rannten wir die Treppen hinunter, die Straße entlang, bis wir zu einer Menschenansammlung kamen. Dort quetschten wir uns mit ihnen in einen Treppenschacht, hinunter zu einem Keller oder Bunker. Die Sirenen hörten nicht auf, und der Himmel begann immer lauter zu werden. Das Gedränge war ruppig, und wenn ich nicht so stark gewesen wäre, hätte man mich zerquetscht. Meine Mutter rief immer wieder: »Halt dich an meinem Rock fest!« Sie hatte Dagi auf dem Arm und kämpfte sich bis zum Keller durch.

Dort war es ziemlich dunkel, nur einige trübe Lampen flackerten. Es stank so, dass ich sofort dachte, hier kann ich pupsen, das merkt keiner. Ich pupste, und dann gab es an den Türen ein großes Geschrei, weil die, die drinnen waren, sie zumachen wollten, die von draußen aber noch hinein drängten. Als die ersten Bomben in der Nähe herunter kamen, schafften sie es, die Tür zu schließen.

Mit der Explosion der Bomben flog die Tür wieder auf, Staub und Qualm bliesen herein, sodass ich meine Mutter und Dagi nicht mehr sehen konnte. Vielleicht hatten sie sich in der Explosion und dem Staub aufgelöst. Dieser Gedanke ließ mich schreien. Auch die Frauen um mich herum schrien, aber es gab auch alte Männer, die stöhnten. Unter allem lag ein Ächzen und Seufzen der Vielen. Als der Staub sich gelegt hatte und ich wieder sehen konnte, waren ein paar Frauen tot, doch es stellte sich heraus, dass sie nur die Besinnung verloren hatten. Meine Mutter war aus dem Nebel wieder aufgetaucht, konnte sich aber nicht um mich kümmern, weil Dagi kotzte, wie auch ein paar andere Kinder, denen ihre Mütter nun Tücher vor das Gesicht banden. Eine Frau schrie: »Einen Arzt, schnell einen Arzt, die Frau hier kommt nieder!«, und dann rief eine andere Stimme: »Es brennt, es brennt!«

Daraufhin wollten alle hinaus, obgleich das Gebäude immer noch wackelte, denn Bomben fielen nach wie vor.

Meine Mutter schreckte das nicht, sie wollte mit Dagi den Keller verlassen und rief mir zu: »Komm mit!«, aber das war nicht möglich, weil zu viele Leute vor mir am Boden lagen. Die Frau, die mir am nächsten war, hatte Schaum vor dem Mund und zuckte mit Armen und Beinen. Dennoch schaffte es meine Mutter, uns da herauszuzerren.

Draußen heulten Sirenen und Feuerwehren, obwohl der Himmel nicht mehr dröhnte. Jemand sagte, es habe Entwarnung gegeben.

Meine Mutter ging mit uns zurück zu dem Haus Nummer 47, aber Tante Eva und Onkel Otto waren nicht zu sehen.

»Vielleicht sind sie tot«, sagte ich.

Meine Mutter schüttelte unwillig den Kopf. »Warum sollen sie tot sein? Sie haben noch nicht mal Mittag gegessen.«

Im ersten Moment verwunderte mich der Zusammenhang, aber dann spürte ich meinen Hunger. Es war diese heiße Fressgier, die mich so oft befiel.

»Was gibt es denn zu essen?«, fragte ich.

»Wir haben eingewecktes Pökelfleisch mitgebracht, das wird Tante Kläre machen.«

»Mit Kartoffeln?« Kartoffeln hätte ich sogar zu Kuchen essen können. Jedenfalls Butterkartoffeln.

Über der Stadt war eine Rauchwolke, und es roch stechend nach Verbranntem. Da wir keinen Schlüssel hatten und auf unser Klingeln niemand öffnete, lief ich herum und sammelte Stanniolpapierstreifen auf, die überall lagen. Dabei schaute ich, ob irgendwo ein zerbombtes Haus zu sehen war. Aber alle Häuser in der Straße waren unversehrt. Es wunderte mich nicht nur, sondern gab mir ein Rätsel auf, denn die Erschütterungen im Luftschutzkeller waren so stark gewesen, dass ich bei jedem Einschlag gemeint hatte, die Bombe wäre in unser Haus gefallen und wir würden nun alle geröstet werden.

Als Onkel Otto und Tante Eva kamen, erzählten sie, dass eine Maschine über der Stadt abgestürzt war und die Leute die drei Besatzungsmitglieder gefangen und auf dem Sportfeld aufgehängt hätten.

Tante Eva war darüber empört und sagte mehrere Male: »Die waren so jung wie Wilhelm und Werner!« Das waren ihre beiden Söhne, und als meine Mutter fragte, wie es ihnen gehe, sagte Onkel Otto, sie seien an der Ostfront.

Während wir die Treppe hinaufgingen, zählte Onkel Otto alle Straßen und Gebäude auf, die bei diesem Angriff getroffen worden waren. Ich fragte ihn, warum das Haus, in dem wir uns versteckt hatten, so wackelte, als die Bomben fielen, und er sagte, der Einschlag wäre ganz in der Nähe gewesen, in der Post nämlich, die völlig zerstört worden war. Meine Mutter erzählte mir später, dass die Post einen halben Kilometer entfernt war. Zum ersten Mal bekam ich eine Vorstellung davon, mit welcher Vernichtungskraft die vielen Feinde anrückten, die wir hatten. Die ganze Welt ist unser Feind, hatte Tante Lieschen einmal gesagt.

Immer wieder beschäftigte mich diese Distanz von einem halben Kilometer. Einerseits war es beruhigend, wenn die Bomben so weit entfernt niederfielen, andererseits machte es mir Angst, dass sich die kleinen Bomben auf Hunderte von Metern ausdehnen konnten. Niemals mehr in meinem Leben verließ mich diese unterschwellige Angst: Ein Übel, klein wie ein Punkt, könnte sich ungeheuer schnell ausdehnen. Ein kleines Übel könnte zu einer Welle der Vernichtung werden, war der Gedanke, der mich die nächsten Tage und Nächte beschäftigte.

Erst nach sechzig Jahren, als ich auf mein Leben zurückblickte, realisierte ich, wie sehr dieses Wahrnehmungsmuster aus dem Krieg mein Leben geprägt hatte. Obgleich sich nach 1945 alles wie in einem vorbildlich gepflegten Garten entfaltete, sprangen meine Sinne bei der kleinsten Erschütterung an, und wie von einem hohen Wachtturm aus spähte ich alarmiert in die Straßen und Wege meiner Zukunft, um zu sehen, welcher Angriff mir drohen und von wo er kommen könnte. Während des Krieges war uns diese Haltung durch das Voranschreiten des »Führers« abhanden gekommen, aber unsere Gegner wussten um so mehr davon und gaben dem Phänomen einen Namen, der sich irgendwann dann auch in meinem Wortschatz abbildete: *worst case*. In Sekundenschnelle habe ich den *worst case* vor Augen, kann mich ducken, Schutz suchen oder sonstige Abwehrmaßnahmen ergreifen. Von all diesen Abwehrmaßnahmen war die am häufigsten empfohlene der Angriff. Angriff ist die beste Verteidigung, hieß es. Also begann ich anzugreifen, sobald irgendwelche Anzeichen darauf hindeuteten, dass ich in Gefahr war oder in Gefahr geraten könnte. Viel zu spät begriff ich, dass ich es war, der die Kette der kausalen Schadensereignisse ausgelöst hatte und dass ein solch überalarmierter Zustand psychopathologisch ist. Die Amerikaner, die alle Lebenserfahrung handlich in einem Begriff bei sich tragen, sprechen in diesem Zusammenhang von *self-fullfilling prophecy.*

Dies alles sind Betrachtungen und Wahrheiten in einer langen Friedenszeit, durch die sich ein im Feuerhagel geprägter Mensch wie gestört bewegt. Knallt der nichts Böses wollende Nachbar die Tür, so zuckt der Feuerhagel-Mensch zusammen, als wäre auf ihn geschossen worden. Schaut ihn jemand abwesend an, ein leerer Blick, der ihm tödlich böse scheint, so schlägt er zu.

So wurde auch ich zu einem Verwundeten des Krieges, ohne dass ich körperlich verletzt worden war.

Ich glättete die Silberstreifen, die ich auf der Straße gesammelt hatte und tat sie in Mutters Nähtasche. Die hatte sie mitgenommen, um im Zug Sachen von uns zu stopfen.

Tante Kläre hatte mit der Vorbereitung des Essens noch nicht begonnen, wofür ich sie ausschimpfte. Damit es ein bisschen flotter ging, leistete ich ihr in der Küche Gesellschaft. Auch Tante Eva kam dazu und schließlich auch Onkel Otto. Sie waren alle zu aufgeregt, um alleine zu sein.

Wegen der an vielen Stellen brennenden Stadt fiel die Stadtbesichtigung gänzlich aus, obwohl ich extra danach gefragt hatte, weil ich gerne einmal ein paar brennende Häuser gesehen hätte.

»Soweit kommt es noch«, sagte Tante Eva.

»Da gibt es nichts zu sehen«, ergänzte Tante Kläre, und Onkel Otto hob drohend die Stimme. Laut sagte er in seiner bollerigen Art: »Warte mal ab!«

Dagi war von dem Fliegerangriff krank geworden und weil sie nicht aufhörte zu wimmern, brachte meine Mutter sie ins Bett und legte sich dazu.

Während Tante Kläre das Pökelfleisch zubereitete, rannte Tante Eva immer wieder zum Radio, wo eine Ansagerin, die eine so schöne Stimme wie Eules Mutter hatte, die Position der anfliegenden Bombereinheiten durchgab. Im Wechsel verfolgte sie jedes einzelne Geschwader bis zu dem Moment, da eines in ein bestimmtes Stadtgebiet einflog und die Abwürfe unmittelbar bevorstanden. Onkel Otto versuchte dann, noch andere Sender zu kriegen und schaffte es auch, gelegentlich sogar ganz ferne, wie Radio London, wo Deutsche ihre Angehörigen über die Lage informierten und sie am Schluss ermahnten, auf eine andere Wellenlänge umzuschalten. Auf vielen Sendern spielte Tanzmusik, aber Onkel Otto stoppte immer bei den Warnungen, zwischen denen das Grollen von Flugverbänden und sogar das dumpfe Ploppen von Einschlägen zu hören war.

Das ging so bis zum Abend, und wenn ich mich nicht zwischendurch in der Küche selbst bedient hätte, wäre ich vor Hunger gestorben. Als ich wieder ins Wohnzimmer zurückkam, hatte Onkel Otto gerade den Sender gefunden, den er gesucht hatte und der Stettin erwähnte. Niemand redete, aber dennoch brüllte er so laut »Ruhe!«, dass auch meine Mutter aus Dagis Zimmer kam und sich aufgeregt ans Radio drängte. Er drehte den Ton lauter, weil er schwerhörig war. Dann kam wieder die Stimme der Ansagerin, und ich hörte: »Ein Kampfverband von etwa vierzig Flugzeugen nähert sich Stettin. Die Bevölkerung wird aufgerufen, die Verdunklungen zu überprüfen und anschließend sofort die Luftschutzbunker aufzusuchen. Bitte beeilen Sie sich, Sie haben noch etwa vier Minuten Zeit.«

Schnell wurden wir in unsere Mäntel gestopft. Tante Kläre half, aber sie wollte wieder nicht mit, obwohl ich sie dringend bat. Sie meinte: »Wenn Gott will, dass ich noch ein paar Jahre lebe, dann wird er dafür sorgen.« Dagi brüllte nach ihrem Struwwelpeter, aber es war zu spät, denn in der Ferne erklang schon das leise Surren der Flugzeuge, begleitet von den Schüssen der Flak. »Los, los, los!«, peitschte uns Onkel Otto ins Treppenhaus.

Wir rannten die Stufen hinunter, und als wir auf die Straße stürzten, war alles von strahlenden Christbäumen erleuchtet, die vom Himmel sanken. Ich war fasziniert, blieb wie gebannt stehen und zeigte auf einen, der näher war als die anderen. Gleißend weißes Licht gab er ab und unterschied sich von den anderen. Es war ein ganz besonderer, und ich nannte ihn »Alexa«, an die ich oft dachte und die ich weiß leuchtend als Christkind vom Himmel schweben sah, um mich zu umarmen.

Unsanft wurde ich aus meiner Träumerei gestoßen, weil Onkel Otto mich knuffte und anbrüllte, so schnell wie möglich in den Luftschutzkeller zu sausen. Da ich am schnellsten laufen konnte, kam ich als Erster an, doch wieder war der Eingang verstopft. »Da kommen wir nicht durch«, sagte ich.

Es gab Leute, die stellten sich nicht hinten an, sondern sprangen von der Seite auf die anderen im Kellereingang, denen dabei die Hälse brachen, wie Tante Eva später erklärte. Diese Toten versperrten den Eingang, wodurch es den Stau gab.

»Wir müssen umkehren, wir können hier nicht auf der Straße stehen bleiben«, sagte meine Mutter, und Onkel Otto packte mein Ohr, zog mich von den wartenden Menschen weg und grollte: »Nächstes Mal hältst du uns nicht auf.«

Das laute Dröhnen war direkt über den Christbäumen. Sie gaben uns genügend Licht, sodass wir schnell rennen konnten. Wir hörten das Heulen der Bomben und die hämmernden Einschläge. Wir hatten unser Haus schon fast erreicht, als eine Detonation so nah war, dass wir alle hinfielen.

Oben empfing uns Tante Kläre, und als sie mir aus meinem Wintermantel half, sagte sie: »Da siehst du, wir haben es nicht in der Hand.«

Ich lief sofort zum Fenster, um die Christbäume zu beobachten, aber bis auf ganz wenige in der Ferne waren sie verschwunden. Stattdessen erstrahlte über der Stadt wie eine Krone ein rotes Feuerlicht.

Als wir ins Bett gingen, durften wir uns bis auf die Schuhe nicht ausziehen. Vor dem Einschlafen stellte ich mir vor, dass diese vierzig Bomber wie eine dicke Elefantenherde aus der Nacht kamen und auf der Stadt herumtrampelten, bis sie zu glühen und zu brennen anfing. Dann galoppierten die Elefanten zum Meer, wo ihnen Flügel wuchsen, um dorthin zurückzufliegen, wo sie hergekommen waren. Wenn ich auch so ein Elefant wäre, würde ich mich sicherer fühlen.

Der Tag hatte mich müde gemacht, und ich schlief mit den davon fliegenden Elefanten ein.

Um Mitternacht zog meine Mutter mich aus dem Bett, und ich erwachte direkt in das An- und Abschwellen des Alarms. In der Stille der Nacht heulte es durch meine Adern, ich zitterte vor Angst und konnte meine Schuhe nicht über die Füße ziehen. Meine Mutter musste mir helfen. Als wir endlich an der Wohnungstür standen, schlugen die ersten Bomben ein. Das Glas der Fensterscheiben zerbarst, Bilder fielen von der Wand, wir warfen uns erschrocken auf den Boden. An der Erde besprachen sich die Erwachsenen und meinten, es habe jetzt keinen Zweck mehr, den Luftschutzbunker aufzusuchen, wir müssten das Risiko auf uns nehmen und hier in den Keller gehen, bis Entwarnung gegeben würde.

Meine Mutter wollte nicht gerne im Haus verschüttet werden und fragte, ob es da nicht besser wäre, sich auf der Straße aufzuhalten.

»Da fliegt immer irgendwas rum, das uns treffen kann, das hat keinen Zweck«, sagte Onkel Otto.

Ich hörte ein leises, aber sehr seltsames Geräusch. Es klang, als wollte eine Katze miauen, brächte aber nur ein klägliches Fiepen heraus. Ich richtete mich auf, doch es war stockfinster, und ich konnte nichts entdecken. In diesem Moment flammte Onkel Ottos Zündholz auf. Auch er wollte nachschauen, was für ein Fiepen das sein könnte. Er beschrieb mit dem brennenden Hölzchen einen Kreis, doch es war nichts zu sehen. Schließlich stellten wir fest, dass es Dagi war, die diese Geräusche machte. Ich strich mit einem Finger über ihre Wangen, sie waren trocken.

»Es ist nix«, sagte Onkel Otto.

Ich überlegte, ob sie mit ihrer Angst die schwarzen Bomber anlocken könnte. Vielleicht hatten die Nachtjäger in ihrer spitzen Nase ein Suchgerät, das die Angst von Kindern aufspürte. Ich sagte das nicht, aber mir war klar, dass man keine Angst haben sollte. Man durfte sie einfach nicht haben. Dagi schien das nicht zu wissen, oder es war ihr egal, dass sie uns durch ihre Angst gefährdete, jedenfalls musste man immer auf sie aufpassen, und deswegen hatte meine Mutter auch keine Zeit mehr für mich.

Durch die geplatzten Fenster war die Wohnung sehr luftig geworden, und es schien Onkel Otto nun doch angeraten, das Haus zu verlassen und zu versuchen, noch in den Luftschutzbunker zu kommen.

Als wir auf die Straße kamen, gab es neuen Alarm. Das Pflaster glänzte, es hatte geregnet. Der feuchte Himmel rötete sich von Bränden, die nach den Explosionen wie Blüten aufgingen. Nicht weit entfernt kam eine Bombe nieder und sprengte die Fenster des Hauses, an dem wir vorbei eilten. Splitter trafen meine rechte Gesichtshälfte. Bis auf Dagi bemühten wir uns, eine strenge Marschordnung einzuhalten, was uns auch während des Alarms und bei der ersten Flugformation gelang, aber wenn die Bomben herunter sausten, schaltete sich ein höherer Schrecken ein, dann schrie und rannte in uns und um uns alles durcheinander. Tante Eva stolperte in mich hinein. Wir fielen alle hin. Meine Mutter kroch zu Dagi und legte sich schützend über sie, sodass sie kein Unheil treffen konnte, das nicht zuvor meine Mutter vernichtet hätte. Voller Verachtung wandte ich mich ab und schaute zum Himmel.

Ich hatte keine Angst. Wenn ich fliegen könnte, würde ich dem Unheil entgegen fliegen. Dabei bemerkte ich den starken Wind, der die Wolken und den Qualm davon trieb, hörte das Brummen eines neuen Schwarms, war erstaunt, dass der Himmel plötzlich sternenklar war und sah, wie eines der Insekten vom Licht eines Scheinwerfers aufgespießt wurde. Es schwebte in der Luft, es schien sich nicht weiter zu bewegen, weil der Scheinwerfer es festhielt, während kleine Fünkchen drum herum tanzten. Ich biss die Zähne zusammen, und das Insekt zerplatzte. Es löste sich in weiße und rote Punkte auf, die in der Nacht verlöschten. Getroffen! Triumph erfüllte mich.

Eine neue Bombereinheit näherte sich, Onkel Otto gab den Befehl, zum Haus zurück zu spurten. Wir schafften es nicht ganz und hockten uns in einen anderen Hauseingang. Sie kamen jetzt in Wellen. Das Summen zeigte nicht an, was sie taten; es war dunkel, gleichmäßig und beruhigend. Es war nicht mehr das ansteigende Heulen der Sirenen oder Pfeifen der niedergehenden Bomben, es war eher das sommerliche Brummen von Hummeln, wenn ich im Gras lag. Es täuschte, es war so, als wollten sie sagen, wir brummen nur ein bisschen herum, wir reißen niemandem die Köpfe, Arme und Beine ab.

Ich lag im Hauseingang und dachte das, als sie noch fern waren. Aber als sie ankamen und sich über uns ein Christbaum wie ein rot glühendes Seeungeheuer entfaltete, das den Grund des Meeres nach Menschenmuscheln absucht, zerriss meine Ruhe. Ich wollte nicht gesehen werden und flüchtete weit hinein in den Hauseingang. Später erklärte Onkel Otto, wir sollten zukünftig solcher »Vogel-Strauß-Politik« widerstehen. Er meinte, im Hauseingang zu hocken, böte keinen Schutz vor den Aasgeiern.

Nach diesem letzten Angriff, bei dem die Abwürfe weiter entfernt, aber immerhin noch so schwer waren, dass sie den Boden unter uns zum Beben brachten, wurde es ruhig am Himmel. Kurz darauf kam die Entwarnung.

Wir gingen gleich in die Wohnung hinauf, und Tante Kläre sagte: »Ich glaube, das Radio hat's nicht überlebt.« Onkel Otto ging sofort hin und schaltete es ein. »Es funktioniert doch«, knurrte er in seiner groben Art.

Es kam die Aufforderung, die Stadt bis morgen um zehn zu räumen, weil weitere schwere Luftangriffe erwartet würden.

Ich war von Anfang an gegen die Reise nach Stettin gewesen, aber meine Mutter wollte das nicht hören und sagte: »Wenn das Wörtchen wenn nicht wäre.« Mir fehlten in der

Stadt die Weite der Felder, die Geräusche und Gerüche, die im Herbst so anders waren als im Sommer oder Frühjahr. Mir fehlte auch Paul, mit dem ich immer mehr Zeit verbracht hatte und der mir vor unserer Abreise sogar beim Saubermachen der Kaninchenställe geholfen hatte.

Natürlich freute mich der Radiobefehl, denn das hieß, dass wir »abrücken« mussten und morgen in Naugard wären, wo ich Paul sogleich befragen würde, ob die Kaninchen gut gefressen hätten. Tante Kläre aber würde nicht mit uns fahren, sie hatte sich entschieden, mit Onkel Otto und Tante Eva Richtung Westen abzureisen. »Vielleicht solltest du dir mal die Geschichten von den Flüchtlingen aus Ostpreußen anhören«, sagte sie mahnend zu meiner Mutter. »Dann würdest du mit den Kindern nicht zurückgehen.« Meine Mutter tat das mit einem »Ach was« ab, und damit stand für uns die Richtung fest.

Sie packte mich und Dagi in dasselbe Bett und befahl uns, schnell zu schlafen, denn wir würden bald wieder geweckt. Ich wollte wissen, warum sie nicht auch ins Bett kam, aber sie wollte Tante Eva beim Packen helfen.

Während des Ersten Weltkriegs hatte Onkel Otto Automechaniker gelernt und bis zu seiner schweren Verletzung Kriegsfahrzeuge repariert. Er war auch jetzt noch kriegsuntauglich und leitete in Stettin einen Betrieb, der kleinere Militärfahrzeuge wieder einsatzfähig machte. Bevor wir ankamen, war im Werksgelände eine Bombe eingeschlagen und fahrbereit war nur ein »DK-Wuppdich« geblieben. Es war ein Kleintransporter, den er nun holte und mit all den Sachen belud, die er und Tante Eva in die Lüneburger Heide mitnehmen wollten, wo sie Verwandte hatten. Von ihnen wussten sie, dass die Heide kein Angriffsziel der Alliierten war.

Als Dagi und ich zum Aufbruch geweckt wurden, gab es wieder eine längere Diskussion wegen unseres Reisezieles. Diesmal war es Onkel Otto, der wollte, dass wir mit ihnen führen. Auch Tante Eva fragte aufgeregt: »Wie denn?! Glaubst du, dass hier noch Züge gehen?«

»Es gibt genügend Lastwagen, die nach Osten fahren. Bringt uns hinaus auf die Reichsstraße nach Stettin, dann werden uns schon welche mitnehmen,« widersprach meine Mutter.

»Da ist alles zerstört«, protestierte Onkel Otto. »Ich habe mir das heute Morgen mit dem Fahrrad angesehen. Es gibt nur die Möglichkeit, nach Westen aus der Stadt zu kommen. Die Umgehungsstraßen sind frei, aber im Stadtgebiet ist alles Chaos und die Hölle.«

Meine Mutter wollte trotzdem nicht mit nach Westen und entschied, dass wir zu Fuß die Stadt nach Osten verlassen würden.

Onkel Otto warnte uns, dass sich auf der Ostseite der Stadt das Öllager befände, die Angriffe nun häufiger kämen und einen immer durchdachteren und bösartigeren Charakter annähmen.

»Was meinst du damit?«, fragte meine Mutter allmählich ein wenig ungehalten.

»Ihr werdet es nicht schaffen, vor dem nächsten Angriff aus der Stadt rauszukommen, und eins der Angriffsziele sind ganz sicher die Öllager auf der Ostseite.«

»Gut, vielen Dank«, sagte sie. »Hoffentlich habt ihr alles eingepackt.«

»Haben wir«, sagte Tante Eva, und damit verabschiedeten wir uns und zogen los.

Tante Kläre hatte Tränen in den Augen. Sie war mit heruntergekommen, stand vor dem Haus und hielt ein weißes Taschentuch in der Hand, mit dem sie sich abwechselnd die Augen tupfte und uns nachwinkte. Später sagte sie, dass sie der Überzeugung gewesen wäre, uns nie wieder zu sehen.

Meine Mutter hatte an der einen Hand Dagi und in der anderen den Koffer. Ich trug einen kleinen Kinderkoffer, in dem unser Waschzeug und die Zahnbürsten waren.

Es hatte keinen Alarm gegeben, aber dennoch sah ich hoch oben am Himmel die Streifen eines Geschwaders. Das Ziel war vermutlich eine andere Stadt, weiter östlich. Die Streifen sahen aus, als würden weiße Schlangen durch das Luftmeer kriechen.

Es gab einzelne Flugzeuge, die noch höher flogen und die über ihnen wie Geschosse hin und her sausten. Meine Mutter sagte, das seien Jäger.

Wir kamen gut voran, auch wenn die Straßen zum Teil zugeschüttet waren und wir über Trümmer klettern mussten. Aus den verkohlten Balken in den Ruinen züngelten noch kleine Flammen, und manchmal loderten ganze Häuser. Der Anblick dieser Höllen faszinierte mich so, dass ich immer wieder stehen blieb.

»Bleib nicht stehen!«, rief meine Mutter dann. »Du musst nah bei uns bleiben!«

Das weckte mich auf, schnell rannte ich los und holte sie ein. Dieses Spiel machte mir Spaß, und ich blieb absichtlich zurück. Es war schön, wenn sie nach mir rief. So hatte ich mir in der Geschichte des Rattenfängers immer den Klang der Flöte vorgestellt. Doch als sie an der nächsten Kreuzung abbog, ihre schlanke Gestalt und blonden Locken verschwunden waren, bekam ich Angst, spurtete los und prallte an der Ecke gegen die Beine eines Mannes, der an einer Hauslaterne hing. Es war ein Schlag gegen meinen Kopf, ich sprang zurück und sah den Strick um seinen Hals. Er streckte seine Zunge heraus und um den Bauch hatte er ein Schild, auf dem in schwarzer Schrift etwas stand.

Ich wusste mit der Situation nichts anzufangen, aber sie wurde auch gleich weggeblasen, weil in diesem Moment in der ganzen Stadt die Sirenen aufheulten. Die Heuler waren wie Vipern, die aus den Schluchten und Gassen empor stiegen und ihr wütendes Leben behaupteten. Erschrocken schaute ich um mich. Mutter und Schwester waren schon weit weg, und ich begann zu rennen.

Ich war noch nicht weit gekommen, da drang ein gewaltiges Brummen an meine Ohren. Es kam so schnell näher, dass ich wie angewurzelt stehen blieb. Ich schaute auf und sah sehr viele Flugzeuge, die von der Flak heftig beschossen wurden. Einige zogen Rauchfahnen nach sich, weil sie getroffen waren. Eines von ihnen explodierte, das andere trudelte brennend nach unten und verschwand in einer Wolke, aus der gleich darauf Trümmer rieselten.

Die anderen Flugzeuge waren schon weiter, doch viele folgten und leuchteten silbern auf, als die Sonne herauskam. Sie wurden von einem Donner empfangen, den ich inzwischen als Abwehrfeuer identifizieren konnte. Die Bomben in der Luft, die wie Tropfen fielen, hielten mich davon ab, nach meiner Mutter zu schauen, und erst das hohe Pfeifen und die kurz darauf folgenden Detonationen, die mich zur Erde warfen, weckten mich aus meiner Trance. Ich riss den Kopf hoch, konnte meine Mutter aber nicht mehr sehen. Panische Angst, sie verloren zu haben, erfüllte mich. Ich achtete auf keinen Lärm und keine Erschütterungen, ich lief. Den kleinen Koffer hielt ich krampfhaft fest, denn meine Mutter hatte ihn mir anvertraut, und ich wollte nicht als Memme vor ihr stehen und sagen müssen, dass ich ihn verloren hatte.

Ich sah sie auf der anderen Straßenseite in einer Toreinfahrt, in der sich Menschen drängten. Sie blickte herüber und machte mit den Armen wilde Bewegungen. Sie schrie etwas, das ich nicht verstand, weil das Brausen der den Himmel bedeckenden Maschinen so laut war, dass es alle anderen Geräusche erstickte.

Ich lief auf meiner Straßenseite weiter, bis ich ihr direkt gegenüber stand. Sie signalisierte mir immer noch etwas, doch ich wagte die Straße nicht zu überqueren, weil ich ihre Zeichen nicht verstand. Sie verwirrten mich, sie waren so wild und hysterisch, dass sie entweder bedeuteten, in dem Hauseingang hinter mir Schutz zu suchen oder dass ich schnell die Straße überqueren und zu ihr kommen sollte. Wo sie war, war keine Gefahr, dessen war ich sicher, aber dennoch hielt mich der Zweifel fest, und ich tat weder das eine noch das andere. Sie hörte nicht auf mit ihren wilden Gesten, und ich versuchte ihre Zeichen zu entschlüsseln, männlich und ruhig. Ich wollte mich nicht dafür tadeln lassen, dass ich zu dumm war oder – wie Dagi – zu klein.

Ihre Handbewegungen deuteten nach oben, was mich auf die Idee brachte, dass sie mir vielleicht irgendetwas am Himmel zeigen wollte, wo sich die letzten Maschinen in starrer Formation gerade verzogen hatten und es stiller geworden war. Sie rief auch etwas, aber ich konnte nicht verstehen, weil von dort, wohin sie zeigte, ein neues starkes Heulen zu hören war, und als ich hinschaute, sah ich ein verhältnismäßig kleines, schwarzes Flugzeug, das sich auf unsere Straße herunter stürzte. Kurz vor dem Aufprall fing es sich wieder und donnerte im Straßenschacht an mir vorüber. Mit offenem Mund stand ich mit meinem kleinen Koffer auf dem Gehweg nah am Bordstein und staunte. Das Flugzeug hatte den Himmel in die Straße gebracht, und vor mir auf der Fahrbahn spritzten im Takt einer Nähmaschine Asphalt und Erde auf. Ich brauchte eine Weile, bis ich begriff, dass Steine und Sand von den Einschusslöchern herrührten, die das Bord-MG in den Straßenbelag hackte. Der militärische Auftrag war, die Bevölkerung in den Straßen zu erledigen.

Mir wurde klar, wie hoch gefährlich die Situation war und dass ich keine Zeit mehr verlieren durfte, mich in die schützenden Arme meiner Mutters zu retten. Doch gerade, als ich den ersten Schritt tat, zeigte ihr Arm wieder in die Höhe, ich wandte Kopf und sah einen weiteren Sturzkampfflieger herunter kommen. Ich wollte noch vor ihm die Straße überqueren, aber das Kreischen des Sturzes lähmte mich. Im nächsten Moment war die Maschine heran, sauste durch die Häuserreihe und spuckte ihre Kugeln knatternd vor mir aus. Danach Ruhe. Wie durch ein Wunder war es plötzlich so still, und ich hörte die Stimme meiner Mutter: »Zurück in den Hauseingang!«

Sie glaubte, ich wäre zu langsam oder zu ungeschickt, die Straße zwischen den einzelnen Stuka-Angriffen zu überwinden, zu klein oder zu dämlich. Das wollte ich nicht auf mir sitzen lassen, doch da kam schon der nächste, den ich doch lieber noch abwartete. Danach rannte ich los und ihr in die Arme. Hinter mir mähte bereits ein weiterer die Straße ab.

Geschafft! Ich strahlte sie an, und sie strahlte zurück, ihre Augen leuchteten, sie legte ihre Arme um mich und zog mich fest an sich. So fest, dass ich mein Gesicht ganz zur Seite wenden musste und Dagi bemerkte. Sie stand neben meiner Mutter und schaute mich ernst und böse an. Ich streckte ihr die Zunge heraus, was sie sofort mit lautem Geplärre beantwortete.

Meine Mutter schob mich zurück und bestimmte streng, dass es nach diesem Angriff weitergehe und ich nah bei ihr zu bleiben habe.

Ich gehorchte. Es war ein anstrengender Marsch, und wir brauchten zwei Stunden bis zur Reichsstraße Richtung Nordosten. Oft waren Straßen zugeschüttet, und wir mussten umkehren, viele Häuser brannten, Verletzte und Tote lagen am Straßenrand, und manchmal war der Qualm so stark, dass wir uns Taschentücher vor das Gesicht hielten. Schließlich erreichten wir die Reichsstraße. Sie war voller Fahrzeuge, flüchtender Menschen mit Handkarren, Pferdewagen oder Fahrrädern. Kolonnen von Infanteristen marschierten singend an uns vorbei, gefolgt von Militärlastern, übervoll mit Soldaten und Zivilisten, sodass kein weiterer auf ihnen Platz gefunden hätte.

»Wir müssen da rauf, egal wie«, sagte meine Mutter entschlossen. »Ich schaffe das nicht mit euch beiden in diesem Chaos und Gewühl, das ist zu gefährlich.«

Ich bin sicher, dass sie nicht einen Moment auf unserer apokalyptischen Wanderung durch die Stadt daran zweifelte, dass wir das Richtige taten und dass alles in einem lukullischen Mahl oder einer lustvollen Umarmung enden würde. Alles Hemmende waren ihr nicht Hindernisse, sondern sinnliche Vorspiele, die sie mit Freude erfüllten.

Die Lastwagen mussten wegen der vielen Infanteristen und Fußgänger im Schritt fahren, und als der nächste kam, nahm meine Mutter den Koffer und warf ihn hinauf. Sie lachte über die verdutzten Gesichter. Arme streckten sich in die Höhe, der Koffer verschwand. Dann bückte sie sich, packte Dagi und warf sie ebenso wie den Koffer auf den Wagen, was aber beinah misslang, weil sie zugleich nebenher laufen musste.

Ich war bei ihr, sie sagte, ich solle neben dem Wagen bleiben, sie werde mich heraufziehen. Im nächsten Moment hielt sie die Arme hoch und ein kräftiger Soldat, mit dem sie schon vorher angebändelt hatte, packte ihre Handgelenke. Ich sah noch ihre Beine zappeln und dachte: Das war's. Doch mein Vertrauen kam gleich zurück. Ich streckte die Arme in die Höhe und lief mit großen Schritten neben dem Wagen her. Derselbe Mann, der meiner Mutter geholfen hatte, zog mich hinauf. Da kaum Platz war, wurde ich gegen das Seitenteil des Lasters gedrückt und glaubte einen Moment, meine Rippen würden zerbrechen.

»Geht es so?«, fragte meine Mutter.

»Jawoll!«, brüllte ich. Dann wurde mir schlecht, aber allmählich gewöhnte ich mich an die Enge.

Während wir langsam die mit Bäumen bestandene Allee entlang ruckelten, gewährte mir mein Stehplatz einen langen Blick auf die von einem Feuersturm gegeißelte Stadt. Durch die ausgedehnten Bombardements während der letzten zwei Stunden hatte sie sich in ein Flammenmeer verwandelt. Wir waren weit genug entfernt, um davon nicht mehr betroffen zu sein. Vielleicht auch hatte sich meine Angst verbraucht, denn fasziniert genoss ich dieses ungeheure Feuerspektakel. Ich fühlte mich allem überlegen, an meiner Seite war schlau und allmächtig meine Mutter, wir hatten sogar Dagi mitgeschleppt und gerettet, das Leben hatte für uns keine Gefahren mehr parat und dort, wo andere nicht weiterkamen und erschöpft niedersanken, öffnete sich für mich ein endloser Raum voller Abenteuer, gefüllt mit der Liebe meiner Mutter.

12. KAPITEL

Als wir in Naugard ankamen, unversehrt und guter Dinge, empfingen uns nicht nur die Kinder unten im Haus, die Kaninchen, Hühner und Gänse auf dem Hof und dahinter der Garten mit den von mir angelegten Beeten, sondern auch ein goldener Herbst.

Und mein Vater.

Das war also der Grund, weshalb sie nicht mit Tante Eva und Onkel Otto nach Westen hatte reisen wollen.

Nach der kurzen Begrüßung wurde ich in den Garten geschickt. Ich sollte meine Beete begutachten und dann, später, berichten. Besonders die Tomaten, die ich selbst gepflanzt hatte und auf die ich so stolz sei, fügte meine Mutter hinzu.

»*Herbstsonne du siehst mir mit prallen Backen zu*«, sang ich verquer nach eigner Melodie. Ich liebte die Sonne nicht nur, weil sie meine Haut wärmte, sie wärmte mich auch von innen, und ich wusste, dass meine Mutter nicht bloß eine Sonnenanbeterin war, sondern für mich auch eine Sonnengöttin. An diesem Herbsttag brachte die Sonne alle Gelb- und Rottöne zum Glimmen. Es waren die Farben, die ich am meisten mochte.

Ich zog ein paar Mohrrüben heraus, ging zu den Karnickelställen, öffnete eine kleine Maschendrahttür und hielt dem heranhüpfenden Kaninchen eine der Karotten hin. Ich kannte jeden Namen und redete sie auch immer so an. Blanche, das Angora-Kaninchen, war mir am liebsten.

Ich erinnere mich an diesen Tag so genau, weil mir abends ein großer Pilzeintopf mit Speck versprochen war, eines meiner Lieblingsgerichte, wenn meine Mutter es zubereitete.

Dieses kulinarische Wunder am 4. Oktober 44 begann damit, dass Alexa mich auf dem Gepäckträger nahm und Dagi vorne in das Körbchen setzte. Auf der Fahrt warnte sie uns im

Namen meiner Mutter uns immer wieder vor den Giftpilzen, nach denen ich dann im Wald am meisten suchte und doch keinen fand. In meinem wütenden Eifer kürte mich Alexa bald zu einem »Champignon«. Ich wusste nicht, ob ich für sie der Pilz war, der all seine Schwestern und Brüder entdeckte und pflückte oder der Meister des Findens, denn immer wieder sah ich als Erster und schon von Weitem die kleinen Familien unter ihren weiß leuchtenden Hüten. Am meisten befriedigte es mich, wenn sie noch wie Eier waren, ganz geschlossen. Doch mich faszinierten auch die, bei denen ich durch das zerrissene Häutchen das rosa gerippte, etwas herb duftende Fleisch der Lamellen sah. Ich konnte nicht widerstehen, immer wieder daran zu riechen. Alexa zeigte uns, dass wir die ganze Hand unten um den Stiel legen sollten, um dann, wenn wir uns aufrichteten, den Pilz in der Faust sanft aus dem Boden zu heben. Das feste, von einer weißen, wächsernen Haut umgebene Fleisch erzeugte stets ein leichtes Ziehen in meinen Backenzähnen, sodass ich bei jedem Fund dem Drang widerstehen musste, reinzubeißen.

Ich hatte die meisten, mein Eimer war randvoll, aber natürlich behauptete Dagi, sie hätte fast so viele gesammelt wie ich.

Als wir nach Hause kamen, Dagi wieder vorne, ich hinten auf dem Fahrrad mit je einem Eimer links und rechts, empfingen uns die Schattners in großer Aufregung, weil es eine besondere Nachricht im Radio gegeben hatte. Alexa interessierte es, mich aber nicht, mich interessierten nur die Pilze. Wir hatten so viele davon, dass ich Schattners zu dem Pilztopf einlud, wenn sie beim Putzen der Pilze hülfen. Ich wüsste, dass meine Mutter Gäste bei Tisch immer willkommen hieß. Sie kamen auch sogleich mit herauf, gingen aber nicht in die Küche, um mir bei den Pilzen zu helfen, sondern eilten ins Wohnzimmer, um meinen Vater zu begrüßen und hockten sich sofort mit ihm vor den Volksempfänger. Sie steckten die Köpfe zusammen, sogar Alexa, sodass ich das Radio gar nicht mehr sehen konnte. Als ich darüber meckerte, zischten sie »Psst!« und sagten, sie möchten den Rundfunk-Aufruf Hitlers zur Bildung von Volkssturmbataillonen hören. Mein Vater übertönte sie noch mit: »Geh du in die Küche und wasch die Pilze!« Ich tat das und wartete auf meine Mutter. Als meine Geduld am Ende war, schaute ich nach und fand sie alle immer noch am Radio. Sie unterhielten sich aufgebracht über den Volkssturm. Wie ich schüchtern in der Tür klebte, kam Mama schnell, schob mich hinaus und sagte, sie würde mir nachher etwas zu essen machen, müsste jetzt erst einmal Dagi ins Bett bringen, weil diese von irgendetwas im Wald gestochen worden war.

»Und die Pilze?« Ich war den Tränen nahe.

»Die machen wir morgen.«

»Morgen?« Ich war fähig, dies kleine Wort so gequält auszusprechen, dass es den Untergang der Welt signalisierte. Nach diesem Untergang würde es ein Morgen nicht mehr geben.

Doch ohne Zögern kam - was so typisch für sie war - ein rein pragmatischer Hinweis: »Die werden ja nicht schlecht bis morgen«.

Das war zu viel für mich, ich wollte auch nicht Pauls Erklärungen über den Volkssturm hören, sondern verließ die Wohnung und ging zu meinen Kaninchen, denn wenigstens sie verstanden mich.

Mein Vater, von meiner Mutter über meinen Zustand informiert, kam mir nach und zeigte mir am Walnussbaum, den er bei meiner Geburt gepflanzt hatte, die erste Frucht. Das brachte nicht viel und daher fragte er mich, ob ich gerne nach Drewitz wolle, und als ich das bejahte, lächelte er und »packte sein Geschenk« aus: Kutscher Grohmann werde mich und meine Schwester morgen nach Drewitz abholen.

Am nächsten Morgen sang meine Mutter fröhlich »Alles wird gut!« Sie strahlte es aus, und jeder sonst – mein Vater, die Schattners, Kutscher Grohmann - wussten es auch: alles würde gut werden, und das Lied *Pommerland ist abgebrannt* war nur ein Kinderlied.

Als meine Mutter ein paar Tage später nachkam, erzählte sie in großer Runde vom Pilzesuchen, und mir fiel wieder der

Volkssturm ein. Ich gab meine Version zum Besten, denn vor Tante Sissi konnte ich meine Enttäuschung und meinen Schmerz beschreiben und hatte die Genugtuung, dass meine Mutter es gleich mithören müsste. Der Anlass für die Verschiebung des Pilzessens, wie sie es jetzt darstellte, war nicht mein Vater, sondern die Nachricht über den Volkssturm, was mir wie eine platte Lüge vorkam. Ich hoffte, Tante Sissi würde enthüllen, was für eine unbedeutende Nichtigkeit dieser Volkssturm im Volksempfänger gewesen war, nicht wert, einen einzigen Pilz zu spät in den Topf zu tun. Ich konnte mir nicht vorstellen, dass ausgerechnet meine Mutter von einer Nachricht aus einem so winzigen Radiokasten beeindruckt sein würde. »Was ist denn der Volkssturm?«, fragte ich und legte schon so viel Ablehnung in meine Stimme, wie mir möglich war.

»Das ist eine neue Erfindung des Führers«, sagte die Gutsherrin. »Jeder soll eine Waffe erhalten, ob alt oder jung, krank oder lahm. Damit soll er die Notschutzgräben und Panzersperren verteidigen.«

»Erfindung? Erfindung ist doch eine Glühbirne, hast du mir einmal erklärt.«

»Dies ist auch eine Erfindung, wenn sie auch nicht leuchtet und erst in einem Experiment ausprobiert werden muss. Ein Experiment am deutschen Volk in allergrößtem Maßstab. Es gab da schon einige Experimente, zum Beispiel die Einnahme des Westens oder die Imitation des napoleonischen Russlandfeldzugs oder die volksinnere Vernichtung rassischen Fremdmaterials. Diese Experimente sind in so großem Stil angelegt, dass sie die Maßstäbe zerbrechen und die Sicherungen in den Köpfen der Menschen ausschalten. Wem das gelingt, der kann bei seinen Auftritten den ungeheuren Jubel und den rauschenden Applaus genießen, den die Masse ihm bei der Aussicht ihrer Selbstvernichtung spendet.« Sie war in Fahrt gekommen, ihre glatten, weißen Wangen waren rosa geworden, und sie gab zu, dass das ein kleiner Scherz gewesen war, den ich wohl noch nicht verstünde.

Meine Mutter wies dennoch darauf hin, dass ich den Scherz, auch wenn ich ihn nicht verstanden hätte, für mich behalten und meinem Freund Paul nicht weitererzählen solle.

Das war mir klar, schon wegen der unverständlichen Sprache. Hinter dieser Sprache lauerte immer eine Anstrengung, die von Angst oder Aggression zeugte. Das wusste ich von den Radio-Ansprachen. Die Redner redeten nicht, sondern schrieen. Trotzdem beharrte ich und wollte wissen, warum das ein Scherz war.

»Natürlich ist das ein Scherz, wenn ich sage, dass die Menschen ihrer Selbstvernichtung applaudieren. Sie wollen ja nicht sterben, das will kein Mensch. Ich denke, sie applaudieren, weil sie sich wünschen, dass es so weitergeht, wie sie es sich wünschen. In diesem Fall waren sie erfreut über die viele Ablenkung, die da geboten wurde. Das Leben war schon vor 33 in Deutschland unbehaglich, aber wer will das zugeben, wenn es nicht zu ändern ist. Da freut sich der Mensch über jeden Klamauk, über jedes Ereignis, das sein Unbehagen überdeckt. So kann man sagen, die Menschen veräußerlichen ihr inneres Elend. Es gibt ihnen das Gefühl, dass sie ihr Elend los sind, besonders wenn dazu Musik spielt.«

»Die Musik, die jetzt für euch Kinder spielt, ist *die kleine Nachtmusik*«, sagte meine Mutter, stand auf und ordnete gleich meinen Abmarsch an. Dagi war immer noch krank, Ruthchen aus der Küche kümmerte sich um sie.

Ich protestierte, doch wie so oft, ging der Protest in der Wiederholung des Immergleichen unter:

»Morgen ist auch noch ein Tag«, sagte sie, als könne diese Information mich trösten.

13. KAPITEL

Die Ernte auf Gut Drewitz war eingefahren, die hohe Saison der Jagd war vorüber, und nur wenige Tage fehlten, bevor wir in dem Weihnachtskalender, den uns Tante Sissi geschenkt hatte, die erste Tür öffnen könnten.

Auf dem Gut frühstückte jeder, wann er wollte. Das galt besonders für die Gäste, von denen manche, besonders jetzt im Winter, erst um elf Uhr ins Frühstückszimmer kamen und sich bedienten. Um zwölf wurde abgeräumt, dann war Schluss, weil um eins zum Mittagessen gedeckt wurde.

An diesem Morgen waren wir für meine Verhältnisse ziemlich spät dran, denn die Nacht war eisig gewesen, Dagi hatte Mumps und unsere Mutter die halbe Nacht lang wach gehalten. Auch jetzt am Morgen wollte sie sie nicht gehen lassen. Schließlich war sie eingeschlafen, und ich konnte mit Mami hinunter in den Frühstückssalon. Nach dem Frühstück packte sie mich dick ein, weil sie nicht wollte, dass ich auch krank würde. Dann konnte ich raus.

Als ich auf der Freitreppe stand, überlegte ich, was ich unternehmen könnte. Zu Hotte in die Schmiede war vielleicht keine schlechte Idee, weil die Luft sehr feucht war und es nach Regen aussah. Doch leider waren in der Schmiede keine Tiere, und wenn ich eine Weile nicht auf Drewitz gewesen war, hatte ich vor allem Sehnsucht nach den Tieren. Die Pferde waren aber schon längst gefüttert, die Kühe gemolken, und ich hätte jetzt nur Eule holen können, um die Ställe zu durchstreifen.

Ich entschied mich für die Schmiede. Es war immer gut, Hotte als Ersten zu treffen, denn er erzählte mir, was auf dem Gut los gewesen war, oder wir machten unsere Runde. Von ihm erfuhr ich auch, wen sie in den Krieg beordert hatten. Das war wichtig, denn dann war ein weiterer Arbeitsplatz frei, auf dem ich vielleicht aushelfen konnte.

Meistens musste ich warten, bis Hotte Pause hatte. Das machte mir aber nichts, denn ich mochte die rot und orange glühenden Farben des Eisens, mich faszinierte auch der Klang, wenn der Hammer auf den Amboss niederging. Vielleicht würde ja gerade eines der Pferde beschlagen werden, was ich sehr aufregend fand, denn die Pferde liebte ich am meisten und bald würde ich selbst ein Pony haben. Alle lachten, wenn ich sagte, ich könne schon reiten, aber es war wahr. Der erste Gespannführer Julius Schugk hatte mich schon ein paar Mal raufgesetzt, wenn er mit einem voll beladenen Wagen vom Feld zurückkam. Ein paar Mal hatte ich ihn abgepasst, kurz bevor er auf den Hof einfuhr, und zweimal war ich mit ihm draußen auf dem Feld gewesen und durfte dann den ganzen Weg nach Hause auf Hajo sitzen, der rechts vorne im Gespann ging.

Als Hajo neu beschlagen wurde, war ich auch dabei.

Zur Schmiede ging ich normalerweise schnurstracks die Kastanienallee hinunter bis zum Gutsteich, aber heute bog ich vor der Remise, wo die Kutschen untergestellt waren, links ab und spazierte am Kuhstall entlang, weil ich den warmen Geruch der Kühe mochte. Ich konnte all ihre Geräusche nachmachen, vom leisen Muh bis zum angstvollen Blöken. An der Remise kam mir plötzlich die Idee, Kutsche zu fahren. Ich kletterte auf die große Vierspännige, die auf langen Strecken auch sechsspännig gefahren wurde, schlug den Staub von der Kutschbank, löste die Kurbel, nahm die Zügel und die Peitsche und trieb die sechs Pferde heftig an. Ich konnte mit der Zunge knallen und kannte alle Ausdrücke eines wilden Kutschers. Der Staub wirbelte auf, die Leute mussten zur Seite springen, ein Dorf nach dem anderen durchquerten wir, und schon bald hörten wir die Glocken von Petersburg. Kaum waren wir da, stand Eule vor uns auf der Fahrbahn und meckerte, die Vorderachse sei gebrochen und der Stellmacher habe die Reparatur abgelehnt, weil die Kutsche kaum noch benutzt würde. »Ich hab den Hotte einmal mit der Kathrin drin gesehen!«, schrie er und lachte dreckig.

Kathrin war die Tochter vom Schmied Max Wendt und der Verwalterin Gerda Wendt, die Hotte aufgenommen hatten, weil er ein Umquartierter aus dem Westen war wie Schmierbacke, Mauerblümchen und ihre Mutter, die immer ihr Haar aus dem Gesicht blies. Sie alle waren wegen der heftigen Fliegerangriffe hier, denn Pommern wurde zwar manchmal von der Ostsee her überflogen, aber nicht angegriffen. Die Bomben fielen da, wo Industrie war oder große Siedlungen. Hier war Frieden.

»So, du meinst, Hotte war mit Kathrin hier in der Kutsche?«, fragte ich und wollte eigentlich herausfinden, was daran so besonders sein könnte.

»Die Kutsche funktioniert nicht mehr, da kannst du so viel hühott machen, wie du willst. Meine Mutter sagt, das ist keine Kutsche mehr, das ist eine Liebeslaube. Wie weit bist du denn mit der Liebeslaube gefahren?«

»Bis Petersburg, du Esel. Wo willst du hin?«

»Meine Mutter hat ihr Molkereiheft vergessen, das bringe ich ihr.« Er zeigte zu den Kuhställen, und da sah ich Elsbeths Milchwagen stehen. Der Gedanke, dass ich jetzt Elsbeth begegnen könnte, elektrisierte mich.

Ich untersuchte erst die große Kutsche, ich wollte wissen, ob Eule Recht hatte und die Vorderachse wirklich gebrochen war, und als ich dann hinter ihm her lief, stand zwar Elsbeths Milchwagen noch vor dem Kuhstall, aber Eule war nicht mehr da. Die Kannen waren aufgeladen, eine Plane war über ihnen festgezurrt, aber niemand zu sehen, auch Elsbeth nicht. Ich erinnerte mich noch an ihren Mann, der mir einmal ein Kiebitz-Ei zu essen gegeben hatte und jetzt an der Front war. Für Eule und mich war das traurig, denn wir mochten seinen Vater, aber es gab auch einige, die sich freuten, dass er eingezogen worden war, denn etliche Burschen von anderen Gütern hatten ihm die Eroberung von Elsbeth geneidet und fragten sogar heute noch, was sie wohl an so einem Pudding wie Erich gefunden hätte. Sie zerrissen sich auch die Mäuler darüber, dass Elsbeth, ab

Herbst, wenn es kalt wurde, Hosen trug, und alle lästerten, sie trage die Hosen ihres Mannes. Weil ich das ein paar Mal gehört hatte, fragte ich meine Mutter, ob sie keine eigenen Hosen habe, und sie meinte, keine Frau habe Hosen.

»Aber du hast doch auch Hosen.«

»Ich trage Hosen, wenn ich Fahrrad fahre.«

»Und Tante Elsbeth?«

»Eine deutsche Frau trägt keine Hosen.« Sie lachte. »Der Führer will das nicht.« Sie machte oft solche Witze. Mein Vater mochte das nicht, aber das kümmerte sie wenig.

»Dann bist du keine deutsche Frau«, sagte ich ärgerlich, weil sie mir das nicht richtig erklärte.

»Nein, ich bin eine Chinesin.«

So war sie. Man kam bei ihr nicht weiter. Ich würde Tante Elsbeth selbst fragen müssen, wenn ich das wissen wollte. Dazu brauchte man Mut, denn manchmal gab sie barsche Antworten. Jetzt aber schien es eine günstige Gelegenheit zu sein, niemand war zugegen, und ich wusste keine andere Möglichkeit, mit ihr ins Gespräch zu kommen, als nach ihren Hosen zu fragen. Ich hätte natürlich noch sagen können, wo ist Eule, aber das war mir zu langweilig.

Sie schrieb dem Melkermeister etwas ins Buch, und als sie damit fertig war, fragte ich sie.

Sie lächelte mich an, gab dem Schweizer das Buch zurück, kletterte auf den Wagen, nahm die Zügel in die linke, die lange Pferdepeitsche in die rechte Hand und streichelte mit ihr meine Wange. »Weil es jetzt morgens schon kalt ist«, sagte sie.

Ich stand unten und blickte zu ihr hinauf. »Aber die anderen Frauen tragen keine Hosen.«

Sie steckte die Peitsche in die Halterung, zog die Zügel fest an, weil die Pferde los wollten und stemmte sich mit den Füßen gegen die Querverstrebung. »Die Hosen müssen aufgetragen werden, wer weiß, ob Erich aus dem Felde zurückkommt.« Das Letzte hatte sie zu den Pferden gesagt, auf die sie nun mit den Zügeln einschlug. Die Pferde zogen an, aber für Elsbeth nicht kräftig genug, und so nahm sie die Peitsche, holte aus und knallte einmal in die Luft. Einer der Gäule, es war Hänsel, ging vorne hoch, dann legten sie sich mächtig ins Geschirr und fielen in den Galopp, dass Elisabeth die roten Haare wild um den Kopf flatterten

Ich schaute ihr nach. Ich hatte immer gehofft, sie würde mich die Zügel noch einmal halten lassen wie damals bei meinem Geburtstag, aber im Moment sah es nicht so aus. Ich hatte eher das Gefühl, sie würde mich nicht einmal mehr neben sich auf den Kutschbock lassen.

Das war schade, denn ihr Milchwagen hatte Gummiräder und zwei der besseren Pferde. Auf der Chaussee nach Naugard benutzte sie nie den Sommerweg, sondern die asphaltierte Straße und hielt die Pferde ständig im Trab. Manchmal dachte ich sogar vor dem Einschlafen an sie und ihre zwei trabenden Zossen, beide hellbraun mit dunkelbraunem Rist und kurz geschorener Mähne. Sie striegelte und bürstete sie jeden Morgen, stets sahen sie aus wie zwei Sonntagspferde. Am meisten beeindruckte es mich, wenn sie im Winter Kufen unter dem Wagen hatte und ihre Pferde sie mit hell klingendem Glockengeläut durch die weiße Winterlandschaft zogen. Dies Bild drang mir bis ins Herz. Es war am Ende des letzten Winters gewesen, wir kamen mit der Kutsche aus Naugard und fuhren im Schritt rechts auf der Sandstraße. Meine Mutter hatte Dagi auf dem Schoß, aber wir waren so dick in Decken eingewickelt, dass Dagi nicht zu sehen war. Ich hätte gerne vorne beim Kutscher gesessen, aber Otto Grohmann hatte gesagt: »Es ist zu kalt, bleib mal bei deiner Mutter.« Ich hörte das Gebimmel von Elsbeths Schlitten schon aus der Ferne und wusste sofort, dass sie es war. Schnell stand ich auf und winkte ihr zu. Sie bemerkte es nicht, weil sie belustigt damit beschäftigt war, mit ihrer langen Peitsche in die Äste über uns zu schlagen, sodass der Schnee auf uns herunter wehte.

Sie rief dem Kutscher zu: »Pass auf, Otto, dass es nicht taut, bis du zurück bist«, und spornte ihre Pferde zum Galopp an.

Sie hatte tizianrotes Haar und war so alt wie meine Mutter, aber das Besondere an ihr waren ihre grünen Augen. Als ich sie einmal fragte, ob ich mit zur Molkerei dürfe, grinste sie und sagte: »Frauen mit grünen Augen sind nichts für dich.« Einmal hatte sie mich dann doch mitgenommen, aber eben nur einmal und auch nur, weil es mein Geburtstag war.

Inzwischen hatte sie die Milchkannen bei den Arbeitern eingesammelt und war noch einmal zurück zum Kuhstall gekommen, wo ich jetzt ihren Wagen vor dem ersten Eingang stehen sah.

Ich hatte angenommen, sie wäre schon nach Naugard abgefahren, und war völlig überrascht, dass sie wieder mit ihren Pferden vor dem Kuhstall stand. Es wirkte in dem grauen Winterlicht auf mich wie Zauberei, zumal ihr Wagen genau da stand, wo er vorhin gestanden hatte. Ich war in der Schmiede gewesen, und in der Zeit konnte sie bequem eine Tour durch das Gut oder das Dorf gefahren und wieder an ihren Ausgangspunkt zurückgekehrt sein, aber ich hatte so gar nicht damit gerechnet.

Um mich zu überzeugen, dass es kein Geisterwagen war, ging ich hin und tätschelte Hänsel. Ich streichelte ihn oberhalb seiner Nüstern, weil sich das so schön trocken, weich und warm anfühlte. Er grabbelte mit seinen Lippen nach meinen Fingern, und ich zog meine Hand schnell weg, als ich Elsbeths Lachen aus dem Stall hörte. Langsam ging ich um den Wagen herum, und da kam mir die Idee, heimlich mitzufahren. Die Kannen waren schon aufgeladen. Wenn ich mich hinten auf dem Wagen unter der Plane versteckte, könnte ich erst bei der Molkerei entdeckt werden, denn das war ihre letzte Station. Sie müsste mich dann mit zurücknehmen und vorne bei sich sitzen lassen, weil es hinten bei den leeren herumhüpfenden Kannen zu gefährlich war.

Schnell war ich auf dem Wagen. Ich legte mich auf die Kannen. Wenn sie jetzt losführe, würde mich niemand sehen. Ich dachte nicht daran, dass ich auf dem Gut vermisst werden könnte. Dafür hatte ich auch keine Zeit, weil der Melkermeister Emil Riemer plötzlich die Klappe herunterließ und noch eine Kanne auflud. Für einen Moment war es mir, als grinste er mich an, aber das war wohl wegen Elsbeths Bemerkung. Sie fragte ihn, warum er schon wieder Fronturlaub habe und ihr Mann seit zwei Jahren kein einziges Mal.

»Du musst dich eben mit ihr gut stellen«, rief er.

»Mit ihr? Wer ist sie denn?«

Emil Riemer lachte. »Die Partei.«

»Da ist mein Mann wirklich der Falsche. Hast du die Kanne drauf?« Dann hörte ich ihr Lachen wegen irgendeiner Bemerkung Riemers, ihre Peitsche knallte, es machte einen Ruck, und der Wagen begann zu vibrieren.

Nach einer Weile wurde es ziemlich unbequem. Ich rutschte hin und her, hielt mich an den Kannen fest, musste dabei aber immer aufpassen, dass ich mir nicht die Finger quetschte, wenn zwei Kannen gegeneinander stießen. Als mein Bauch von dem harten Geruckel zu schmerzen begann, wollte ich mich bemerkbar machen, doch es begann zu regnen, und dann setzte ein so kräftiger Sturm ein, dass Elsbeth mich trotz lauter Rufe nicht hörte. Der Sturm kam von vorne, sodass er nicht unter die Plane fegte und sie wegriss. Aber dennoch zerrte er an ihr und schüttelte den Wagen so heftig, dass ich manchmal glaubte, er würde ihn auf den Acker blasen. Zweige krachten herunter, der Regen wurde stärker, und es war schwierig für mich, trocken zu bleiben. Es wäre mir wahrscheinlich auch nicht geglückt, aber die Temperatur stürzte so rapide ab, dass der Regen sich in einem Sekundenbruchteil in Schnee verwandelte. Da wir direkten Gegenwind hatten, schaffte es Elsbeth, auf der Straße zu bleiben. Aber wir kamen kaum voran. Der Schnee fiel in großen Mengen, und ich erinnerte mich daran, dass wir im letzten Winter lange eingeschneit gewesen waren. Ich liebte solche weißen Wintertage, wenn ich bei meiner Mutter zu Hause war und sie uns Bratäpfel servierte. Jedoch hier auf den eisigen Kannen war nichts von winterlicher Romantik zu finden, und ich begann mein Abenteuer als blinder Passagier zu bereuen. Auf jeden Fall wuchs meine Sehnsucht nach Elsbeth, und ich rief noch mal nach ihr. Ohne Erfolg.

Ich kroch ans Ende des Wagens und sah mich einer tosenden Schneelandschaft gegenüber. Der Sturm peitschte auf den Wagen ein, und ich merkte erst nach einer ganzen Weile, dass wir standen. Gleich darauf löste sich die eine Seite der Plane. Gegenüber hing sie noch fest und flatterte so stark, dass ich mich flach hinlegen musste, um nicht von ihr geohrfeigt zu werden.

Ich fühlte mich verloren und kämpfte gegen die Angst an. Meine Hände waren steif vor Kälte, und nachdem ich hilflos auf den Kannen herumgekrochen war, stellte ich fest, dass die Kutscherbank leer und Elsbeth verschwunden war. Ich konnte nicht sehen, ob die Pferde noch angespannt waren, weil mir der Schnee in die Augen peitschte. Ich drehte dem Wind den Rücken zu und sah im gleichen Moment rechts von mir zwei Pferde vorbei galoppieren. Auf dem einen saß Elsbeth, deren tizianrotes Haar vom Wind schneller nach vorne geblasen wurde als sie reiten konnte. Sie hatte die Pferde ausgespannt und galoppierte, vom Sturm getrieben, auf dem Sommerstreifen zum Gut zurück. Weit konnte sie es nicht haben, denn wir waren nicht lange unterwegs gewesen.

Wie nah das Gut auch immer war – ich sah nichts als grauschwarzen Himmel und weißes Getobe um mich herum. Mir war, als legte sich ein eisiges Band um mein Herz. Warum war ich nicht bei meiner Mutter geblieben? Warum war ich so alleine? Warum war ich auf diesen Wagen geklettert? Warum hatte ich mich nicht eher zu erkennen gegeben? All diese Fragen verdichteten sich zu einer düsteren Stimmung, die mich lähmte, sodass die Kälte sich immer mehr um mich zusammenzog. Ich fürchtete, eine so tiefe Temperatur könnte mich zu einer kleinen Eisfigur machen, die sich nie wieder bewegen würde.

Die Schneemassen waren schon ziemlich hoch, sodass ich nicht vom Wagen zu springen wagte. Dass Elsbeth mich verlassen hatte und davon geritten war, schien mir eine Ungeheuerlichkeit, ich war nun ganz allein. Mit Elsbeth Tizianrot waren alle Farben geflüchtet, und alles um mich herum war weiß. Später machte ich für meine Mutter ein Bild daraus – nur Deckweiß und in kargen Andeutungen schwarze Tinte.

Damit der Wind mich nicht herunterstieß, schlängelte ich mich, so flach es ging, über die Kannen zum Ende des Wagens. Ich musste dabei aufpassen, dass ich nicht von der losen flatternden Plane am Auge getroffen wurde, aber auch, dass ich mit den Lippen nicht eine der eisigen Kannen berührte. Dann würde ich mit dem Mund festkleben. Immer wieder warnten die Mütter auf dem Gut im Winter uns Kinder, mit dem Mund nicht der eisig kalten Pumpe zu nahe zu kommen.

Als ich das Ende erreicht hatte, löste sich die Plane, flog wie ein wildes Segel dahin und krallte sich in der Krone einer Birke fest.

Mein Impuls war, mich vom Wagen fallen zu lassen und durch den Schnee zurück nach Hause zu wühlen. Doch dafür war der Schnee schon zu hoch. Vielleicht wäre es besser, hinter oder unter dem Wagen Schutz zu suchen. Aber sobald ich aufhörte, mich zu bewegen, spürte ich eine beängstigende Kälte, die es nicht erlaubte, still unter dem Wagen zu hocken.

Meine Verzweiflung wuchs und verschwand auch wieder, kurzzeitig war ich voller Euphorie, dann versank ich erneut in totaler Angst. In einem meiner hochfliegenden Momente ließ ich mich vom Wagen fallen und krabbelte wie ein ins Wasser geworfener Hund los, um den Kopf aus dem Schnee zu kriegen und Elsbeth zu folgen.

Kaum stand ich auf den Füßen und registrierte, dass mir der Schnee bis zum Bauch reichte, erfasste mich eine Bö und drückte mich mit dem Gesicht nach vorne in den Schnee. Alles erlosch in einem weißen Glimmen. Nichts war mehr bunt wie meine Hoffnungen und Wünsche und das Leben selbst, alles war kalt wie der Tod und stärker als ich. Ich wollte hier nicht bleiben, nicht für ewig und immer. Ich rappelte mich wieder auf und stemmte mich gegen den Wind. Es strengte mich so an, dass das Licht vor meinen Augen zu flimmern begann. Plötzlich färbten sich Flimmern und Funken dunkelgrau und verdichteten sich zu einem bewegten Schatten, der aussah wie eine Gestalt, die mir entgegen wehte. Ich wischte mir den Schnee aus den Augen. Manchmal war dieses schattenhafte

Wesen näher, dann wieder war es in großer Ferne. Ich klammerte mich an meine Hoffnung und wollte unbedingt, dass es ein Mensch wäre. Kein Raubtier, kein Wolf oder Bär, die es hier in der Gegend auch gab. Wie eine Rauchsäule tanzte die Erscheinung über der wehenden Schneedecke der Straße auf mich zu. Drohend kam dieses in weißes Licht gehüllte Etwas näher, und mir fiel ein, was man bei einem wilden Tier, einem Keiler oder Bär tun musste: Nicht weglaufen, sondern beharrlich Schritt für Schritt rückwärts gehen. Die Gestalt hob die Arme. Bitte, nein! Ich schüttelte den Kopf, wobei die Tropfen von meinen Wimpern fielen.

In dem Moment erkannte ich meine Mutter. Sie drückte mich fest an sich. Seligkeit und Wärme durchfluteten mich. Ihr Pelzmantel war voller Schnee, aber als ich ein Auge öffnete, sah ich ihren roten Schal, und als ich mir mit ihm das Gesicht trocknete, roch ich ihren Geruch. Sie packte mich am Handgelenk und zog mich in die Richtung, aus der sie gekommen war. Der Sturm schob uns von hinten, und so brauchten wir nicht lange, bis wir das Gut erreichten. Vielleicht war es auch lange, aber neben ihr zu gehen, schien mir wie eine endlose Seligkeit. Fünf Minuten oder zwei Stunden – für mich war die Seligkeit ewig.

Während sie mir im Bad meine nassen Kleider vom Leib zog, erklärte sie mir, dass ich besser Bescheid gesagt hätte. »Ein Glück, dass dich der Schweizer Emil Riemer gesehen hat, sonst hätte ich nicht gewusst, wo ich dich suchen sollte«, sagte sie ohne einen Unterton von Vorwurf, Leid oder Klage. »Du legst dich ins Bett, um dich zu wärmen. Ich mach dir in der Küche eine heiße Brühe.«

»Darf ich in dein Bett?«

Sie erlaubte es, zog mir die Decke bis über die Schultern und kuschelte mich ein.

»Ich bin gleich mit der Brühe zurück.«

Um ihr nachzuschauen, drehte ich mich auf die Seite. Schnell ging sie hinaus, rhythmisch schwang ihr geblümtes Kleid, das sie heute Morgen – als letzten Gruß an den Sommer –

angezogen hatte. Die Tür schlug zu. Ich schaute zu meiner Schwester.

Sie hatte den Daumen im Mund und ihre grau-grünen Kulleraugen auf mich gerichtet.

Hätte sie sich gefreut, wenn ich nicht wiedergekommen wäre? Weil sie dann an meiner Stelle gewesen wäre, mit all meinen Spielsachen?

Ich stand auf, ging zu ihr, beugte mich über die Gitterschranke ihres Kinderbettes und streichelte sie. Nichts an ihr veränderte sich.

Ich bückte mich, um ihr Gesicht zu sehen. Sie schaute mich nicht an, sondern schnurgeradeaus. Ich folgte dieser Blickrichtung und landete wieder auf meinem Platz im Bett. Sie schaute zu mir, schien aber, wie in einem zufriedenen Koma, nichts wahrzunehmen.

14. KAPITEL

Wir hatten von Ulla Grisard einen Brief erhalten, in dem sie schrieb, dass ihr Bruder Otto, seine Frau Eva und Tante Kläre gut in Lüneburg angekommen waren. Im selben Brief lud sie uns auf ihr Gut nach Ostpommern zur Hochzeit ihrer Tochter Urte ein. Ich freute mich, denn Zernikow war ebenso groß wie Drewitz und hatte genauso viele Tiere, vielleicht sogar noch mehr. Ich kannte es bereits, und jedes Mal, wenn wir da gewesen waren, hatte ich viel Spaß gehabt, weil die Prüfungen für mich dort gelegentlich schwieriger waren als auf Drewitz.

Nach Zernikow war es eine Bahnreise, bei der ich mich am meisten auf das Picknick freute, das meine Mutter eingepackt hatte: Kartoffelsalat mit Würstchen. Ich wollte auch gleich wissen, wann wir essen würden. Meine Mutter ließ sich nicht festlegen und versuchte, meine Aufmerksamkeit auf die vorbei gleitende Landschaft zu lenken. Es war Ende Januar, ein eiskalter Winter, alles war eingeschneit, grau das Licht über der Schneelandschaft. Das gleichmäßige Rumpeln des Zuges hatte uns darauf eingestimmt, dass die Fahrt vielleicht länger dauern könnte, denn die Kleinbahn blieb in schneereichen Wintern wie diesem oft stecken. Dann hatten der Lokführer und die Schaffner Stunden damit zu tun, die Wagen freizuschaufeln. In den letzten Jahren waren Schneezäune aufgestellt worden und die Schneewehen stellenweise so hoch, dass sie die Sicht aus den Abteilfenstern verdeckten. Es war eine Schmalspurbahn von einem Meter Breite, mit zweiter und dritter Klasse. Die dritte besaß Holzbänke, aber wir reisten in der zweiten, wo die Sitze gepolstert waren. Direkt unter den Sitzen befanden sich die Öfen, die von außen mit Briketts geheizt wurden, sodass sich mein Hintern schön wärmte. In Schneidemühl blieben wir vor einem hölzernen Schild stehen, auf dem ein springender Hirsch mit einer goldenen Krone zwischen dem Geweih prangte. Hirsche gab es hier, aber ich hatte noch nie einen lebenden gesehen. Während des Aufenthalts kam der Zugführer mit einem Eimer voller Briketts, die er von außen in den Heizofen unseres Waggons nachlegte.

Endlich verteilte meine Mutter den Kartoffelsalat, aber Dagi ließ ihren erst einmal stehen, weil sie schon wieder auf die Toilette musste und meine Mutter mitging, um sie »abzuhalten«, was hieß, sie mit dem nackten Po über das Toilettenbecken zu halten. Als sie zurückkamen, hatte ich meinen Kartoffelsalat und das Würstchen schon verputzt und ein bisschen bei Dagi und meiner Mutter stibitzt. Ich fragte sie, ob sie keinen Hunger habe. Hatte sie aber. Leider. Ich bot ihr meinen Fensterplatz an, wenn sie mir die Hälfte abgebe, aber auch das wollte sie nicht. So schaute ich aus dem Fenster, wo bis zum Himmel alles weiß und grau war. Es gab nichts zu sehen, also wurde ich auch nicht von meinem Hunger abgelenkt, der immer bohrender wurde.

»Warte, bis wir da sind, da gibt's gleich was«, sagte meine Mutter. Doch das schien mir eine Ewigkeit. Ich hauchte die Scheibe an und malte einen Teufel ans Fenster. Wenig später bereute ich es, denn Tante Kläre hatte mir oft eingeschärft, man sollte niemals den Teufel an die Wand malen.

Es ist schön, schon in der Kindheit zu lernen, dass das Leben stets kleine Wunder bereithält, und diese Lektion wartete nun auf mich, denn Dagi stand plötzlich auf und gab mir ihren Blechteller mit der Hälfte des Kartoffelsalats und dem halben Würstchen.

Nachdem ich alles aufgegessen hatte, nahm ich sie in die Arme, streichelte sie und sagte, dass ich sie nie wieder ärgern würde.

Natürlich brach ich das Versprechen gleich, und vielleicht war das auch der Grund, dass der Teufel so eine große Teufelei auf Zernikow für uns bereithielt.

Es war eher eine Haltestelle als ein Bahnhof. Tante Ulla holte uns ab. »Das lässt sie sich nicht nehmen«, hatte meine Mutter gesagt. »Sie kutschiert einen Sechsspänner besser als jeder Mann.«

Meine Lieblingspferde waren schwarz, und ich war sofort sehr aufgeregt, als ich den Pferdeschlitten mit den zwei Rappen sah. Die Leine war festgezurrt und an der Querverstrebung verknotet, auf die Tante Ulla ihre Füße gestellt hatte. Als sie uns sah, sprang sie herunter und kam uns entgegen.

»Da seid ihr ja!« Sie umarmte meine Mutter. Dann beugte sie sich zu Dagi herunter, gab ihr aber keinen Kuss, sondern packte sie und hielt sie hoch in die Luft, wobei sie sie hin und her schüttelte. Dagi riss ihre grün-braunen Augen weit auf und schnappte nach Luft. Als sie wieder auf den Füßen stand, fing sie an zu weinen.

Tante Ulla gab mir die Hand und tätschelte meinen Kopf. »Du bist ja schon ein Mann, du weinst nicht«, sagte sie, ergriff die zwei großen Koffer, trug sie zur Kutsche und wuchtete sie hinten auf den Ständer, wo sie sie mit ein paar Griffen festschnallte. »Steigt schon mal ein, ich gebe den Pferden noch ein Zuckerli.«

Seit ich die zwei Rappen gesehen hatte, war ich wie elektrisiert und fragte sofort, ob ich das machen dürfe.

»Na, wenn du das kannst«, sagte Ulla, gab mir ein Zuckerstück, fasste das Pferd an der Trense und führte mit der anderen Hand meinen Arm.

Ich konnte das, ich wollte ihre Hilfe nicht, zumal sie nicht die gleiche Wertschätzung für mich hatte wie Pauls Mutter und wie ich es mir wünschte. Im Gegenteil: Ich war so wütend, dass ich den Zucker fallen ließ, als das Pferd mit den Zähnen zuschnappte.

»Macht nichts«, sagte sie mit vollem Unverständnis und nahm mir meine Lieblingsbeschäftigung ab.

»Der kann das gar nicht«, hörte ich Dagi aus der Kutsche krähen.

Die nun auch noch! Am liebsten wäre ich gleich wieder abgereist, aber ich riss mich zusammen und fragte, ob ich bei

Tante Ulla vorne sitzen dürfe. Sie erlaubte es. Sie nahm den meisten Platz ein, aber ich war so dünn, dass es für uns beide reichte.

Auf gerader Strecke ließ sie mich sogar die Leine halten, aber wenn sie sie mir wieder wegnahm, lachte sie jedes Mal. Sie hatte einen dunklen Fleck auf der Oberlippe, aus dem Haare wuchsen und, wie ihr Bruder Otto, dunkle, buschige Augenbrauen. Sie war keine Schönheit, sie wirkte eher wie ein Mann, und meine Mutter meinte, Christoph Grisard könne von Glück reden, so eine tüchtige Landwirtin zur Frau zu haben, denn sonst wäre sein Gut schon längst in die Binsen gegangen.

Onkel Christoph war ein hagerer Mann von fast sechzig, ein Bücherwurm und voller Liebe zu seiner Tochter Urte, aber auch zu allen anderen Kindern. Was Tante Ulla verbot, erlaubte er hinten herum und nahm dann den Tadel auf sich. Sicher freute er sich sehr auf die Hochzeit seiner Tochter in einer Woche, zumal Urte eine »gute Wahl getroffen hatte«, wie es in der ganzen Verwandtschaft hieß. Werner Marzuk hatte in Berlin Landwirtschaft studiert und diente im Moment als Oberleutnant bei einer Kavallerieeinheit. Nach dem Krieg würde er das Gut übernehmen und es modernisieren.

Als wir auf der Chaussee waren und der Wind uns eisig entgegen kam, zog sich Tante Ulla über ihr dichtes, dunkelbraunes Haar eine rote Strickmütze mit Ohrenklappen, die sie unter ihrem Kinn festband. »Ist dir kalt? Du hast ja eine ganz rote Nase.« Sie nahm eine Decke und legte sie mir über Beine und Schoß. »Drunter die Hände, dann erfrieren sie dir nicht!«

Das tat ich nicht, denn ich wartete darauf, dass sie mir die Leine zurückgab. Außerdem reichten mir meine Fäustlinge.

Während der Fahrt erzählte sie meiner Mutter, die mit Dagi hinten saß, was in der Zwischenzeit alles auf dem Gut passiert war und unterbrach ihren Bericht nur, wenn sie laut etwas zu den Pferden sagte, was sie mit dem Knall der langen Peitsche unterstrich oder indem sie mit ihr den Rist der Pferde kitzelte. Jedes Mal gab es einen Ruck, die Pferde zogen an und die

Glöckchen klingelten schneller. Sagte meine Mutter etwas, lehnte sie sich nach hinten und drehte den Kopf ein wenig. Als sie das wieder einmal tat und wir eine gerade Strecke mit festgefahrenem Schnee vor uns hatten, zog ich schnell meine Handschuhe aus und grabbelte mit meinen Händen in ihre dicken Fäustlinge, um ihr die Leine aus der Hand zu nehmen. Sie ließ es geschehen, um die Beschreibung der Hochzeitsvorbereitungen nicht zu unterbrechen.

Gegen Abend wurde es noch kälter, sodass mir Tränen über Wangen und Schläfen rannen. Als wir über die lange Allee auf das Herrenhaus zufuhren, krochen graue Winterschatten aus allen Hecken und Ecken, doch das Gutshaus trotzte der Winternacht mit zwei Laternen links und rechts der Freitreppe und vielen erleuchteten Fenstern im Hochparterre und im ersten Stock.

»Ihr habt ja große Festbeleuchtung«, sagte Mami bewundernd. »Ihr nehmt es mit der Verdunklung wohl nicht so genau?«

»Wenn die in Berlin es mit allem so genau nähmen wie wir, hätten wir gar keinen Krieg.«

Der Hausdiener und zwei Mädchen nahmen das Gepäck an, während ich auf dem Kutschbock blieb, auf dem jetzt der Stallmeister Platz nahm. Ich wollte ihm beim Ausspannen der Pferde helfen.

»Bleib nicht zu lange!«, rief Tante Ulla. »Das Essen wird schon aufgetragen.«

Abends gab es geräucherten Aal mit Pellkartoffeln. Anschließend eine klare Fischsuppe mit Sellerie. Als Hauptgericht wurde Karpfen serviert und zum Abschluss eine Zitronencremespeise.

Die Zitronencremespeise schmeckte Dagi am besten, das flüsterte sie mir zu. Mir aber schmeckte alles.

Wir schliefen im ersten Stock in der Gästesuite gleich an der Treppe. Die anderen Zimmer würden erst belegt werden, wenn die Hochzeitsgäste einträfen, sagte das Mädchen, das uns zeigen wollte, wo wir noch zusätzliche Decken fänden, falls es zur Nacht zu kalt würde.

Unser Kinderzimmer hatte zwei große Betten, die sich gegenüber standen, sodass ich Dagi beim Einschlafen beobachten konnte, wenn ich auf der Seite lag und geradeaus schaute. Ich musste aber das dicke Kissen erst niederboxen, um sie zu sehen.

Wir hatten vergessen, Zähne zu putzen, und unsere Mutter scheuchte uns wieder aus dem Bett ins Kalte. Im Bad gab es für Dagi extra eine Rutsche, auf die sie sich stellen konnte, damit sie an den Wasserhahn reichte. Ich brauchte das nicht, zog aber trotzdem die zweite Rutsche heran, um auf den marmornen Waschtisch zu klettern. Ich setzte mich an den Rand des Beckens, ließ warmes Wasser ein und wusch ganz gemütlich meine Füße. »Du musst dir auch deine Füße waschen«, sagte ich genauso streng wie mein Vater, aber Dagi antwortete frech: »Ich habe meine Füße schon gewaschen.«

Das war eine Lüge, denn wir hatten zusammen den Speisesaal verlassen. »Nein, das hast du nicht, du bist ja eben erst ins Bad gekommen und hast dir noch nicht einmal die Zähne geputzt!«

»Das habe ich wohl.«

Sie war verstockt, was mich so wütend machte, dass ich nach meiner Mutter rief. »Mami, Mami, komm mal her, Dagmar will sich nicht die Füße waschen!«

Als meine Mutter kam, trompetete Dagi los, sie brauche sich die Füße nicht zu waschen, die seien nicht schmutzig.

»Zeig mal.«

Sie stieg von der Rutsche herunter, setzte sich darauf und hielt beide Füße in die Luft. »Hier!«

»Ja, die sind sauber«, sagte meine Mutter ungerechterweise. »Hast du deine Zähne schon geputzt?«

»Das musst du machen.«

»Sie muss das lernen!«, sagte ich unerbittlich.

Aber Mami ließ sie es nicht lernen, sie putzte sie ihr. Durch den Spiegel blickte mir Dagi dabei so voller Spott in die Augen, dass ich mir vornahm, später, wenn das Licht aus sein würde, unheimliche Brummgeräusche zu machen.

Nachdem uns unsere Mutter Gute Nacht gesagt und das Licht gelöscht hatte, wartete ich, bis sich die Stille in Dagis Ohren ausgebreitet haben würde. In dieser großen, dunklen, unendlichen Stille einer Pommerschen Winternacht konnte schon ein unmerklich leises Scharren oder Röcheln Wellen der Angst auslösen. Ich lauschte erst einmal, bevor ich anfing.

Es war ganz leise in unserem Zimmer, doch aus dem Pferdestall kam ein Schnauben und gleich darauf wieherte eines der Pferde. Vielleicht war ein Marder eingedrungen oder einer der Wölfe, die bei großer Kälte bis in diese Gegend vordrangen. Auf Zehenspitzen schlich ich zum Fenster und stellte fest, dass im Pferdestall noch Licht brannte. War da alles in Ordnung? Es schneite, und die großen Schneeflocken, die durch den Lichtschein taumelten, machten mich nach einer Weile schwindlig. Auch wurde mir kalt, und ich schlüpfte schnell ins Bett unter die mollige Decke. Wie ein Feder-Iglu wölbte sie sich über mir. Brummen war mir nun zu anstrengend, und ich gab nach zweimal Gähnen auf.

Am nächsten Morgen war alles eingeschneit. Zu meiner Freude sagte meine Mutter uns beim Frühstück, dass wir eine Schlittenfahrt machen würden. Ich konnte es nicht erwarten, zog mir schnell alles an, was meine Mutter mir hinhielt und sauste über den Hof zum Pferdestall.

Ich wollte den Stallmeister fragen, welche Kutsche wir nehmen würden und welche Pferde. Das Gut hatte vierzig Pferde, da gab es eine gute Auswahl, aber der Stallmeister meinte, es würden wieder die zwei Rappen für das Herrengespann genommen werden. Gut, die zwei Rappen kannte ich bereits, die liebte ich schon, aber wo waren sie?

»Die sind schon draußen«, sagte er. »Kutscher Reese spannt sie schon ein.«

Ich sauste nach draußen auf die andere Seite hinter den Stall, aber ich kam zu spät, für mich blieb nichts mehr zu tun.

Kutscher Reese füllte noch die linke Laterne mit Karbid.

»Darf ich die Kutsche vorfahren?«

»Das kannst du nicht, du Käsehoch«, und schon war er oben.

In mir stieg sofort Wut auf, aber ich war machtlos. Vielleicht hätte ich sagen sollen, »Sie können es mir ja zeigen, dann kann ich es«, doch das hätte in seinem Ton eine freundliche Einladung vorausgesetzt, nicht nur barsche Abweisung. Er war nicht sachlich wie Otto Grohmann, er war grob und ruppig. Er hatte mich nicht einmal auf die Kutscherbank gelassen. Er brüllte »Hü!«, schwang die Peitsche, die Pferde schnauften, und ich hätte hinterher laufen müssen, wäre ich nicht schnell auf das Trittbrett gesprungen. Ich hängte mich so hinaus, dass ich die Hufe durch den Schnee stauben sah.

Vor der Freitreppe hielten wir. Noch war niemand da.

Reese kletterte vom Bock und ging die Freitreppe hinauf, die inzwischen gefegt worden war. Er verschwand im Haus und kam erst nach einer halben Stunde mit einem Picknickkorb und einem Eimer wieder. Kurz darauf erschienen Tante Ulla im dicken Pelzmantel mit einer Pelzmütze auf dem Kopf, meine Mutter in einem silbernen Pelzmantel, auch mit Pelzmütze, und Dagi in Skihose, dickem Strickmäntelchen und einer Pudelmütze, mit der sie aussah wie der Nikolaus. Inzwischen hatte ich mich mit den Pferden unterhalten, hatte sie mit Schnee gefüttert und war auf den Bock gestiegen, um zu probieren, ob ich sie lenken könnte. Reese hievte den Picknickkorb hoch und rammte ihn mir dabei gegen die Beine. Ich schaute wild zu ihm herunter, aber er nahm das nicht wahr, weil er sich bückte, um den Eimer, in dem zwei Champagner-Flaschen standen, mit Schnee zu füllen. Danach hob er Dagi in die Kutsche, und strampelnd verschwand sie zwischen den beiden Pelzmänteln. Er zog die Plane an, die die Fahrgäste bis zur Hüfte schützen sollte und hakte sie auf seiner Seite am Schlitten fest. Sofort erklang das wilde Brüllen von Dagi, die ganz unter der Plane verschwunden war. Meine Mutter befreite sie, aber sie musste auf der

Sitzbank stehen, wenn sie über die Plane hinwegschauen wollte.

Reese zog die Mütze. »Abfahrbereit, die Gnädigsten?«

»Ma los, Reese!«, donnerte Tante Ulla.

Mit einem Sprung war er bei mir oben, löste die Bremse, entriss mir die Zügel und knallte die Peitsche. Die Kutsche ruckte so heftig an, dass Dagi nach hinten kippte und wieder unter der Plane verschwand, unter der ihr Brüllen gedämpft hervordrang.

»Gib ihr einen Wodka, dann hört sie auf zu brüllen«, dröhnte Tante Ullas Stimme.

Ich schaute mich um und sah, wie sie eine kleine Flasche hochhielt, die sie aufschraubte, ohne ihre dicken Handschuhe auszuziehen. Da meine Mutter nicht darauf reagierte und Dagi keinen Wodka gemocht hätte, nahm sie selbst einen ordentlichen Schluck und schraubte die Flasche wieder zu. Dann stimmte sie ein Lied über den Winter an, meine Mutter fiel mit ein, die Glöckchen der Pferde bimmelten dazu, und so glitten wir durch die weiße Landschaft.

Ich dachte die ganze Zeit darüber nach, wie ich es schaffen könnte, dass sie mich auf einem der Pferde reiten ließen, aber das hätte ich erst einmal mit dem Kutscher klären müssen, und der ging auf keinen meiner Versuche ein, mit ihm eine Unterhaltung anzufangen. Schließlich begnügte ich mich damit, mir vorzustellen, dass er tot wäre und die Frauen in der Kutsche krank und es ganz von mir abhinge, ob wir heil nach Hause kämen. Auf diese Weise lenkte ich in meiner Fantasie die Kutsche.

Kurz vor dem Wald schaute ich mich noch einmal um. Endlos weiß lag die Landschaft da. Bis auf die bewaldete Ostflanke war das Gut von flachen Feldern umgeben. Im Weiß des Himmels und der Landschaft kreiste ein Schwarm Krähen, die sich auf einem der Felder niederließen. Die Frauen hatten aufgehört zu singen, und es war vollkommen still bis auf das Klingen der Glöckchen, Reeses Schnalzen, das Knallen der Peitsche, sein beruhigendes Zureden und Brrr, als wir einen kleinen

Grabenbruch hinunter rutschten. Wieder auf sicherem Weg ging's in den Wald und unter den Zweigen der Tannen hindurch, von denen es pulvrig auf uns herab rieselte.

Schließlich hielten wir vor einem Jagdhaus. Aus dem Schornstein stieg eine kerzengerade Rauchsäule ins Schneegrau des Himmels auf, und ich stellte mir vor, das Fachwerkhaus hinge an der Rauchsäule vom Himmel herab.

Vor dem Haus stand ein Schlitten mit einem kleinen, zotteligen Pferd, das ausgespannt war. Die beiden Küchenmädchen waren vorgefahren, um zu heizen. Reese schleppte den Eimer und den Picknickkorb ins Haus, wobei er beinah ausrutschte. Er achtete aber nicht auf sich, sondern hielt krampfhaft den Eimer mit dem Champagner und den Picknickkorb hoch. Tante Ulla hakte meine Mutter ein, lachte über Reeses Hampelei und rief: »Gut, dass er nicht über Wasser gehen muss!«

Reese grinste, als er sein Gleichgewicht wieder gefunden hatte, und ließ uns vorgehen.

Im Haus war es warm und gemütlich. Wir zogen die Mäntel aus, und ich ließ mir von Tante Ulla die Geweihe an den Wänden erklären. Es waren auch Elche von Jagdeinladungen nach Ostpreußen dabei, und sie zeigte, welches Tier sie selbst erlegt hatte. Sie skizzierte die Umstände so knapp und sachlich, dass mir keine Zeit für Gefühle blieb. Vielleicht war Jagen schön, vielleicht aber hätte ich es auch herzlos gefunden, weil mir die Tiere so wehrlos erschienen wären. Wahrscheinlich das Letztere.

Es war ein Picknick mit allen Köstlichkeiten, und da Tante Ulla mich zusätzlich noch anfeuerte, von allem zu nehmen, hatte ich anschließend Bauchschmerzen.

Als wir aufbrachen, schlich sich die Dämmerung schon durch die Tannen, und Reese steckte die Laternen an der Kutsche an. Ich kletterte zu ihm auf den Bock, aber er ließ mir wieder nicht die Leine, obwohl es nicht viel zu tun gab, weil die Pferde von alleine ihren Weg zurück fanden. Auf der Fahrt durch den Wald sprach niemand, denn Tante Ulla war eingeschlafen. Trotz der hohen Bäume machte der Schnee alles hell, aber als wir ins Freie kamen, sah ich, dass es der Vollmond war, der den Schnee glitzern ließ.

Abends kam Urte und setzte sich zu uns ans Bett. Sie war sehr fröhlich und freute sich, dass wir zu ihrer Hochzeit gekommen waren. Sie wollte uns vorbereiten, wie alles ablaufen würde. Werner, ihr Bräutigam, war noch nicht da, man erwartete ihn erst am Freitag zur Trauung, und sie wusste schon jetzt, dass er nur zwei Tage Fronturlaub haben würde. Am Sonntag müsste er schon wieder weg.

»Das ist schade«, sagte Dagi.

Urte lachte über das ganze Gesicht. »Schade, Schokolade, der Krieg ist bald zu Ende, und dann muss er gar nicht mehr weg.« Sie hatte dunkles Haar wie ihre Mutter, das zu einem dicken Zopf geflochten war. Sie nahm ihn nach vorne, öffnete die rote Schleife, flocht das Ende noch einmal nach und band die Schleife wieder um. Auch ihre Brauen waren kräftig und dunkel, ihre Augen aber so blau und strahlend, dass ich sie schon allein deswegen ins Herz schloss. »Wenn einer von unseren Landarbeitern heiratet, dann wird ein Schwein geschlachtet, ein paar Hühner, manchmal auch ein Hammel. Aus dem Dorfbackofen kommen dann der Kuchen, die Brote und etliche Pfannen mit Fleisch. Das sind die Vorbereitungen, die schon vor dem Polterabend beginnen. Der Polterabend ist fast immer am Donnerstag, und die Jugend aus der ganzen Gegend kommt. Die Glückwünsche bringen sie mit dem Porzellan, das vor dem Haus des Brautpaares zerschlagen wird. Scherben bedeuten nämlich Glück. Wer eines hat, bringt sein Instrument mit. Vor allem die Teufelsgeige darf nicht fehlen, denn nach dem Poltern wird aufgespielt und im Freien getanzt. Deshalb sind diese Hochzeiten meistens im Sommer. Für das Brautpaar ist der Polterabend der Abschied von der Jugendzeit. Am Freitag ist die Hochzeit, die Musikanten spielen wieder auf, und jeder Gast wird mit einem Ständchen begrüßt und bekommt ein ordentliches Frühstück mit Bier und Schnaps. Dann geht es mit dem Kutschgespann ins Städtchen zum Standesamt, und die Gäste folgen auf den Leiterwagen, die mit Girlanden und Schleifen festlich geschmückt sind. Nach der standesamtlichen Trauung dann in die Kirche. Die Brautkutsche fährt unser Kutscher Reese, der Uniform, weißes Hemd, Krawatte und Schirmmütze trägt. Die Braut ist weiß gekleidet mit weißem Häubchen und Schleier, der Bräutigam mit Zylinder, Gehrock, weißem Hemd und weißer Fliege, weißem Einstecktuch, weißen Handschuhen. Auch die Trauzeugen tragen Zylinder, weiße Hemden und einen schwarzen Gehrock, die Brautjungfern kurze, weiße Kleider mit weißen Schleifen in den Zöpfen, und die erwachsenen Damen gehen in weißen, langen Kleidern mit kurzen Ärmeln. Wenn sie aus der Kirche zurück sind, kommt das große Mittagsmahl, das bis abends geht und dann wird in der Scheune die halbe Nacht getanzt.« Urte lachte, und ich sah, dass sie Grübchen hatte. »Da will dann jeder mit der Braut und dem Bräutigam tanzen.«

»Und wie ist es bei dir?«

»Bei mir ist es so ähnlich, nur machen wir keinen Polterabend, wo Geschirr zerschmissen wird. Stattdessen geben wir ein großes Essen für alle, die hier auf dem Gut arbeiten und leben. Eine sehr lange Tafel im Speisesaal wird aufgestellt und für alle gedeckt. Es gibt auch Musik, aber keinen Tanz, weil der Gauleiter ein Tanzverbot ausgesprochen hat, obgleich eigentlich an drei Tagen in der Woche getanzt werden darf. Aber das ist mir ganz recht, ich tanze sowieso nicht gerne. Die eigentliche Hochzeit mit der Familie und den Freunden feiern wir am Freitag und Sonnabend. Ihre Grübchen verschwanden, und sie sah ein bisschen traurig aus, als sie sagte: »Hoffentlich kommen auch alle.«

15. KAPITEL

Ich kannte die angekündigte Speisekarte, und für mich bedeutete das Abendmahl die Segnung mit Schokopudding und Vanillesoße. Darauf gierte ich hin, denn Kakao gab es schon seit dem letzten oder vorletzten Jahr nicht mehr.

Meine Mutter hatte für mich extra meinen schwarzen Anzug, schwarze Halbschuhe, ein weißes Hemd und von meinem Vater eine Fliege mitgenommen, die von einem Gummiband gehalten wurde. Für Dagi hatte sie ein weißes Kleid im Koffer und schwarze Lackschuhe. In ihre Zöpfe band sie weiße Schleifen.

Als wir in den Speisesaal kamen, war ich erstaunt über die lange Tafel. Noch nie zuvor hatte ich so viele Menschen an einem Tisch gesehen. Wie sollte da der Schokopudding reichen? Meine Mutter, Dagi und ich nahmen am unteren Ende der Tafel Platz, also nahe der Tür, durch die wir eingetreten waren. Das hatte vorher Tante Ulla alles arrangiert, denn vor jedem Teller stand ein Namensschild. Nicht alle Männer trugen Schwarz, nicht alle Frauen und Mädchen Weiß, aber die meisten hatten versucht, dieser Kleiderregel zu folgen. Ich war den ganzen Tag rodeln gewesen, hatte einen Riesenhunger und konnte kaum erwarten, dass mit dem Essen begonnen wurde. Seltsamerweise kann ich mich nicht mehr erinnern, was es zu essen gab. Vollkommen verschwunden auch, was Tante Ulla oder Onkel Christoph in ihren Reden sagten. Das Dessert, Schokoladenpudding mit Vanillesoße, behielt ich in Erinnerung, weil es mich schon vorher so intensiv beschäftigt hatte. Ich war vollkommen von der Befürchtung beherrscht, mit der einen Portion, die jedem zustand, meine Gier nicht stillen zu können. Deswegen war es meine Taktik, schon möglichst viel von allem zu essen, was vor dem Schokoladenpudding serviert wurde. Ich hatte mir vorgenommen, nicht nur satt zu werden, sondern übersatt, sodass schließlich beim Schokoladenpudding nicht einmal ein Hauch von Hunger übrig sein würde und meine ganze Aufmerksamkeit nicht dem Stillen des Hungers, sondern dem Genießen gälte und ich die Speise sowie auch die Vanillesoße in einem sehr, sehr langsamen Tempo verzehren würde, ein Tempo, bei dem die Zunge für Sekunden still stünde und die Lamellen wie pumpende Maikäfer auf der Stelle stehend, alles einsaugen würden, was um sie herum wäre. Auf diese Weise würden sie sich voll tanken mit jedem delikaten Geschmacksmolekül, sodass sich das Einnehmen des Nachtisches auf jeden Fall über eine Viertelstunde oder mehr ausdehnen ließe. Ja, darum ging es mir bei Urte Grisards Polterabendmahl – den Himmel für eine Viertelstunde auf meiner Zunge zu haben. Jetzt fällt es mir auch wieder ein: Der zweite Hauptgang nach den Hechtröllchen waren Hirschmedaillons mit Preiselbeeren. Ich befürchtete nämlich, dass der süße Geschmack der Beeren die etwas bittere Süße der Schokoladenspeise eintrüben könnte, aber dann wurde mir klar, dass der vollkommen entspannte Genuss auch die vorher erreichte Befriedigung der Zuckergier voraussetzte. Dennoch akzentuierte ich den Abschluss des Hauptgerichtes mit einer Prise Salz. Als ich diesen Punkt erreicht hatte, musste ich mich noch ein wenig gedulden, bevor die Schüsseln mit dem Schokoladenpudding zu kreisen begannen. Trotz all dieser Vorbereitungen spürte ich meine Ungeduld, wenn jemand sich zu langsam auftat oder überhaupt innehielt, um mit seinem Nachbarn irgendwelche Belanglosigkeiten auszutauschen, bevor er den silbernen Schöpflöffel zurücklegte und die Schüssel an die nächste Person weiterreichte.

Zwei waren noch vor mir dran, als das Unglaubliche passierte. Jemand riss hinter mir die Tür auf und brüllte: »Die Russen kommen!«

Als wäre der Teufel in die Gäste gefahren, sprangen sie auf, stürzten zur Tür, rissen das Tischtuch mit, Karaffen und Gläser stürzten um, Schüssel und Teller zerschellten an der Erde, ein

Topf Vanillesoße goss sich vor mir aus. Als meine Mutter mich packte, starrte ich noch ungläubig auf den Schokoladenpudding, aber sie zerrte an mir, mir ins Ohr schreiend: »Wir müssen hier weg!« Offenbar wusste sie genau, was zu tun war, denn sie schleppte Dagi und mich je an einer Hand hinter sich her, hinauf in den ersten Stock, hatte sofort die nötigsten Sachen aufs Bett geworfen und feuerte uns an, alles anzuziehen, was dort lag. Nachdem das geschehen war, was ihr viel zu langsam ging, trieb sie uns die Treppe hinunter auf den Hof, die Gutsallee entlang bis zum Hühnerstall. Dort mussten wir hinein, die Hühner flatterten auf, kreischten und gackerten, konnten aber nicht hinaus und mussten sich wieder beruhigen, nachdem wir uns ein Strohlager unter den Sitzstangen zusammen geschoben hatten, auf denen sie über uns hockten und vor Aufregung auf uns herunter kackten.

»Dies ist unser Versteck, hier bleiben wir liegen«, flüsterte meine Mutter. »Wenn einer in den Hühnerstall kommt – kein Mucks! Ganz still liegen!«

Ich fühlte mich nicht nur dick und kugelrund, nachdem ich so viel gegessen hatte, sondern auch schläfrig. Obwohl in dem großen Stall nicht geheizt wurde, erzeugten die etwa dreihundert Hühner eine Wärme, die uns ausreichte, zumal wir uns in letzter Minute noch alles übereinander angezogen hatten. Ich schlief ein und träumte, dass ich vor irgendetwas weglief, aber nicht von der Stelle kam.

Als meine Mutter mich weckte, war es immer noch dunkel und Nacht. Sie flüsterte mir zu, wir müssten jetzt aufstehen und ganz leise den Stall verlassen.

Obwohl wir in einer lebensbedrohlichen Situation steckten, fühlte ich mich bleimüde, als ich mich aufrappelte und ihr auf Zehenspitzen zur Tür folgte. Die Hühner waren auch aufgewacht, gackerten und flatterten, als wäre ein Marder eingedrungen. Es war so laut, dass jeder auf dem Gut uns eigentlich hätte hören müssen.

Der Himmel war stockfinster, als wir herauskamen, aber eine Scheune brannte, was genügend Licht spendete, dass ich die

Silhouette meiner Mutter mit Dagi auf dem Arm sehen konnte. Erst jetzt wurde mir der Lärm eines aufheulenden Motors bewusst, das Brüllen von Befehlen, die Schreie von Frauen und das wiederholte Rattern von Maschinenpistolen. Meine Mutter deutete mit der freien Hand hinter die Ställe, wo es einen riesigen Johannisbeergarten gab. Er reichte bis an eine Fohlenweide, hinter der die Kornfelder begannen. Ich wusste sofort Bescheid, obgleich ich Zernikow nicht so gut kannte wie Drewitz. In dem Johannisbeergarten war ich gewesen, um beim Pflücken zu helfen. Johannisbeeren mit Milch und Zucker war eines meiner Lieblingsgerichte an heißen Sommerabenden.

Um zu einer schmalen Gasse zu gelangen, die zwischen zwei Ställen hindurch führte, mussten wir einen kleinen Platz überqueren, auf den die flackernden Schatten der brennenden Scheune fielen. Meine Mutter wartete einen Moment, dann stieß sie mich an und wir rannten gebückt los. Mitten auf dem Platz stolperte ich über etwas und fiel hin. Beim Aufstehen fasste ich auf ein Gesicht und ein greller Schrecken flog durch all meine Nervenbahnen, weil ich meinte, wir wären nun entdeckt. Dann begriff ich, dass die zwei Menschen vor mir tot waren und ich über den ersten gefallen war und dem zweiten beim Abstützen ins Gesicht gefasst hatte. Panisch sprang ich auf, es knallten Schüsse und irgendwo grölte eine Stimme ein fremdländisches Lied.

Ich erreichte meine Mutter im Schatten der Gasse, wo sie mit Dagi auf mich wartete. Wie ein Geist folgte ich ihren Anweisungen, schlich hinter ihr durch die Dunkelheit an den Ställen vorbei und blieb stehen, als wir das Gut verlassen hatten. Meine Mutter setzte auf einem Schneefeld Dagi ab. Offenbar war dies ein Treffpunkt, denn nach einer Weile kamen noch sieben Männer und drei Frauen. Einer der Männer mit einer Skimütze, dem ich auch gleich diesen Namen verpasste, kannte sich am besten aus und übernahm die Führung. Er zischte all seine Anweisungen, und mir war sofort klar, dass er alles, was er sagte, eigentlich zu meiner Mutter sagte, so zum Beispiel, alle sollten ihm folgen und sich sofort in den Schnee werfen, wenn er dafür ein Zeichen gäbe. Jemand zündete sich eine Zigarette an, und Skimütze fauchte los, was ihm einfalle. Das Streichholz erlosch, und die Glut der Zigarette verschwand, aber der Mann rauchte weiter, hielt nur die Hand davor. Wahrscheinlich rauchte er vor Angst. Skimütze äußerte sich nicht weiter dazu, weil eine große Wolke am Himmel den Mond freigab und genügend Licht plötzlich unsere Gruppe als schwarze Schatten auf dem weißen Schneefeld erkennbar machte. Unser Führer befahl uns, in die Hocke zu gehen, was jeder auch tat, nur Dagi und ich nicht. Wir beide hatten die Aufforderung nicht verstanden. Es machte eigentlich auch nichts, weil wir stehend nicht viel größer waren als die Männer in der Hocke, aber trotzdem raunzte Skimütze mich an, und ich spürte, dass er vor Wut kochte.

Mit gepresster Stimme zählte er mehrere Regeln auf und bei jeder einzelnen betonte er eindringlich, dass sie auch für mich gälte. Im Grunde besagten sie alle das Gleiche, nämlich dass wir uns unauffällig bewegen sollten, aber ich äußerte mich nicht, weil ich mich wegen des verpassten Schokoladenpuddings, des toten Gesichtes und der hockenden Erwachsenen um mich herum zu unwohl fühlte. Da uns Skimütze aus der Gefahr herausführen sollte, war mir klar, dass es besser wäre, wenn ich seine Zuneigung hätte. Aber wie sollte ich sie gewinnen? Er war etwa so alt wie mein Vater und hätte eigentlich an der Front sein müssen. Ich hatte instinktiv schon beschlossen, ihm immer zuzustimmen und nach jeder Regel, die er aufstellte, sagte ich deutlich »Ja«, nickte mit dem Kopf und setzte dabei einen Ausdruck der Bewunderung auf, als wäre das, was er gerade ausführte, der einzig geniale Schachzug, um den Krieg zu gewinnen. Daraus hätte er eigentlich den Schluss ziehen müssen, dass ich ein freundliches Kind guten Willens war, bereit, jede Bewegung auszuführen, die er wünschte. Aber er erkannte das nicht an, sondern machte nur eine wütende Bewegung in die Richtung, in die die Gruppe marschieren sollte. Ich war ihm eben im Wege, denn er wollte immer neben meiner Mutter herlaufen.

Nicht nur das Mondlicht war eisig kalt, auch die Luft, die mir in die Zunge schnitt, wenn ich den Mund zu lange aufmachte. Skimütze ordnete an, dass wir gebückt gehen sollten, solange der Mond nicht verdeckt war. Was auch für mich gälte. Ich hatte damit keine Probleme, anders als die Leute mit den Koffern, die sie schnaufend alle paar Schritte absetzen mussten. Allein Dagi ging aufrecht. Meine Mutter hatte sie anfangs an die Hand nehmen wollen, aber sie machte ein Riesentheater und wollte unbedingt alleine gehen. Keiner verstand das, meine Mutter bestimmt auch nicht, aber wegen des dauernden »Psst« der anderen musste sie nachgeben. Leise zischte sie: »Dann bleib wenigstens immer neben mir!« Auch das tat Dagi nicht. Sie fiel zwar nicht zurück, aber marschierte abseits und für sich alleine. Wahrscheinlich hatte sie einen Schock bekommen, meinte meine Mutter später, aber ich nahm an, sie wollte einfach nicht in der Nähe von Skimütze sein.

Mich kümmerte das nicht, ich lauschte nur auf das ferne Rollen der Panzer, weil das für mich neu war. Ich hatte noch nie einen Panzer gesehen, außer im Kriegsbuch meines Vaters, und noch nie dieses Geräusch mahlender Stahlketten gehört.

Der russische Vorstoß kroch wie eine schwarze Raupe vor der brennenden Kulisse am Horizont entlang. Ich konnte nicht die Dörfer oder einzelne Häuser sehen, aber alle brannten. Vor dieser Glut bewegte sich die grollende Schlange der Panzer und dazwischen – wie bei der Flucht aus Stettin – Lastwagen voller Soldaten und leichte Flak.

Auch wir trotteten unablässig voran, aufgehalten nur von den sich wiederholenden Befehlen unseres Führers, wenn er »Runter!« zischte und wir uns alle – er neben Mami! – in den Schnee warfen. Jedes Mal bumsten die Koffer auf den gefrorenen Acker. Jedes Mal erschrak ich, denn ich war mir nicht sicher, ob dieses Geräusch nicht über das eisige Feld wanderte und unsere Feinde alarmierte.

Allmählich kamen wir der Chaussee näher, ich konnte Planwagen erkennen und ganz verschiedene Militärfahrzeuge, dazwischen auch Pferdeschlitten und Soldaten, die hinter den Panzern hergingen. Das Rasseln der russischen Kettenfahrzeuge war wegen des Windes sehr laut, geradezu beängstigend. Das Zählen der vielen Fahrzeuge war zwecklos. Scheinwerfer tasteten in den Himmel. Schnee fiel.

Ich hatte nicht verstanden, warum Skimütze uns in Richtung auf den russischen Vorstoß führte, der unaufhaltsam auf der Chaussee gen Westen rollte. Wegen des Schweigegebots konnte ich nicht fragen, und so vertraute ich darauf, dass meine Mutter von ihm informiert worden war, warum das so richtig war. Als wir aber der Militärkolonne so nah kamen, dass der Lärm meine Worte fast übertönte, fragte ich sie doch.

»Das sind keine Russen«, war ihre Antwort, »das sind deutsche Truppen auf dem Rückzug, und wir müssen jetzt sehen, dass wir auf einen der Lastwagen kommen, denn Dagi wird keinen langen Marsch mehr aushalten. Und sie tragen, das kann ich nicht, dazu ist sie zu schwer.«

Wenig später gelang es ihr, Dagi auf einen Lastwagen zu reichen, aber für meine Mutter und mich war kein Platz, wir mussten nebenher laufen. Bei dieser Aktion verloren wir die anderen unserer Gruppe. Auch Skimütze war nicht mehr zu sehen. Das freute mich. Alleine waren unsere Chancen besser, denn ohne viel Gepäck kamen wir besser voran. Ich fragte meine Mutter, wie weit es noch nach Hause sei.

»Das schaffen wir nicht zu Fuß.« Sie sagte das auch den Soldaten auf dem Lastwagen. »Ich schaffe das nicht mit den Kindern«, meinte sie zu jenen, mit denen sie sich während der Fahrt unterhielt.

Ich vermutete, sie hoffte darauf, dass ein oder zwei von ihnen absteigen würden, um für sie und mich Platz zu machen, aber das taten sie nicht, sondern vertrösteten sie damit, dass bald ein Güterbahnhof komme, der an einer Strecke liege, wo Züge noch verkehrten.

Ich hatte meinen Blick nach unten gerichtet und trabte gleichmäßig voran, wobei ich vor mich hin brummte, um nicht so schnell aufzugeben. Das ging auch sehr gut, ich schlief fast dabei ein, ohne langsamer zu werden. Irgendwann rief meine Mutter meinen Namen, und weil ich nicht hörte, rief sie sehr laut noch einmal. Ich blieb stehen und schaute um mich. Wir waren in einer Ortschaft, sie hatte Dagi auf dem Arm und an uns vorbei zog die Karawane.

»Komm«, sagte sie, »hier geht es zum Güterbahnhof.«

Sie bog in eine Seitenstraße ein, ich folgte ihr langsam, weil meine Beine inzwischen bleischwer waren. Am liebsten hätte ich mich in den Schnee gelegt, um zu schlafen, aber sie trieb mich an und meinte, es sei nicht mehr weit, dann hätten wir einen Zug und ich könnte schlafen.

Als wir an der Bahnstrecke ankamen, stand dort tatsächlich ein Güterzug, dessen Schiebetüren weit geöffnet waren. Er war schon voll, der Einstieg sehr hoch, und ich dachte, die Leute würden uns nicht mehr helfen, auf das Trittbrett zu kommen.

Ohne Zögern hielt meine Mutter Dagi einem Soldaten hin, der in der Mitte des Eingangs saß. Er nahm sie an und stellte sie hinter sich. Dann half er meiner Mutter und zum Schluss mir. Meine Mutter schob uns weiter hinein in den Wagen und verhandelte mit zwei Frauen, die dann erlaubten, dass Dagi und ich uns auf ihre Koffer setzten. Meine Mutter unterhielt sich mit ihnen, und sie erzählten, dass sie sich aus einem anderen Zug gerettet hatten, der unter Beschuss geraten war.

Unser Zug fuhr nicht. Ich hörte in der Ferne eine Knallerei und jemand sagte, das sei Gefechtslärm. Meine Mutter fragte die Frauen, was sie davon hielten, und sie sprachen eine Weile über verschiedene Orte, die bereits von Russen angegriffen worden waren. Ich hatte den Eindruck, dass der Angriff auf den Zug der beiden Frauen sehr viel weiter östlich gewesen sein müsste.

Plötzlich knallten die Schiebetüren zu und es wurde dunkel. Meine Mutter protestierte laut dagegen, dass die Türen von außen verriegelt wurden, aber da ruckte der Zug schon an. Für eine Weile war es still, dann sagte eine der beiden Frauen: »Heute ist der Gedenktag.«

»Woran willst du denken?«, fragte die andere.

»Heute ist der 30. Januar.«

»Heute ist Dienstag, mehr nicht«, sagte meine Mutter. »Aber Sie haben Recht, eigentlich müssten wir heute auf dem Naugarder Marktplatz zu einer Feier antreten.«

»Große Jubelfeier. Was wollen wir bejubeln? Den Einmarsch der Russen?«

»Ich frag mich bloß«, sagte die Erste, »ob sie in Berlin heute feiern. Möglich ist ja alles.«

Irgendjemand, der durch einen Spalt hinaussehen konnte, rief aufgeregt in den Wagen, dass wir uns auf der falschen Strecke befänden. Sie führe nach Süden und würde uns direkt vor die Rohre der russischen Kanonen bringen.

Während vorher alle stumm und steif dagestanden hatten, redeten sie jetzt plötzlich erschreckt durcheinander.

Jemand erklärte, die deutsche Heeresleitung habe sich schwer verrechnet, der Ostwall sei vollkommen sinnlos, weil die Russen im Süden vorstießen und die deutsche Front nach Norden hin aufrollten.

»Die Russen haben Schneidemühl mit ihrer Panzerspitze schon südlich umfasst, die haben's auf die Ostbahn abgesehen. Wenn die Strecke unterbrochen ist, gibt's kein Entkommen mehr nach Westen!«, rief ein anderer.

Der Zug fuhr noch eine Weile, während das Gedonnere in der Ferne immer lauter wurde und die Stimmen in unserem Waggon immer klagender.

Dagi weinte. Ich nahm sie in den Arm und streichelte sie. Sie ließ es sich gefallen, offenbar beruhigte es sie, doch als das Blaffen der Kanonen lauter wurde und wir mit einem Ruck von den Koffern kippten, begann sie ganz erbärmlich zu zittern und zu weinen. Eine Stimme brüllte »Hinlegen!«, aber wir lagen schon. Es roch nach verbranntem Holz. Der Zug fuhr nicht mehr, und eine Frau schrie hysterisch: »Wir sind getroffen!«

Alle wollten jetzt raus aus dem Waggon, schoben und drängten zu den Türen, die sich jedoch von innen nicht öffnen ließen. Unter dem Dach gab es ein paar Luken, die aufgeschoben werden konnten und groß genug für einen Mann waren, um sich hindurchzuzwängen. Allerdings musste ihm da hinauf geholfen werden, und er musste damit einverstanden sein, dass er auf der anderen Seite hinunter fallen und sich verletzen könnte. Manche scheuten sich vor diesem Risiko, aber meine Mutter war entschlossen, die Chance zu nutzen. Der Kanonendonner war Nerven zermürbend, und sie fürchtete mehr als alles andere einen Treffer, der unser Leben auslöschen würde.

Sie hatte es geschafft, uns bis unter die Luken zu schieben. Sie brüllte einen Soldaten an, er möge ihr helfen. Beide nahmen Dagi, steckten sie mit dem Kopf zuerst durch die Luke und gaben ihr einen Schubs. Dagi, das entging meiner scharfen Beobachtung nicht, war dabei nicht kooperativ, sondern schrie und strampelte herum.

Der Nächste war ich. Ich war sehr kooperativ, machte mich ganz schlank, hielt die Arme hoch, und als ich in der Luke hing, streckte ich sie nach vorne, als würde ich einen Kopfsprung ins Wasser machen. Unter mir im Schnee krochen schon meine Vorgänger und Dagi herum. Ich merkte, wie jemand meine Beine packte und drückte, ich zog die Arme noch einmal ein und warf sie weit vor, so dass ich das Gleichgewicht verlor und stürzte. Ich war schon im Flug, als sich der Saum meines Mantels an einem rostigen Nagel verfing, es einen heftigen Ruck gab und ich gegen die Wand des Waggons bumste. Meine Mutter hatte uns in Zernikow alles angezogen, was noch passte, sodass wir ziemlich dick eingewickelt waren. Das linderte meinen Aufprall gegen die Waggonwand. Ich hing in der Luft, und meine Mutter schaute aus der Luke, weil sie die Nächste war. Sie bemerkte das Malheur, rief sehr laut »Zurück!« und verschwand wieder im Waggon. Jemand machte mit einem Messer einen Schnitt in meinen Mantel, und ich fiel in den Schnee.

Meine Vorgänger waren inzwischen auf den Beinen und hatten Dagi beiseite genommen.

Es waren zwei Frauen und drei Männer, die vor mir im Freien gewesen waren. Durch sie war der Schnee schon etwas festgeklopft, aber noch weich genug, sodass ich mir nicht wehgetan hatte. Ich schaute sofort hoch und sah, wie der Pelzmantel meiner Mutter durch die Luke geschoben wurde, dann folgte sie, und ich war beruhigt, als sie unversehrt neben mir stand.

Beunruhigend hingegen war, dass der Geschützlärm vom Tackern einer Nähmaschine überlagert wurde, so wie ich es schon einmal in Stettin gehört hatte. Daher dachte ich im ersten Moment, auf den Zug würde ein Stuka heruntersausen. Es war aber nichts zu sehen, und auch das heulende Geräusch fehlte.

»MG-Beschuss«, sagte der Soldat neben mir und lag auch schon flach. Auch die anderen hatten sich hingeworfen und die brüllende Dagi mit in den Schnee gedrückt. Meine Mutter kam flach auf ihrem Pelzmantel angerobbt und fragte mich, ob alles in Ordnung sei.

Ich konnte sie verstehen, weil die Nähmaschine verstummt war und antwortete knapp, wie die Männer im Krieg es auch taten: »Alles in Ordnung!« Stolz erfüllte mich. Plötzlich Stille um uns her. Die Nähmaschine und die Geschütze hatten aufgehört, der Soldat brüllte: »Jetzt! Wir müssen das Gehöft erreichen!«, packte Dagi und schleppte sie mit sich. Wir anderen rannten hinter ihm her.

Als wir weit genug von dem Zug entfernt waren, blieb er stehen und schaute sich um. Wir waren außer Atem und brauchten eine Pause. Auf der weißen Schneedecke zwischen uns und der Bahnstrecke waren gleichmäßig schwarze Tupfer verteilt, kleine Käfer, die alle in eine Richtung krochen – weg von den Gleisen.

»Die meisten sind noch im Zug, so schnell kommen die nicht raus«, sagte der Soldat.

Er hatte Recht, es fielen zwar Leute aus dem Zug, aber die meisten kamen nicht heraus.

»Jetzt fehlt uns nur noch 'n Tiefflieger«, sagte der Soldat.

»Um Gottes willen!« Zum ersten Mal sah ich meine Mutter erschrocken.

»Das ist doch eine ihrer Hauptsportarten. Die Züge anfliegen und unter Feuer nehmen«, sagte der Soldat.

Inzwischen hatte der Geschützlärm wieder eingesetzt, auch die Nähmaschine. Der Soldat nahm Dagis Arm und rief: »Los weiter!«

Ich reagierte nicht gleich, weil kurz hintereinander zwei Waggons in die Luft flogen. Sie spritzten nach allen Seiten auseinander, und in den kurzen Detonationspausen hörten wir das Geschrei der Verletzten. Meine Mutter riss so kräftig an meinem Mantelkragen, dass ich hinfiel.

»Was ist mit dir?!«, kreischte sie. Es brachte mich so schnell auf die Beine, dass ich im Nu den Soldaten mit Dagi überholte.

Es war ein anstrengender Weg, und ich war der Meinung, wir arbeiteten uns eine riesige Schneewehe hinauf, aber als wir oben waren, standen wir auf dem Kamm einer sanften Anhöhe. Das Gehöft lag auf der Scheide, und wir schauten zur anderen Seite in ein weites, flaches Tal.

»Wo wollen Sie hin?«, fragte der Bauer, der vor seiner Haustür stand. Er blickte rechts ins Tal, in dem die gleichmäßig verteilten fünf Bauernhöfe lichterloh brannten.

Er hatte Recht, wohin sollten wir?

Der Soldat und die anderen aus unserer Gruppe entschieden sich, ihren Weg Richtung Westen fortzusetzen. Da keine Sonne zu sehen war, ließen sie sich von dem Bauern zeigen, wo Westen war, nickten uns stumm zu und entfernten sich langsam, bis sie nur noch schwarze Punkte waren, die im blendenden Weiß verschwanden.

Wir sahen ihnen nach. Ich war traurig, dass der Soldat nicht geblieben war. Ich schaute mich um, ob es Neuankömmlinge vom Zug gäbe, aber es war niemand zu sehen. Vielleicht lag es auch daran, dass ein scharfer Wind eingesetzt hatte, der den Schnee über die glatten Flächen fegte.

Wir waren mit dem schweigsamen Bauern alleine. Meine Mutter fragte ihn, ob er Naugard kenne. Er kannte es. Er kannte sich so gut aus, dass er die verschiedenen Strecken und Fahrzeiten wusste. Meine Mutter war sehr interessiert und diskutierte mit ihm so lange alles durch, bis er lachte und sagte, seine Frau würde auf keinen Fall erlauben, dass er wegführe. Später sagte meine Mutter, sie habe die frischen Schlittenspuren gesehen und daher gewusst, dass er zwei Pferde und einen großen Pferdeschlitten besaß. Sie fragte ihn, ob sie mit seiner Frau reden dürfte. Er willigte ein und nahm uns mit in die Stube.

Am Fenster saß eine Frau im dunkelgrauen Mantel mit einem dicken Schal und einem hellen Sommerhut auf dem Kopf. Es war fast ebenso kalt wie draußen. Ihre Hände hatte sie in einem dunkelgrauen Muff. An den Füßen trug sie Männerstiefel, die auf einer Fußbank standen, die für sie eigentlich zu hoch war. Sie schaute aus dem Fenster. Sie wandte sich nicht um, als wir hereinkamen. Dennoch begann meine Mutter ein Gespräch mit ihr, das ziemlich lange dauerte, sodass ich nicht mehr zuhörte. Es ging darum, den Bauersleuten klarzumachen, wie viel besser es für sie wäre, wenn sie ihren Hof verließen und nach Westen gingen. Sie könnten uns dann in Naugard absetzen und entweder bleiben oder weiterfahren, auf jeden Fall bot sie dafür zum Dank ihre goldene Uhr an. Das war das erste Mal, dass sich die Bäuerin zu uns umdrehte, was meine Mutter nutzte, um schnell zu ihr zu gehen, den Ärmel ihres Pelzmantels zurückzuschieben und ihr die Uhr zu zeigen. »Die ist mit Diamanten besetzt. Sehen Sie? Hier!«

Danach passierte alles sehr schnell, denn die Bauersleute hatten das Meiste bereits gepackt. Er spannte die Gäule an, fuhr den Schlitten vor die Haustür, lud alles auf und ließ uns zwischen den Kartons und Koffern Platz nehmen. Aus irgendwelchen Militärbeständen hatten sie wasserdichte Zeltplanen, braun und grün gescheckt, und braune Decken, in die wir uns einwickeln konnten, sodass es eine recht komfortable Reise wurde. Obwohl es keine große Entfernung nach Naugard war, brauchten wir einen ganzen Tag und kamen erst abends an. Der Bauer erklärte seine Fahrtstrecke, die fast nur über Schleichwege ging, wie er sagte, weil alle großen Straßen von Trecks aus dem Osten verstopft waren. Danach schlief ich ein.

In Naugard weckte mich meine Mutter, und ich hörte noch halb im Schlaf, wie sie den Bauern für seine Ortskenntnis lobte. Er lachte. Seine Frau sagte, sie stamme von hier, sie sei Naugarderin. Dann erzählte er, dass er sie vor ihrer Heirat immer heimlich besucht habe und er daher alle Wege kenne. Die Frau war nun fröhlich und schüttete aus einem Kochgeschirr Muckefuck in einen Becher, aus dem sie uns trinken ließ. In einem anderen Kochgeschirr hatte sie Kartoffelsuppe, die inzwischen zwar kalt war, in der aber kleine Stückchen Speck schwammen, sodass sie mir bei dem Hunger, den ich hatte, fast ebenso köstlich schien wie eine knusprige Weihnachtsgans. Allerdings habe die Frau ziemlich lange gebraucht, um zu solcher Großzügigkeit zu gelangen, meinte Mami später.

16. KAPITEL

Alexa riss die Tür auf, und ich flog ihr in die Arme. Sie freute sich wie die Glückliche in einem Märchen, nahm Dagi auf den Arm und tanzte mit ihr herum. Sie setzte sie ab und knuddelte mich, dann nahm sie Dagi wieder, stellte sie auf den Tisch, fasste meine Hände und tanzte mit mir um den Tisch herum. Die Wohnung war mollig warm, und als ich »Hunger!« rief, sagte sie, sie brauche nicht lange, um das Essen zu machen.

In der Küche berichtete sie von den Veränderungen in der Stadt. Es kamen nicht mehr einzelne Trecks und Planwagen aus Ostpreußen, sondern ganz Ostpreußen war auf der Flucht. Unsere Stadt war durch eine endlose Karawane von Planwagen, Schubkarren, Autos, Handwagen, Rollstühlen, Fußgängern, Kühen, Schafen, Kindern und Hunden in der Mitte geteilt. Die Menschen und Tiere lebten Tag und Nacht in dieser Kolonne, mussten die Toiletten der Häuser benutzen, an denen sie vorbeikamen, dort auch Wasser er-bitten und darum flehen, dass ihre Kranken wenigstens über Nacht aufgenommen würden. In unserer Abwesenheit hatte das Alexa stets organisiert. Am Tag unserer Ankunft nahmen wir keine auf, weil das Bauernpaar bei uns übernachtete.

Alexa sagte strahlend, sie habe eine Überraschung für mich, aber ich solle erst mal dem Bauernpaar beim Ausspannen der Pferde helfen. Meine Freude auf Alexa war so groß, dass ich das vergessen hatte. Sie saßen vor dem Haus auf ihrem Wagen und warteten.

Ich half dem Bauern mit den Pferden. Ich führte sie auf unseren Hof und in den Stall, wo die Gänse aufgeregt schnatterten, aber genügend Platz für die Gäule war. Der Bauer hatte Hafer dabei, und wir fütterten sie zusammen.

Bevor wir nach oben gingen, wo Alexa das Essen für alle fertig hatte, klingelte ich noch bei Schattners und begrüßte Paul und seine beiden Schwestern, die sich freuten, dass wir zurückgekommen waren. Ich wollte auch Tante Doro guten Tag sagen, aber Paul meinte, ich sollte sie jetzt nicht stören. Sie war im Wohnzimmer und sang, von irgendjemand auf dem Klavier begleitet. Wir hatten es schon bei unserer Ankunft im Treppenhaus gehört, und meine Mutter hatte im Vorbeigehen »Winterreise« gewispert. Paul sagte, er habe meine Kaninchen nach Plan gefüttert, genau wie ich es ihm aufgetragen hatte, und dass sie alle wohlauf wären. Das wusste ich schon, denn ich hatte gleich nachgeschaut, weil ich Paul beim Umgang mit Tieren noch nicht ganz traute. Ich bedankte mich bei ihm, und wir standen ein bisschen herum, keiner wusste so recht, was er sagen sollte, vielleicht auch weil das Singen so laut war. Schließlich lief er in die Küche und kam mit einer Tafel Schokolade zurück. »Hier«, sagte er und hielt sie mir hin.

»Oh, danke! Wofür ist die?«

»Meine Mutter hat dir doch eine Tafel versprochen, wenn du mir alles über Landwirtschaft beibringst.«

»Es hat dich ja gar nicht interessiert.«

»Aber ich habe trotzdem behalten, was du gesagt hast und mir Mühe gegeben und meiner Mutter das alles weiter erzählt.« Er lächelte mich nett an, aber es war nicht wirklich nett. Spöttisch, würde ich heute sagen, und wieder hatte ich den Eindruck, dass seine Lippen mit einem Rotstift angemalt waren.

Ich nahm die Tafel und bedankte mich bei ihm, indem ich ihm die Hand schüttelte und dabei die Muskeln kräftig anspannte, wie es damals üblich war. Dann lief ich freudestrahlend nach oben, um Alexa zu zeigen, welch köstlichen Nachtisch ich für uns herbeigezaubert hatte.

Sie nahm die Tafel und roch daran. Wie die Hexe bei Hänsel und Gretel rief sie genüsslich »Ah«, riss die Verpackung auf, roch noch einmal daran und lachte über das ganze Gesicht. Sie brach sie in einzelne Stücke, die sie auf die Dessertteller legte.

»Fehlt Vanillesoße«, sagte ich.

»Haben wir nicht. Aber Schlagsahne können wir machen.«

»Wie denn?«

»Das ist kein Problem. Du brauchst nur zur Hauptstraße zu laufen und ein paar Kühe zu melken, dann kannst du sie dir selbst herstellen.«

»Melken sie sie nicht selber?«, fragte ich erstaunt.

Sie zuckte die Achseln. »Ich weiß nicht warum, aber viele stehen da mit prallen Eutern. Vielleicht sind die Leute zu alt oder krank. Morgen kannst du hingehen und selbst nachschauen.«

»Warum nicht heute?«

»Heute habe ich erst mal eine Überraschung für dich.« Sie legte ihre Hände auf meine Schultern, ging in die Hocke, sah mir in die Augen und sagte, sie wolle sie mir eigentlich erst nach dem Essen zeigen. Dann lächelte sie geheimnisvoll, nahm mich bei der Hand und führte mich in ihr Zimmer. Dort lag vor ihrem Bett ein großer Schäferhund, der den Kopf hob und mich anknurrte. Ich blieb wie angewurzelt stehen.

Sie rief »Rex!«, der Hund sprang auf, und ich wich ein Stück zurück. Er ließ sich von ihr streicheln und tätscheln, während sie mir die Geschichte von dem alten Mann erzählte, der mit dem Treck gekommen war, aber nur einen Karren hatte, der von Rex gezogen wurde. Nach dem Essen liefen wir hinunter, und sie zeigte mir den Karren, der wie ein kleiner, einspänniger Pferdewagen aussah. An einem Pfosten hing das Geschirr, das extra für Rex angefertigt worden war, sodass er wie ein kleines Pferd den Wagen ziehen konnte, auf dem der Alte sein Hab und Gut transportiert hatte und auf den er manchmal, wenn er zu erschöpft war, auch selbst aufgestiegen war, um sich ziehen zu lassen und auszuruhen. Vor Naugard war er krank geworden, Alexa hatte ihn zwei Tage lang gepflegt, dann war er gestorben. Frau Schattner hatte ihr geholfen, die Beerdigung zu organisieren. Das war die Geschichte. Und nun gehörte Rex mir.

Damit ich besser einschlafen konnte, kam Alexa zu mir ans Bett. Sie brachte Rex mit, und er legte sich auf den Teppich davor. Während ich ihn beobachtete, erzählte ich ihr von der Hochzeit, dem Einmarsch der Russen, dem Hühnerstall, der Flucht, der Fahrt in dem Zug und dem Bauernpaar, das uns hierher gebracht hatte und das am nächsten Morgen ganz früh weiter wollte. Ihr Ziel waren Verwandte in der Nähe von Schwerin. Alexa fragte mich, wie ich mich bei den einzelnen Stationen meiner Erzählung gefühlt hätte, und mir fiel auf, dass ich auf dieser Reise nach Zernikow meine Fähigkeit, Angst von Wut oder Enttäuschung unterscheiden zu können, verloren hatte. Ich wusste manchmal nicht mehr, ob es Angst war oder Verzweiflung oder Trauer.

Gleich nachdem sie mir Gute Nacht gesagt hatte, kam der Schlaf und mit ihm sanfte Träume, die ich nicht verstand. Alle Menschen, denen ich begegnet war, kamen darin vor. Einmal erwachte ich, weil Rex gebellt hatte, ohne dass ich wusste, ob es in meinem Traum oder in Wirklichkeit gewesen war. Meine Augen füllten sich mit Tränen, die salziger als sonst schmeckten. Ich schlief wieder ein, und als ich aufwachte, lag ein Streifen fahler Wintersonne vor meinem Bett und ein fremder Hund. Es war kalt, ich fror, hatte Hunger und meine Knochen waren bleischwer. Da begriff ich, wie das Leben der Männer war, die den Krieg liebten.

Ich liebte ihn nicht, ich verstand Paul nur in einem sehr oberflächlichen Sinne. Nur so: Es ist doch ordentlich was los, wenn eine Schlacht tobt! Ich aber wollte am liebsten unter meine Decke kriechen und mich in einer Höhle zusammenrollen, bis mich Mamas Lächeln erlösen würde. Doch ehe ich eine Bewegung machen konnte, stand Rex vor mir und bellte mich mit kleinen Wuffs an. Das änderte meinen Zustand. Er stand vor dem Bett und wartete darauf, dass ich mit ihm spielen oder irgendwas unternehmen würde. Ich setzte mich auf und streichelte seinen Kopf. Als er friedlich wurde, lüftete ich meine Beine und setzte sie auf den Boden. Da alles gut ging, stellte ich mich hin und umarmte ihn. Von nun an war er mein Freund. Er folgte mir zur Toilette, wartete, mich nicht aus den Augen lassend, bis ich mir meine Hände gewaschen und mich angezogen hatte und sprang in der Küche freudig an Alexa hoch. Sie gab ihm etwas zu essen, und dann sausten wir die Treppe hinunter in den Hof. Ich wollte die Gänse und die Kaninchen füttern. Die Pferde waren schon fort, weil das Bauernpaar sehr früh morgens aufgebrochen war.

Das Füttern der Gänse wurde nicht so einfach, denn sie regten sich wegen Rex furchtbar auf. Cerberus breitete die Flügel aus und fauchte, als wollte er die Welt auspusten. Sogar Rex hatte vor ihm Respekt und wich zurück.

Anschließend lief ich zu Paul, um ihm meinen neuen Freund vorzustellen, doch bevor ich klingelte, fiel mir ein, dass es besser wäre, Rex zu Alexa zu bringen und Paul erst einmal von ihm zu erzählen.

Als er die Tür aufmachte, strahlte er mich an und sagte, heute wäre ich »die Engländer« und müsste zwei Seeschlachten verlieren. Er war wie ein Matrose gekleidet: dunkelblaue Hose mit weitem Schlag, hellblaue Bluse mit einem großen Latz auf dem Rücken und einer blau-weißen Kopfbedeckung, an der hinten zwei dunkelblaue Bänder flatterten.

Ich verlor die zwei Schlachten, aber auch danach erlaubte Paul nicht, dass ich Rex holte, weil er fürchtete, dass der Hund all sein Spielzeug durcheinander bringen würde.

In den darauf folgenden Wochen des Februars ging ich jeden Tag mit Rex spazieren. Er hatte sich schnell an mich gewöhnt und als neuen Herrn akzeptiert, sodass meine Mutter nicht mehr besorgt war, mir könnte auf den langen Wanderungen etwas passieren. Rex passte auf und hätte mich überall verteidigt.

So marschierten Rex und ich täglich die Karawane auf und ab, die quer durch die Stadt ging. Immer nachmittags, weil wir am Ende diejenigen bestimmten, die wir über Nacht beherbergen wollten. Zwar wohnten wir nicht an der Hauptstraße und bei uns kamen auch nicht häufig Bittsteller vorbei, doch meine Mutter meinte, in dieser Situation müsse jeder helfen.

Für meine Wanderungen mit Rex hatte sie mir noch aufgetragen, bei den Flüchtlingen herumzufragen, woher sie kamen und ob jemand das Rittergut Zernikow kenne. Vielleicht würden wir etwas über das Schicksal der Grisards erfahren.

Mit Rex war das einfach, denn die meisten hatten auch einen Hund, und alle wollten wissen, wie er hieß, woher ich ihn hatte und ob es ein reinrassiger Schäferhund war. Viele kamen aus Danzig oder Königsberg, aber niemand aus der Gegend von Zernikow. Eines Nachmittags aber, als ziemlich viel Schnee fiel, sah ich einen Schlitten, der mir bekannt vorkam. Alles war von einer großen Plane überdeckt, und als ich mich näherte, hörte ich ein Klingeln, das mich an irgendetwas erinnerte. Ich ging zu den Pferden, um sie zu streicheln, und sofort kam die Stimme von dem Fuhrmann, der auf der Kutschbank saß: »Hände weg!« Auch die Stimme war mir nicht fremd, und ich erkannte Reese, Tante Ullas Kutscher.

Ich ging zu ihm und sagte »Guten Tag.« Er blickte auf mich herunter und erwiderte nichts.

»Erkennen Sie mich nicht wieder? Ich hab schon bei Ihnen auf dem Wagen gesessen.«

Er schaute mich an, schwieg aber weiter.

So war es aussichtslos, ich musste irgendwie anders anfangen. »Meine Mutter, meine Schwester und ich waren auf der Hochzeit von Urte in Zernikow, aber dann kamen die Russen. Meine Mutter möchte wissen, wo die Familie Grisard jetzt ist.«

»Die sind alle tot«, sagte er und schlug einmal mit der Leine auf die Pferde, weil der Treck ein Stück voran rückte. Rex wollte woanders hin, aber ich hielt ihn am Halsband fest, und wir gingen mit dem Wagen ein Stück mit.

»Sie können heute bei uns übernachten«, sagte ich so laut wie möglich.

»Ich muss weiter. Meine Frau ist hinten drauf, die ist krank.«

Sie konnte ich nicht sehen, weil alles von der Plane überdeckt war. »Wie sind Grisards gestorben?«

»Schlimm. Ganz schlimm.« Er trieb die Pferde wieder ein Stück voran.

»Was kann ich meiner Mutter sagen?«

Er wandte den Kopf und betrachtete mich von oben, als versuchte er, mich zu erkennen. Dann sagte er in seiner groben Art: »Nichts. Die weckt keiner mehr auf. Da hilft auch drüber reden nichts.«

Rex zog an mir, ich blieb stehen und ließ den Wagen weiterfahren. Dann erschien sein Kopf noch einmal hinter der Plane, und er rief: »Sag deiner Mutter, da ist nichts mehr übrig geblieben! Da stehen nur noch die Grundmauern!« – Dann verschwand sein Kopf, und ein kleines Mädchen, das in eine Decke eingewickelt war, wollte von mir wissen, wie mein Hund heiße.

»Rex!«, sagte ich, und Tränen kamen mir, als ich an Tante Ulla dachte, wie sie mit Mama das Lied vom Winter sang, und wie Urte an meinem Bett so glücklich den Ablauf ihrer Hochzeit schilderte.

Als ich Mama die Nachricht überbrachte, hielt sie mich so lange und fest im Arm, dass ich dachte, sie würde mich nie wieder loslassen.

An nächsten Morgen fütterte ich die Gänse und die Kaninchen, mit denen ich danach immer eine Weile spielte, streichelte und liebkoste Blanche und ging anschließend zu Paul. Am Ende des Monats war er mit allen Schlachten durch gewesen, die er durch seine Tante in Berlin erfahren hatte, und fing wieder von vorne an. Das bedeutete, dass Irmchen und ich deutsche Gebiete zu besetzen hatten und die dort lebenden Deutschen quälen, einsperren oder umbringen mussten. Weder Irmchen noch mir machte es Spaß, doch Paul brachte uns jeden Tag wieder aufs Neue dazu, mit ihm zu spielen, weil er uns lobte und uns schlaue Komplimente machte. Mir sagte er zum Beispiel, dass ich eigentlich schon sechs sei, Blanche das schönste Kaninchen der Welt und Rex ein reinrassiger deutscher Schäferhund, der, mir treu ergeben, mich immer beschützen würde. Irmchen lobte er dafür, dass sie nicht nur mit den blöden Puppen spielte, sondern durch die Schlachten schon verdammt genau begriff, wie es in der wirklichen Welt zugehe. »Leben heißt Kampf!«, rief er ihr zu. »Du wirst eine der wenigen Frauen sein, die ihre eigene Familie immer rettet.« Er hatte einmal Muckchen nach ihrer Ankunft kennengelernt, als sie uns besucht hatte, und Irmchen zu ihr geschleppt, als Muckchen noch in Uniform war, und sie gebeten, seiner Schwester vom Krieg zu erzählen.

Er gab uns auch Geschenke. Für Irmchen waren das Gutscheine, auf denen er ihr Puppen und allerlei Sachen versprach, die Mädchen mochten. Mir schenkte er nach und nach all sein Spielzeug. Er musste mir immer wieder etwas geben, weil ich mich immer öfter weigerte, bei den Schlachten mitzumachen. Mir machte es einfach mehr Spaß, mit Rex oder den Kaninchen zu spielen oder Cerberus zu ärgern, weil sie alle etwas von sich aus taten, das nicht nach einem Plan ablief, den ich schon vorher kannte und bei dem es nur darum ging, wer was kaputt machte. Am Ende hatte Paul nur noch einen Panzer. Er schenkte mir die Sachen allerdings immer unter der Bedingung, dass wir weiter damit spielten.

Am letzten Tag im Februar fragte er mich, wie viele Tage ein Monat habe. Von Tante Lieschen wusste ich, dass es immer dreißig oder einunddreißig waren und ich es an den Knöcheln meiner Hand ablesen konnte. Jeder zweite Monat hatte dreißig Tage. Paul lächelte und sagte, dies sei der letzte Tag im Monat, der wievielte Tag es also wäre, und, fuhr er fort, sollte ich ihm etwas Falsches sagen, müsste ich mit ihm den Warschauer Aufstand vom 3. Oktober 44 noch einmal spielen, was wir am Tag zuvor nicht zu Ende gebracht hatten, weil ich mit Rex meine Tour machen musste.

Ich nahm die Wette an. Ich hatte bereits heimlich meine Knöchel abgetastet und wusste, es waren dreißig Tage.

Er lachte bei meiner Antwort und holte seine Mutter, die eigentlich mit ihm zu Nazi-Hermann wollte.

»Wie viele Tage hat der Februar, Mutti?«, fragte er sie.

»28. Das ist heute, und deswegen gehen wir jetzt auch gleich zu Hermann, ich habe uns angemeldet.«

Paul bestand darauf, dass er vor dem Frisör erst mit mir die Schlacht spielte, weil ich 30 statt 28 gesagt und er gewonnen hätte. Tante Doro machte mir hinter seinem Rücken ein Zeichen, dass ich das ablehnen solle, was ich auch so lange tat, bis er mir seinen Panzer anbot und mich anflehte, ihn vor dem widerlichen Frisör zu retten. Seine Mutter stand hinter ihm, und ich schaute sie mit so großen und fragenden Augen an, dass er aufmerksam wurde. Er legte seine Arme um sie und schmuste herum, bis sie nachgab.

Ich spielte so, dass es nicht lange dauerte. Paul merkte das zwar, nahm es aber hin.

Danach mussten sie schnell los. Seine Mutter nahm Irmchen und Laura auch mit, weil sie meinte, das wäre alles »ein Abwasch«.

Als die Wohnungstür hinter ihnen zugefallen war, saß ich allein vor all den Panzern, Flugzeugen, Lastwagen, Kanonen und Soldaten. Pauls Charme und Verführungskunst versetzten mich stets in einen Zustand, in dem ich nicht mehr wusste, was ich wollte und was ich fühlte. Nun hockte ich auf den Knien vor all diesen Sachen und wollte, dass dieser Zustand sich auflöste. Die meisten der Spielsachen waren aus Holz, die Soldaten aus Blei. Meine Hände waren eiskalt, und als ich aufstand, um sie am Kachelofen zu wärmen, spürte ich meine Beine nicht, weil sie eingeschlafen waren. Ich drückte meine Hände gegen den Ofen und bewegte meine Beine. Dann öffnete ich die Ofenklappe und schaute hinein. Unten war das Feuer rot, oben loderte es gelb und weiß wie die Bauernhöfe auf dem Schneefeld. Ich ging zu unserem letzten Schlachtfeld, das das halbe Wohnzimmer einnahm, schob alles Spielzeug zusammen, nahm so viel ich greifen konnte, trug es zum Ofen und warf es hinein. Ich beobachtete die Flammen, wie sie alles fraßen. Am meisten faszinierte mich, wie sich die Bleisoldaten in der Hitze zu bewegen begannen, als erwachten sie zu Leben, und dahin schmolzen. Das wiederholte ich so lange, bis nichts mehr da war.

Es war Zeit zum Mittagessen und ich ging nach oben. Es gab Bratkartoffeln mit Spiegeleiern und Spinat. Danach sollten wir wie jeden Mittag schlafen, aber es klingelte, und Dorothea Schattner stand vor der Tür und bat mich, herunterzukommen. Zu meiner Mutter sagte sie, es werde nicht lange dauern. Ich war so benommen, dass ich mich am Treppengeländer festhalten musste, um nicht zu fallen.

Sie führte mich ins Wohnzimmer und trat zur Seite. Mir war, als wollte sie den Blick auf eines von Pauls Schlachtenpanoramen freigeben, doch alles war kahl und leer, und mir fiel zum ersten Mal auf, dass es nicht einmal einen Blumentopf am Fenster gab. Dort stand Paul wie ein strammer Bleisoldat. Er hatte ganz kurze Haare, und ich konnte sehen, dass Nazi-Hermann auf keine von Pauls Bitten Rücksicht genommen hatte. Auf seinem Kopf war nur noch, was eine kleine Schüssel übrig gelassen hatte. Es tat mir so leid für ihn, dass ich hätte weinen können. Seine Mutter fragte mich, wo all die Spielsachen von Paul geblieben seien.

»Ich habe sie verbrannt«, sagte ich, hörte aber meine Stimme gar nicht.

Sie wollte das nicht glauben und stellte sich vor mich hin. Nun konnte ich Paul nicht mehr sehen. »Du hast Pauls ganze Spielsachen verbrannt?«

Ich nickte.

»Warum hast du das getan?«

Ich spürte, wie sich alles in mir zu Bockigkeit verklumpte. »Es waren nicht Pauls Sachen. Es waren meine Sachen.«

Sie wandte sich entsetzt zu Paul. »Paul, stimmt das?«

Er nickte und begann zu weinen. Er hörte nicht auf. Seine Mutter war fassungslos und ging zu ihm, um ihn in den Arm zu nehmen.

Ich verließ die Wohnung, ging hinauf in mein Zimmer, legte mich in mein Bett.

Ich hasste Mittagsschlaf so sehr, dass ich den Daumen in den Mund nahm und daran lutschte, um nicht vor Wut zu heulen.

17. KAPITEL

Es war an einem Freitag. Ich erinnere mich noch, weil es Fisch gab. Meine Mutter hatte ihn von einem ihrer Musikfreunde bekommen, der ein Haus am Naugarder See besaß. Er hatte die Eisdecke aufgeschlagen und geangelt. Meine Mutter hatte es sich nicht nehmen lassen, den Fisch, ich glaube, es war Plötz, selbst zuzubereiten. Weißer Fisch brauchte viel Sellerie, und den hatte sie für diesen Zweck eingeweckt. Es war eines meiner Leibgerichte, und ich war noch gar nicht ganz fertig, als es klingelte und Pauls Mutter aufgeregt hereinkam.

»Dorothea, du bist ja vollkommen aus dem Häuschen, was ist passiert?«, fragte meine Mutter in ihrer immer guten Laune.

Sie erzählte, sie sei mit Irmchen beim alten Doktor Hartmann gewesen, weil sie eine Entzündung am Backenzahn hatte.

Ich kannte den Zahnarzt, meine Mutter war auch einmal mit uns da gewesen. Doktor Hartmann war ein sehr freundlicher Mann, der extra ins Wartezimmer kam, um uns Bonbons aus Sirup zu bringen. Zu Dagi hatte er gesagt: »Ich gebe dir auch ein Bonbon, aber du darfst es erst lutschen, wenn ich mir deine Zähne angesehen habe.« Danach ärgerte ich sie immer damit, dass sie nicht mal einen Bollo lutschen könnte. Ich wollte diese Geschichte erzählen, aber meine Mutter mahnte: »Bitte unterbrich einen Erwachsenen nicht!«

Tante Doro streichelte mir übers Haar und lächelte mich entschuldigend an, bevor sie weiter erzählte. »Wir saßen noch im Wartezimmer, dann hörten wir einen Riesenlärm im Treppenhaus, und im nächsten Moment stürzten vier Mann von der SS herein. Sie rannten gleich weiter in das Behandlungszimmer. Dann kamen sie wieder heraus und schleppten Doktor Hartmann in den Hof. Dort haben sie ihn erschossen. Seine Sprechstundenhilfe hat gesagt, dass er vom Kriegsdienst zwar befreit war, dass er aber vor Kurzem dem Volkssturm als Leiter Naugard zugeteilt worden war. Er hat die Volkssturmleute auch antreten lassen, aber nur, um ihnen zu sagen, dass der Krieg praktisch verloren und weitere Opfer sinnlos wären. Danach hat er sie nach Hause geschickt. Einer von den Volkssturmmännern hat sofort die SS angerufen, die ihn dann praktisch vor unseren Augen standrechtlich erschossen hat. Ist das nicht schrecklich?«

Meine Mutter stand auf, nahm sie in den Arm und versuchte sie zu beruhigen.

Am selben Tag wurden bei uns drei Offiziere einquartiert, die am nächsten Tag weiter wollten und meine Mutter zu überzeugen suchten, dass sie am Sonntag hier Russen im Haus haben würde.

Die Russen kommen! Seit Zernikow ließ mich dieses Thema zittern und frösteln, und als die Offiziere das Vorrücken der russischen Truppen in den einzelnen Schritten voraussagten, konnte ich nicht weggehen, ich konnte nicht mit Rex spazieren gehen, ich überließ das Alexa. Natürlich wusste ich nicht, wo die Orte lagen, die die Offiziere erwähnten, aber meine Mutter machte immer wieder Einwendungen und beendete die Spekulationen über die siegreichen Fortschritte der Russen mit der Bemerkung, wir in Naugard hätten bislang solcher Schwarzmalerei widerstanden. Später gab sie zu, dass sie ihre Heimat, das Schwimmen im Naugarder See, ihr Haus, den geliebten Steinway-Flügel und viele Dinge nicht hätte verlassen wollen und daher zwar an eine Niederlage Deutschlands denken konnte, damit aber nicht auch eine Vertreibung verband. Auch der Erste Weltkrieg war verloren worden, und die Menschen waren geblieben, wo sie lebten.

Ich war ganz auf ihrer Seite, und auch ich hatte einen sehr konkreten Grund dafür: Wir erwarteten Tante Lieschen mit dem Abendzug. Sie wollte eine Woche bleiben, und ich freute mich schon tagelang auf ihren Besuch. Alexa hatte es übernommen, sie am Ende ihres Hundespaziergangs vom Zug abzuholen und ihr den Koffer zu tragen. Daher sprang ich, als ich Rex bellen hörte, von der Kaffeetafel auf, die meine Mutter für die Offiziere und uns gedeckt hatte, rannte zur Tür und Tante Lieschen gleich in die Arme. Sie sagte, sie habe mir einen Zeichenblock und Wasserfarben mitgebracht. Ich hatte ihr versprochen, für sie den Traum von den fliegenden Elefanten zu malen, wenn ich einen neuen Block und Wasserfarben hätte.

Als wir ins Wohnzimmer kamen, saß Alexa weinend auf einer Kante des Stuhls und beschwor meine Mutter: »Bleiben Sie, bitte bleiben Sie – Ihnen passiert nichts! Ich beschütze euch!«

Ich hatte keine Ahnung, worum es ging.

Einer der Offiziere stand auf. »Sie wollen die Leute hier beschützen?« Er ging zum Fenster und wandte sich schroff um. »Sie wissen wohl nichts von Stalins Befehl, dem zufolge alle Russen, die hier in Gefangenschaft gearbeitet haben, wie Deserteure zu behandeln sind. Ich nehme an, das bedeutet Sibirien. Da können Sie sich auch gleich hier das Leben nehmen.«

Es war unklar, ob Alexa das wusste oder nicht, jedenfalls war es plötzlich ganz still, meine Mutter schaute sie an, niemand sagte mehr ein Wort, und in diesem Moment hörten wir Geschützdonner in der Ferne.

»Was ist das?«, fragte meine Mutter.

»Das ist feindliches Artilleriefeuer«, sagte der Offizier.

»Ich habe hier Bekannte«, sagte Alexa. »Ich gehe jetzt zu ihnen und werde dort die Nacht verbringen. Morgen fahren wir zusammen nach Russland. Ich bin gekommen, um mich zu verabschieden.« Sie weinte wieder, umarmte uns noch einmal und ging.

Ich weinte auch, denn Alexa war mir nach Mama und Tante Lieschen der liebste Mensch geworden, und ich hätte mich bestimmt vollständig in Tränen aufgelöst, wenn meine Mutter nicht gesagt hätte, sie gehe jetzt nach unten zu Dorothea Schattner, um zu besprechen, wie wir hier wegkämen. Die Offiziere verabschiedeten sich, weil sie zu ihrer Truppe mussten, und meine Mutter riet mir, alles einzupacken, was ich mitnehmen wollte.

Dann wandte sie sich an Tante Lieschen. »Es tut mir so leid, dass du hier mitten in den Aufbruch gerätst, aber wer kann das wissen in diesen Zeiten.«

»Wer weiß, wozu es gut ist«, sagte Tante Lieschen lächelnd.

»Richtig, du hast vollkommen recht, du hast ja eigentlich alles dabei, also kommst du mit uns. Wenn sie Naugard einnehmen, ist Gollnow als nächstes dran.«

»Wo wollt ihr denn hin?«

»Ich bespreche das jetzt mit Dorothea Schattner. Ihre Schwester steht mit einem Fuß im Propaganda-Ministerium. In Berlin wird man am besten wissen, was zu tun ist.«

Tante Lieschen schüttelte den Kopf. »Das ist wohl nichts für mich. Ich will zurück nach Gollnow. Was soll einer alten Frau schon passieren?« Sie lächelte, als wäre sie glücklich, nicht mehr reisen zu müssen. »Ich habe eingeweckte Kirschen mitgebracht und auch ein bisschen Fett. Ich werde mich mal um das Essen für heute Abend kümmern.«

Während meine Mutter zu Schattners ging, half ich Tante Lieschen dabei, ihren Koffer auszupacken. Rex durfte zusehen, und ich zeigte Tante Lieschen, wie gut er schon gehorchte und welche Kunststücke ich mit ihm machen konnte.

Tante Lieschen erinnerte mich daran, dass ich meine Sachen packen sollte, was mir plötzlich falsch und unwirklich erschien. Ruhig und friedlich waren die Tage seit unserer Rückkunft aus Zernikow gewesen. Dann war Alexa mit dem Hund spazieren gegangen, zurück gekommen, und in kurzer Zeit wandelte sich alles, als wäre sie eine Hexe, die mit ihren Tränen ganze Städte verschwinden lassen konnte.

»Alexa ist keine Hexe«, widersprach Tante Lieschen. »Der Zauberer sitzt woanders.« Dann wollte sie unbedingt, dass ich meine Sachen zusammenlegte, die in den Rucksack sollten.

Als Erstes nahm ich die Fingerhandschuhe aus dem Schrank, die sie mir geschenkt hatte, dann einen Pullover, den Tante Kläre aus aufgeräufelter Wolle für mich gestrickt hatte. Und dann? Mein Blick fiel auf meine große blau-weiße Zeichenmappe. Ich nahm sie und ging wieder zu Tante Lieschen ins Zimmer, um ihr die bunten Bilder zu zeigen, die ich in der Zwischenzeit gemalt hatte: die Gänse, der Ganter Cerberus, alle Kaninchen und Blanche sogar zweimal, das Haus von allen Seiten, meine Mutter, Tante Kläre, Tante Lieschen, Paul und seine Mutter, Irmchen, Laura, sogar schon Rex und nicht zuletzt Alexa – im Badeanzug, stehend auf dem Leierkasten mit dem Affen. Die Mappe und die Blätter waren zu groß für meinen Rucksack, und ich fragte Tante Lieschen, ob sie in meiner Abwesenheit auf die Mappe aufpassen könnte.

Tante Lieschen muss es so erschienen sein, als hätte ich mich schon damit abgefunden, dass sie bleiben und uns niemals wiedersehen würde, aber sie nahm den Auftrag mit einem nachsichtigen Lächeln an und schlug vor, den Block unter der Matratze ihres Bettes zu verbergen, damit niemand ihn finden könne.

Als meine Mutter zurückkam, erklärte sie mir, wie wir morgen zusammen mit den Schattners Naugard verlassen würden: Für Umquartierte, wie die Schattner es waren, gab es Bescheinigungen, die sie zum Verlassen der Stadt berechtigten, während alle anderen bis zum letzten Blutstropfen ausharren mussten. Von diesen Bescheinigungen hatte sich Tante Doro zwei von ihrer Schwester besorgen lassen. In die zweite wollte sie meine Mutter als ihre Schwester und uns als deren Kinder eintragen. Wir würden morgen den Mittagszug nach Berlin nehmen, der sicherlich noch Platz hätte, weil niemand aus Naugard raus durfte. Es war zwar nicht ungefährlich, weil wir unter einem falschen Namen reisten und die Feldgendarmen, die den Bahnhof kontrollierten, ziemlich scharfe Hunde waren – meine Mutter nannte sie Kettenhunde –, aber sie machte sich deswegen keine großen Sorgen, sie würde das schon hinkriegen, schließlich wären Kettenhunde auch nur Tiere.

Abends half ich ihr, einen kleinen Handkoffer aus dunkelbraunem, festem Leder zu packen, wo nicht nur ihr Schmuck und die wichtigsten Papiere reinkamen, sondern auch die

Taschenuhr meines Vaters, meine von Opa geerbte, goldene Armbanduhr, mein Sparbuch mit sechshundert Reichsmark und Dagis mit zweihundert. Meine Mutter fand noch ein paar Uhren, die sie gegen irgendetwas eingetauscht hatte. Dies war der Wertkoffer, auf den auch ich besonders aufpassen sollte.

Am nächsten Morgen wurden wir durch heftiges Geschützfeuer geweckt. Meine Mutter holte uns aus den Betten und war sehr besorgt, dass es vielleicht zu spät sein könnte. Die Russen waren bis zum Stadtrand vorgerückt, und Naugard lag unter Beschuss. »Überall schlagen schon die Granaten ein«, sagte sie, aber ihre Stimme drückte noch keinen Alarm aus.

Anziehen, lossausen, runter zu den Kaninchen. Ich wollte nicht, dass sie den Russen in die Hände fielen, lieber sollten sie ein neues Leben in Freiheit beginnen.

»Ich liebe dich«, sagte ich wie die Blume des kleinen Prinzen. »Vielleicht hast du nichts davon gewusst, aber ich habe es dir öfter gesagt.« Ich nahm das weiche Angora-Kaninchen, schaute in seine blauen Augen und sagte: »Versuche, glücklich zu sein.« Dann setzte ich es ab und gab ihm einen kleinen Schubs.

Es hoppelte ein bisschen in Richtung auf den Haselnussstrauch, wusste aber nicht, was es da sollte, schaute sich nach mir um und kam wieder zurück.

Ich stampfte mehrmals mit dem Fuß auf und klatschte in die Hände. Das war es von mir nicht gewöhnt, es hüpfte durch den Schnee davon und verschwand unter der Haselnusshecke.

Das letzte Adieu galt meiner geliebten Tante Lieschen. Fertig zum Aufbruch ging ich in die Küche, wo sie zwischen Herd und der Küchenanrichte saß. Sie war ganz in Schwarz gekleidet und hatte den Platz gewählt, der im Winter am wärmsten war, wenn die Briketts unter der Herdplatte glühten. Die vielen Sachen, die meine Mutter mir angezogen hatte, machten mich unbeholfen, und ich fühlte mich wie ein wandernder Bär. Ich nahm die Skimütze ab, weil ich mich an sie schmiegen wollte und der Schirm uns getrennt hätte. Sie nahm mich in den Arm, aber ich konnte nicht einmal Auf Wiedersehen sagen, weil ich dann geweint hätte.

»Wenn wir uns nicht wieder sehen sollten«, sagte sie leise, »ich wünsch dir alles Gute. Ich habe dich immer lieb gehabt und werde dich immer lieb behalten.«

Mir wurde ganz heiß, meine Augen brannten, und es ließ sich doch nicht vermeiden – ich heulte los wie ein Schlosshund und bekam wegen des Schluchzens kaum noch Atem.

Von draußen rief meine Mutter: »Wir müssen los!«

Wie ein zu dicker Bär taumelte ich zur Tür, mich immer wieder umdrehend, um Tante Lieschen zuzuwinken.

Im Flur sprang mich Rex an, der die Treppe hinunter rannte, an der Haustür umkehrte, wieder herauf kam und so weiter, während ich mit gesenktem Blick jede einzelne Stufe hinunter tappte, ohne meinen Blick von dem roten Kokosläufer zu nehmen, der in jeder Stufe durch eine Messingstange festgehalten wurde.

Ich war der Letzte, alle hatten sich schon vor dem Haus versammelt. Als Rex und ich kamen, fuhr gerade ein Kübelwagen mit deutschen Soldaten vorbei. Er bremste scharf und kam die zehn Meter bis zu meiner Mutter und Tante Doro zurück. »Was macht ihr noch hier?«, brüllte einer. »Verschwindet! Die Russen waren schon in den Nachbardörfern, die vergewaltigen alles, was weiblich ist! Haut bloß ab!«

»Wir sind ja schon auf dem Weg zum Bahnhof«, sagte meine Mutter.

»Wir dachten, Naugard wird noch verteidigt!«, sagte Tante Doro, und Paul rief im Kommandoton:

»Wie ist Ihre Einheit armiert?«, aber keiner achtete auf ihn.

Der Soldat lachte bitter. »Schön wär's, unsere Einheit hat es in kleine Grüppchen zersprengt, sie wird die Stellung nicht mehr lange halten können. Wie wollt ihr denn wegkommen?«

»Mit dem Zug nach Berlin um 13.00 Uhr«, sagte Tante Doro.

Der Soldat machte ein bedenkliches Gesicht. »Der Bahnhof liegt schwer unter Beschuss, wahrscheinlich ist die Strecke schon zerstört. Ihr kommt hier nur noch über die Reichsstraße nach Westen raus«, und rief im Abfahren: »Haut ab! Wir halten hier noch so lange die Stellung, wie wir Munition haben!«

Nach diesem Auftritt der Soldaten passierte das Unglaubliche: Paul war verschwunden. Wir alle hatten nur auf die Soldaten geachtet, niemand hatte gesehen, wie er gegangen war. Aber er war weg.

Ich ahnte sofort, dass er die Nachricht eben zu erschütternd fand, um sie zu akzeptieren. Er musste nun irgendwo stecken, wo er den Krieg weiterführen konnte.

Wir suchten im ganzen Haus, in den Ställen, in der Umgebung, aber er war nirgends zu finden.

Das bedeutete, dass wir unseren Plan, mit dem Zug hier wegzukommen, aufgeben mussten. Seine Mutter wollte ohne Paul Naugard nicht verlassen, und ohne die Schattners nutzte uns die Bescheinigung nichts, die uns erlaubte, aus Naugard abzureisen. Die Gendarmerie kontrollierte nicht nur den Bahnhof und die Hauptstraßen, sondern auch alle Seitenwege, sodass wir aus Naugard nicht raus konnten.

Es gab mein großes Wiedersehen mit Tante Lieschen. Ich half ihr beim Abendbrot. Nach dem Essen verbrachten wir den Abend mit Schattners. Dorothea Schattner hatte noch versucht, in Berlin ihre Schwester anzurufen, um sie um Rat zu fragen, aber alle Leitungen waren schon unterbrochen gewesen. Das Thema war nicht die Abreise, sondern Paul, und meine Mutter versuchte immer wieder, ihr Mut zuzusprechen und sie zu überzeugen, dass er unversehrt wieder auftauchen würde. Bei jedem Geräusch machten alle »Pssst!« und hofften, er würde es sein.

Nachdem mich meine Mutter ins Bett gebracht hatte, konnte ich nicht einschlafen, weil ich immerzu an Paul denken musste. Wohin war er verschwunden? Wo konnte er sein? Dann dachte ich an den kleinen Prinzen, vielleicht hatte der ihn auf seinen Stern geholt. Das Suchen nach B 612 machte mich müde, und ich schlief ein.

»Steh auf, wir müssen in den Keller!«, hörte ich die Stimme meiner Mutter, während sie mich wachrüttelte. Sie zog mich aus dem Bett und befahl mir, mich alleine anzuziehen, weil sie sich um Dagi kümmern musste.

Während ich mich anzog, stellte ich mich ans Fenster. Überall knallte und krachte es. Wie ein Hornissenschwarm hörte sich das Summen der vielen Motoren an. Am Himmel sah ich Funken. Auf halber Entfernung zwischen mir und dem Horizont schlug eine rote Lohe empor, und ein langes schrilles Pfeifen lähmte mich. Voller Schrecken starrte ich nach draußen. Ein Pfeil fuhr aus dem Himmel zur Erde. Unwillkürlich trat ich zwei Schritte vom Fenster zurück. Ich hatte den Eindruck, dass ich einem flammenden Faustschlag ausgewichen war, der eben das Haus erschüttert hatte. Meine Mutter schrie meinen Namen, ich rannte zu ihr, gefolgt von Rex. Wir nahmen Tante Lieschen in die Mitte und gingen in den Keller.

Die Schattners waren schon da, nur Paul nicht. Während sich jeder einen Platz suchte, sagte Tante Doro, eine Luftmine sei nicht weit entfernt auf das Feld gefallen. Verzweifelt fügte sie hinzu: »Wo ist bloß Paul?«

Meine Mutter ging hinaus, um festzustellen, was passiert war. Als sie wieder kam, sagte sie, das Haus sei durch einen langen Riss vom Keller bis zum Boden hinauf gespalten, das Dach beschädigt, und die Treppe habe sich gesenkt.

Plötzlich war ein lautes Gewummere an der Haustür. Alle hatten wir Angst, weil wir dachten, es wären die Russen. Niemand wagte sich zu rühren. Dann wieder so ein Gepolter, Stimmen und Rufe.

»Das könnte Paul sein«, flüsterte Tante Doro.

Meine Mutter stand auf. »Ich schaue nach.« Sie verließ den Keller und kam nach kurzer Zeit mit Paul und zwei etwas älteren Jungen zurück. Alle trugen HJ-Uniform, nur Paul einen Stahlhelm. Er war ihm viel zu groß, aber er hatte ihn sich mit zusammen geknülltem Papier am Kopf festgesteckt. Dadurch saß der Helm schräg. Es wirkte lustig, und ich fand, es passte zu Paul ebenso wie die Matrosenmütze, die er schräg getragen hatte. Oder seine grüne Baskenmütze, die er auch schräg trug.

Seine Mutter sprang elektrisiert auf, rannte auf ihn zu und wollte ihn in den Arm nehmen, aber er wehrte sich und stieß sie zurück. Durch den Ruck war der Helm gerade, jedoch zu groß und bedeckte seine Augen.

»Die russische Panzerspitze ist bis zum Marktplatz vorgedrungen«, sagte er zu laut.

Alle starrten wir die drei an. Der Älteste von ihnen, der bestimmt schon vierzehn war, brüllte: »Paul hat uns in der Flak-Stellung geholfen. Als die Munition zu Ende war, mussten wir uns zurückziehen.«

Und Paul: »Überall gibt es Straßenkämpfe. Wir werden den Erlenweg hier verteidigen.«

Erst jetzt sah ich, dass Paul eine Pistole in seinem Hosenbund hatte. Ein Patronengürtel hing ihm über die linke Schulter.

»Du wirst gar nichts machen, du wirst hier bleiben!«, schrie seine Mutter. Sie wollte Paul festhalten, aber der älteste Junge wehrte sie ab, und im nächsten Moment waren die drei die Treppe hinauf und verschwunden.

Alle waren wir entsetzt. Mit bebender Stimme sagte meine Mutter, wir müssten sofort aus der Stadt raus, es gebe keine andere Möglichkeit.

Pauls Mutter schüttelte weinend den Kopf. »Ich kann Paul hier nicht alleine lassen.«

»Wir gehen!«, sagte meine Mutter hart. »Geh mit Rex und spann ihn vor den Wagen, wir setzen Dagi da rein. Ich hol noch den Wertkoffer, und du wartest mit Hund und Wagen vorm Haus.«

»Und Tante Lieschen?«, fragte ich.

»Auf mich nehmt bitte keine Rücksicht«, sagte sie.

»Sie hat sich entschieden, hier zu bleiben, was sollen wir da machen? Los, beeil dich!«

Ich gab Rex einen Klaps, wir rannten los, und wenig später stand ich mit Hund und Wagen vor dem Haus.

Während ich wartete, stellte ich fest, dass keines der Häuser in unserer Straße getroffen worden war. Alle Fenster waren dunkel, und es schien, als würden die Leute schlafen oder verreist sein. Die Straßenlaternen brannten nicht mehr, doch durch den Schnee und das fahle Mondlicht konnte ich gut alle Umrisse erkennen. Überall krachte und knallte es, und am Himmel sah ich Blitze und Funken.

Wenig später kam meine Mutter mit Dagi, brachte noch vier Decken mit, setzte Dagi in den Wagen und wickelte sie ein. Nachdem sie Dagi verpackt hatte, sagte sie: »Nicht auf die Hauptstraße, ich weiß einen Schleichpfad, der nachher auf die Naugarder Chaussee nach Drewitz führt. Da umgehen wir den Flüchtlingstreck, ich glaube, nach Drewitz kommen wir durch.«

»Aber wenn da die Russen sind«, wandte ich ein.

»Dann haben wir Pech gehabt, aber auf der Hauptchaussee nach Westen zur Oder hin ist es zu gefährlich. Vielleicht ist auch alles verstopft, und morgen, wenn es hell ist, greifen die Tiefflieger an. Nein, wir gehen nach Drewitz.«

Tante Lieschen und die Schattners waren herausgekommen. Es war ein fünffacher, ein sechsfacher, ein neunfacher Abschied, bis sie uns nicht mehr begleiteten und wir uns nicht mehr umdrehten und winkten und »Viel Glück« riefen und unsere Tränen trocken waren. Rex hechelte weiße Wolken in die kalte Winterluft, Dagi saß mit rotem Gesicht bewegungslos wie eine finnische Holzpuppe auf dem Wagen und blickte über das Schneefeld vor uns, als betäube sie diese Reise ins Nichts. In Naugard waren wir noch an zerschossenen und brennenden Häusern vorbei gekommen, aber auf dem unbefahrenen Feldweg machte uns nur der Schnee zu schaffen. Ich führte Rex an der Leine und erinnerte mich an die Tage mit den Schattner-Kindern. Wie sehr hatte ich mir Mühe gegeben, Paul alles zu zeigen und ihn für das Leben auf dem Land zu begeistern. Ich hatte geglaubt, es wäre mir gelungen. Bis jetzt, da er aus seinen Kriegsspielen Ernst gemacht hatte. Wusste er, dass seine Familie ohne ihn nicht abreisen würde? Und was das bedeuten könnte, wenn die Russen Naugard wirklich überrannten?

18. KAPITEL

Als wir auf Drewitz ankamen, war es wie einer unserer gewohnt schönen Besuche. Alles war heil und unversehrt, der Tod und das Feuer schienen überall zu sein, nur hier nicht, hier war alles wie immer. Hier war der Frieden. Oder war es nur ein trügerischer Schein? Niemand war zu sehen. Lauerten hinter Türen und Scheunentoren vielleicht die Feinde mit angeschlagenen Waffen, um uns plötzlich mit einem Schrei den Tod zu bringen? Doch nichts dergleichen geschah, und ich merkte, dass ich durch die Ereignisse in Zernikow ein bisschen voreingenommen war.

Wir fuhren mit unserem armseligen Hundegefährt am Portal des Herrenhauses vor, und sogleich traten Onkel Albi, Tante Sissi, der Administrator Bahlow und seine Frau, Tante Leni, aus der Haustür. Auch der Diener Heinrich erschien in Uniform, Ruthchen Ossowski, die umquartierte Frau Plum (sie half in der Küche) und Nina (die nach Brot duftende Schwarzmeerdeutsche aus der Ukraine). Wollten sie uns alle mit dem Gepäck helfen, das wir gar nicht besaßen?

Tatsächlich war unsere Ankunft und das Bild, das wir abgaben, wie ein Luftgeist herumgeflogen, und alle wollten nun unsere ungewöhnliche Kutsche und den guten Rex bestaunen. Ruthchen sprang die Stufen herunter, erreichte uns zuerst und steckte mir und Dagi gleich ein paar Plätzchen zu, die sie in der Tasche ihrer Küchenschürze hatte. Dann tätschelte sie Rex, nahm Dagi strahlend vor Freude aus dem Wagen und trug sie die Treppe hinauf, wo sie sie vor Tante Sissi abstellte. Sie kam wieder herunter und flüsterte mir zu, was es heute Abend zu essen geben werde: Hirschragout und anschließend Vanillepudding mit Himbeeren.

Onkel Albi entschied sogleich, dass Rex in die Obhut des Administrators komme, der auch einen deutschen Schäferhund besaß. Bahlow kam die Stufen herunter, ich spannte Rex aus und machte ihn mit dem Administrator bekannt, der ihn übernahm.

Tante Sissi entschuldigte sich, dass sie uns den großen Salon gleich links vom Haupteingang geben müsse, weil alle Schlafzimmer im zweiten Stock von Flüchtlingen aus Ostpreußen belegt wären. Heinrich gab sie den Auftrag, dafür zu sorgen, dass dort Betten aufgestellt würden. Er sollte auch Martha Bescheid sagen, dass sie sich um Bezüge und Wäsche kümmerte.

Im Salon wurde, wie jeden Nachmittag, Kaffee und Kuchen serviert. Es war ein sehr fetter Topfkuchen, über den ich mich hermachte, sobald die ersten Erwachsenen zugelangt hatten. Unter ihnen waren, in feiner Garderobe, auch einige der Flüchtlinge aus Ostpreußen, Verwandte von Onkel Albi und Tante Sissi, die auch Güter besaßen.

Das Gespräch ging über den Krieg und die vorrückende Front, obgleich sich Onkel Albi und Tante Sissi daran kaum beteiligten, denn sie fanden, der Krieg und seine Grausamkeiten seien kein Thema für eine gesellige Unterhaltung. Meine Mutter allerdings meinte, sie würden nicht darüber sprechen, weil ohnehin nicht viel Wahres gesagt werden dürfte.

Den Gästen, die uns nicht kannten, erklärte Tante Sissi unser Schicksal und dass wir hier Unterschlupf suchten, statt weiter Richtung Oder in den Westen zu trecken. Ein älterer, weißhaariger Herr nickte meiner Mutter zu, da habe sie recht gehandelt, wir könnten froh sein, Drewitz als Ziel gewählt zu haben, denn die Fähren an der Oder seien sämtlich verstopft. »In den Westen wollen alle«, sagte er, »da staut es sich kilometerlang. Da hätten Sie die ganze Nacht darauf warten können, einen Platz auf dem Boot zu kriegen.«

»Allein in Swinemünde stecken fünfzigtausend Flüchtlinge fest«, sagte seine Frau, deren weißes Haar streng nach hinten gekämmt war.

»In den Ostseehäfen, und das gilt auch für die Oderfähren, sind es im Ganzen mehr als eine halbe Million, die auf Schiffe warten«, pflichtete eine Jüngere mit einem grellroten Mund und dunkel bemalten Augen bei. Bei der Begrüßung hatten wir von ihren beiden Söhnen erfahren, 16 und 18, die noch eine Woche vor ihrer Flucht aus Königsberg Ende Januar eingezogen worden waren. Sie war darüber froh, denn nun seien sie beide bei der 4. Armee unter General Müller und lägen im Raum von Heiligenbeil.

»Und stellen Sie sich vor, es geht Ihnen so, wie auf der Wilhelm Gustloff«, sagte eine alte Dame in einem schwarzen Kleid, über dem sie eine dreifache, lange Perlenkette trug.

»Was war da?«, wagte ich zu fragen, weil ich mich an ein Foto des Lazarettschiffs in meinem Geburtstagsbuch erinnerte.

»Russische Torpedos haben es versenkt. Tausende sind im eisigen Wasser ertrunken«, sagte der weißhaarige Herr.

»Zehntausend«, sagte die Dame mit der Kette.

»Und dann ist es noch wegen der Fliegerangriffe gefährlich.«

Sie redeten eine Weile darüber, dass der Krieg für die Feindmächte ja praktisch gewonnen sei und dass es gegen die Genfer Konvention verstoße, Deutschland aus der Luft nun in eine Ruinenwüste zu verwandeln. »Churchills moral bombing is sinful«, sagte die Dame mit der Kette.

Die junge Dame stimmte zu und sagte, sie habe gehört, Dresden sei innerhalb von fünfzehn Stunden in einen Glutofen verwandelt worden.

»Auf jeden Fall seien Sie froh, dass Sie hier sind«, sagte der weißhaarige Herr zu meiner Mutter und nickte ihr ein paar Mal gutmütig lächelnd zu. »Sowjetische Panzerspitzen haben ja schon den Ostrand von Sagan erreicht und dringen im Oder-Knie bis Grünberg vor.«

»Haben Sie gehört, dass die Türkei Deutschland und Japan zum 1. Mai den Krieg erklärt hat?« Es war eine sehr alte Dame, die das sagte, und sie erinnerte mich mit ihrem streng geknöpften, schwarzen Kleid und der weißen Haut an Tante Lieschen.

Der Herr ihr gegenüber schüttelte den Kopf und sagte: »Absurd.«

Nach dem Essen lief ich hinaus und besuchte erst die Kelms, weil ich dachte, vielleicht sind Brunhilde oder der kleine Ricki da. In Wahrheit aber hatte ich es auf frischen Honig abgesehen. Anschließend wollte ich zu Hotte.

Ich lief die Kastanienallee hinunter und machte hinter den letzten Stallungen einen Schlenker um den Teich herum, der vollkommen zugefroren und eingeschneit war. Schnee rieselte von den mächtigen Eichen, die ihn umstanden.

Ricki saß auf einem Schlitten, und ein anderes, viel zu kleines Kind sollte ihn ziehen, schaffte es aber nicht. Zwei Jungs in Pauls Alter liefen Schlittschuh. Einige Kinder bauten auf der anderen Teichseite an einem Schneemann.

Im Sommer war es ein Paradies für Fische und Wasserflöhe. Oft hatte ich beobachtet, wie die Flöhe herauf und herunter paddelten. Es waren so viele, dass die Karauschen sich gar nicht schnell bewegen mussten, um sie zu schnappen. Sie schwammen in einem großen Schwarm so langsam durch das flache Wasser, dass man sie mit einem Drahtkorb fangen konnte. Hotte schaffte es sogar mit bloßen Händen. Ich hatte ihn ein paar Mal dabei beobachtet. Eine Weile stand er bis zu den Knien und den Oberarmen ganz still im Wasser, machte dann plötzlich eine ruckhafte Bewegung und hatte einen zappelnden Fisch in den Händen.

Wenn es sehr heiß war, trieben die Fuhrleute ihre Pferde in das seichte Wasser, damit sie sich abkühlten. Der Fuhrmann musste dabei sehr genau aufpassen, dass er mit seinem Wagen nicht zu tief hinein geriet und abrutschte. Es war schon einmal passiert, doch das war lange her. Es war eine der Geschichten, die sich alle erzählten und weitererzählten und von der am Schluss niemand mehr wusste, ob sie nicht zu den vielen Fabeln gehörte, die in den Köpfen der Alten und der Kinder auf dem Gut herumspukten. Im Winter, wenn so starker Frost war wie jetzt, bildeten sich nämlich Risse im Eis, was ein lautes

Krachen und Donnern erzeugte. Dann munkelten alle, es seien die zwei im Teich ertrunkenen Pferde, die versuchten herauszukommen.

Inzwischen waren die Kinder über den Teich gekommen und fragten, ob ich mit ihnen spielen würde.

»Was denn?«

»Wer hat Angst vorm schwarzen Mann.« Es war der kleine Ricki, er kam gleich auf mich zu und nahm meine Hand.

Ich machte mich los. »Ich will zu Brunhilde, weißt du, ob sie zu Hause ist?«

»Sie ist da. Ich komme mit.« Wieder fasste er meine Hand. »Wollen wir über den Teich gehen? Du kannst dann meinen Schlitten ziehen.«

»Nein, wir gehen hier in den Schlittenspuren.«

Die Kelms wohnten in einem Doppelhaus. Die Großeltern von Ricki in der einen und Rickis Eltern und sein Bruder Günni in der anderen Hälfte. Von den beiden Zwillingen wohnte Brunhilde bei Rickis Großeltern und Eckhard bei Ursula, Ricki und Günni. Als wir ins Haus kamen, war Oma Kelm in der Küche und wusch das Geschirr ab. Nach dem Großvater brauchte ich gar nicht zu schauen, er saß wie immer am Fenster und guckte hinaus. Er hatte vor Jahren einen Schlaganfall erlitten und war seitdem auf Hilfe angewiesen. Daher hatte Erna ihre Arbeit im Gutshaushalt aufgegeben. Sie war eine ruhige, vollschlanke Frau von fast siebzig und überall beliebt. Sie war umsichtig und liebevoll. Ich kannte sie nur mit Kopftuch, durch das ihr Gesicht noch runder wirkte. Rund war alles an ihr, selbst die Brille mit den kreisrunden Gläsern, die die runden blauen Augen dahinter unnatürlich vergrößerten. Wie ihr blaues Kopftuch, so war auch ihre blaue Kittelschürze ein Bestandteil ihrer Erscheinung. Aus ihren Taschen zauberte sie entweder ein Taschentuch für die Tränen anderer hervor oder ein Pflaster, wenn sich ein Kind verletzt hatte. Sie war zufrieden, wenn sie für andere sorgen konnte, und deswegen hatte sie sich sofort gemeldet, als Eckhard und Brunhilde ein Quartier suchten.

Nichts war ihr zu viel, und von früh bis spät war sie auf den Beinen. Noch abends leistete sie ihrem Johann Gesellschaft, indem sie in ihrem Lehnstuhl saß, ihm zuhörte und mit flinken Nadeln strickte. Seit Rickis Vater im Krieg war und Rickis Mutter Ursula ihren Mann in der Gärtnerei ersetzte, war es Erna Kelm, die sich auch um den Kleinen kümmerte.

Sie begrüßte mich und fragte, wie es meiner Mutter und Dagi gehe, und nachdem ich das ein wenig einsilbig erklärt hatte, schaute sie mich freundlich schmunzelnd an. »Was hast du denn auf dem Herzen?«

Ich fragte nach Brunhilde.

»Da hast du Pech«, sagte sie. »Sie ist mit Ursula mit. Neuerdings treffen sich die Frauen in der Kapelle und beten zusammen. Heinrich, der Diener vom Rittmeister, hält da manchmal sogar eine Predigt. Der Krieg macht die Menschen fromm.« Dann warf sie wieder einen Blick auf mich. »Oder bist du nur gekommen, weil du von Bruni Honig holen willst?«

Ich nickte.

»Ja, dann musst du schon noch mal wieder kommen. Aber einen Löffel kann ich dir geben.«

Gleich hatte sie einen kleinen, gelben Topf mit einer Biene drauf in der Hand und tauchte einen Teelöffel ein. »Mund auf!«

»Ich möchte auch«, sagte Ricki.

»Du isst doch sonst keinen Honig, du willst doch nur Zuckermilch«, sagte Oma Kelm.

Ricki strahlte mich an. »Manchmal esse ich auch Honig.«

Sie gab ihm einen halben Teelöffel voll. Wir kauten und schmatzten zusammen, als wären wir hauptberufliche Honigabschmecker, und Ricki meinte, der Honig schmecke nach Rosen, während ich fand, dass er nach Lupinen und Kastanien schmeckte.

Bevor ich ging, wollte Ricki mir noch zeigen, wie er das Treppengeländer herunter rutschte, aber Oma Kelm erlaubte das nicht. »Nichts da«, sagte sie, »du kommst jetzt ins Bett.«

»Darf ich denn bei dir schlafen?«

»Darfst du. Aber erst sagst du ›Auf Wiedersehen‹.«

Er gab mir die Hand und lachte, als hätte ich einen Scherz gemacht, und sagte dann sehr deutlich: »Auf Wiedersehen.«

In der Tür fragte sie mich, wohin ich jetzt wollte, und erklärte dann, welch Wunder es sei, dass Max und Hotte aus der Schmiede noch nicht zum Volkssturm eingezogen worden waren. Sie vermutete, dass sie das dem Einfluss vom Rittmeister zu verdanken hätten. »Schließlich ist keinem geholfen, wenn die Landwirtschaft auch nicht mehr funktioniert«, waren ihre letzten Worte.

Als ich an der Schmiede vorbeikam, hörte ich Hämmern und schaute hinein. Es war Hotte, der sich ein Messer schmiedete, das auf beiden Seiten scharf sein sollte. Wir begrüßten uns, und er arbeitete schweigend weiter, bis es fertig war. Anschließend schlug er vor, die Runde zu machen, die bei uns schon Tradition war und auf der er mir erklärte, was sich alles geändert hatte und was noch so geblieben war, wie ich es kannte. Ich liebte ihn dafür, und es machte mich ganz stolz, dass ein Vierzehnjähriger, der in der Schmiede schon wie ein Mann arbeitete, mich so wichtig nahm – von den Knöpfen an seiner HJ-Bluse ganz zu schweigen, die er mir versprochen hatte, wenn die Bluse einmal ausgedient hätte.

Die Haushälterin war immer noch Else Domke, und ihr Mann Erich war immer noch Hofmeister. Onkel Albis Diener Heinrich Bach war auch noch da, weil er schon über fünfzig war. In der Küche traf ich die alte Mannschaft an, inklusive Ruthchen und die Umquartierte Hilde mit ihrer Tochter Irmgard, dem Mauerblümchen. Auch Nina Nowikow, die Schwarzmeerdeutsche, konnte ich umarmen, die Magd Gertrud Franke und die Tochter von Irma Mey, Elfi. Die Wäsche machten Martha Ossowski, Kathrin Wendt, Maria Aretz und Irma Mey. In der Verwaltung aber, die Gerda Wendt, Frau des Schmiedes, leitete, fehlten die Männer. Ihr half nun in der Buchführung Eckhard, der wegen einer chronischen Lungenerkrankung wehruntauglich war. Auch in der Gärtnerei gab es keine Männer mehr. Sie wurde seit Fritz Kelms Einberufung von seiner Frau Ursula geleitet. In der Stellmacherei trafen wir Heinrich Swistek und Georg Bisanz. Beide waren schon über fünfzig, ebenso wie Gustav Giese, der Pferdemeister, und der Pferdeknecht Wilhelm Bretschneider. Alle anderen Männer waren weg, einschließlich Eules Vater. Ich freute mich umso mehr, als wir Eules Mutter begegneten, die gerade ihre Pferde Hänsel und Gretel ausspannte. Da waren auch noch Imker Richard Wittek in der Schlosserei und der Maurer Emil Zöller, der gerade den Schafsstall reparierte. Ich lief schnell hinein und sagte noch dem alten Schäfer Ernst Ossowski Guten Tag.

Im Kuhstall trafen wir Emil Riemer, den obersten Melker. Hotte flüsterte: »Er hat Fronturlaub, will aber nicht zurück, weil er denkt, dass der Krieg zu Ende ist.«

Als wir an der Baracke für die russischen Kriegsgefangenen vorbeikamen, sah ich davor eine Menge Wäsche auf den Leinen und Licht in den Räumen, hörte auch Kindergeschrei. »Das sind ostpreußische Flüchtlinge«, sagte Hotte. »Die russischen Kriegsgefangenen sind vor drei Wochen nach Greifenberg in ein Großlager gebracht worden.«

Hotte war auch davon überzeugt, dass der Krieg bald zu Ende sein würde, und zeigte mir nach dem Rundgang einen Baum, in den er Sprossen geschlagen hatte, sodass man leicht in die Krone klettern konnte. Von dort aus überblickte man das ganze Land. Hottes Chef Max Wendt fand es in Ordnung, dass er zwischendurch zu dem Baum lief und hinauf kletterte, um zu sehen, »ob sich Feindverbände näherten«, wie er es ausdrückte.

Wenn der Baum so eine wichtige Funktion hatte, wollte ich gleich hinauf und Ausschau halten. Hotte sagte: »Quatsch, da kommt jetzt keiner. Ich muss los, Gerda Wendt hat das Abendbrot fertig.«

»Gut«, sagte ich, »dann werde ich dir berichten, wenn die Luft unrein ist.« Diese Formulierung hatte ich von den wenigen Indianerspielen mit Paul, wusste aber, dass er bei seinen Kriegsspielen statt »unreine Luft« gesagt hätte: Wenn keine feindlichen Truppenbewegungen auszumachen sind. Das wollte ich aber nicht. Meine Mutter hatte gesagt, wir lassen den Krieg nicht in seiner Sprache zu uns sprechen, und daran hielt ich mich. »Hörst du den Geschützdonner da irgendwo?«, rief Hotte mir hinterher, als ich schon sehr weit oben war. Ich lauschte, hörte aber nur das Wimmern der Kreissäge vom Sägewerk hinter dem Gutsfriedhof.

Kaum war ich oben, sah ich zwei Radfahrer, die sich auf einem Feldweg näherten. Als sie nah genug waren, dass ich sie an ihrer Uniform als fremde Soldaten erkennen konnte, gingen sie in Deckung. Es wunderte mich, denn es war weit und breit nichts zu sehen, vor dem sie sich hätten verstecken müssen. Gleich darauf aber hörte ich das dumpfe Kettenrasseln von Panzern und sah zwei der Ungetüme hinter dem Birkenwäldchen auftauchen. Sie wühlten sich durch den Sand des Weges, der die Naugarder Chaussee mit dem Gut verband. Hinter ihnen war ein Militärlaster voller Soldaten. Ich vermutete, dass es Russen waren. Die zwei Fahrradfahrer hatten die Panzer wohl vor mir gesehen und sich im ersten Schreck versteckt. Nun radelten sie wie die Verrückten auf das Gut zu.

Ich nahm mir nicht die Zeit, Hotte zu benachrichtigen, sondern rannte zum Herrenhaus.

Meine Mutter, die Roxins und einige der älteren Herrschaften saßen noch bei Kaffee und Kuchen und hörten sich meinen atemlosen Bericht an.

Onkel Albi erhob sich sofort, nahm seine Waffe und trat vor den Haupteingang. Ich ging mit ihm, aber die zwei Soldaten auf den Fahrrädern waren nicht zu sehen. Stattdessen kamen zwei Frauen angelaufen, es waren Berta Rohr, die die Hühner betreute, und Maria Aretz, die Gänsehirtin. Aufgeregt erzählten sie, da seien zwei polnische Soldaten, die sich für ihren privaten Raubzug von der Truppe entfernt hätten. Sie trügen beide eine Kalaschnikow, gingen von Tür zu Tür und forderten die Herausgabe aller Wertgegenstände. In diesem Moment kam Administrator Bahlow von den Stallungen her angelaufen und berichtete empört von seiner Begegnung mit ihnen. Er war aus dem Pferdestall gekommen, wo die zwei polnischen Soldaten plötzlich wie aus dem Boden gewachsen vor ihm gestanden und ihn mit ihren Kalaschnikows bedrohten. Er hatte die beiden Schäferhunde dabei, die sie sofort erschossen. Es war so schmerzlich für mich und so unglaublich, den Tod des treuen Rex in einem Nebensatz zu erfahren, dass ich meine Tränen nicht zügeln konnte, obgleich es damals das oberste Gebot für einen Jungen war, nicht zu weinen. Jedenfalls nicht, wenn Männer zugegen waren. Zum Glück nahm niemand davon Notiz, und der Administrator beschrieb, wie ihm der polnische Bandit seine goldene Uhr gestohlen hatte. Er hatte seine Jacke wie immer offen getragen, sodass die goldene Kette seiner Taschenuhr gut sichtbar gewesen war, und der polnische Spitzbub nur zugreifen musste, um um eine goldene Uhr reicher zu sein. »Seiner Pünktlichkeit oder gar Rechtschaffenheit wird die wohl wenig nutze sein«, fügte er voller Groll hinzu.

Die anderen Beraubten verloren auf diese Weise Eheringe, Uhren und allerlei Schmuck. Als die russischen Panzer zu nahe kamen, hatten sich die Beiden auf ihre Räder geschwungen und das Weite gesucht.

»Da sind sie«, sagte Onkel Albi, aber es waren nicht die räuberischen Radfahrer - es war die Spitze der russischen Front.

Wie zwei unheimliche Saurier schoben sich die russischen Panzer in die Kastanienallee. Sie blieben stehen, dann drehte der erste sein Geschütz nach links, sodass er die Häuser der Gutsarbeiter unter Beschuss nehmen konnte, und der andere nach rechts, um die schnurgerade verlaufende Kastanienallee herauf zu zielen. Dicht darauf folgte ein Lastwagen voller Soldaten, die absprangen und unter der Deckung der Panzergeschütze die Arbeitersiedlung durchkämmten. Sie trieben die soeben beraubten Familien aus den Häusern auf die Straße, wo sie von zwei der Soldaten bewacht wurden.

Inzwischen war die ganze Kaffeerunde herausgekommen und stand wie gelähmt im Haupteingang neben Onkel Albi. Ich hörte eine Stimme flüstern: »Was sollen wir tun?«

Der alte Herr mit den weißen Haaren sagte: »Wir müssen uns verstecken.« Ein anderer fragte ängstlich: »Wie lange?« Und eine Frau flüsterte noch ängstlicher: »Wo verstecken?«

Die Ketten der Ungetüme begannen wieder zu mahlen, sie rollten jetzt auf uns zu und trieben all die Menschen vor sich her. Die Soldaten durchkämmten den Kuhstall, den Schafstall, den Fohlenstall, die Dreschscheune, die Stellmacherei, den Pferdestall und jagten alle auf den Platz vor das Herrenhaus.

Vielleicht hatten sich einige irgendwo versteckt, doch unsere Gruppe, die auf der Freitreppe stand, war zu ratlos und zu geschockt, um irgendetwas zu unternehmen.

Ich kümmerte mich um Dagi, die nicht aufhören wollte zu weinen, als ein Soldat kam und allen befahl, hinunter in den Hof zu gehen, was er mit seiner Maschinenpistole unterstrich. Erst jetzt bemerkte ich, dass Onkel Albi, Tante Sissi und meine Mutter nicht mehr bei uns waren. Es war ein ziemlicher Schreck, aber ich hatte keine Zeit, darüber nachzudenken, denn alle drängten und zerrten Dagi und mich mit.

Als wir draußen zwischen den Panzern standen, kam der Befehl, alle Deutschen hätten sich in der Dreschscheune zu versammeln. Wie eine halb betäubte Schafherde bewegten wir uns Richtung Scheune.

»Wenn wir in der Scheune sind, werden wir niedergemäht, und dann wird sie angezündet«, sagte jemand.

Ich wollte nicht sterben, und in meinem Kopf liefen ganz verschiedene Fluchtpläne ab. Ich nahm Dagis Hand und zog sie an den Rand der Gruppe, von wo aus wir leichter fliehen konnten.

Plötzlich sah ich, wie Irma Mey und ihre Tochter Elfi zwischen der Scheune und dem Gutshaus auf den Teil der Mauer zugingen, wo die Seitenpforte zum Park ein kleines Stückchen offen stand. Es war schon sehr dämmrig, der Himmel bezogen, und es fing an zu nieseln, eine Mischung aus dünnem Schnee und Regen. Die Parkmauer war grau, das Licht war grau, die Mäntel der beiden Frauen waren grau, und es würde in wenigen Minuten dunkel werden. Die Russen waren auf der anderen Seite unserer etwa vierzigköpfigen Gruppe postiert. Hier auf der Parkseite konnte ich niemanden von ihnen sehen, was ich auch als eine Chance für Dagi und mich einschätzte.

Wie auf ein Kommando fingen Elfi und ihre Mutter plötzlich an zu laufen. Mein Wunsch, dass den beiden die Flucht gelänge, war so stark, dass ich vergaß, selbst loszurennen. Auf dem Gut hatten alle immer über Elfi und ihre Mutter getratscht und gelästert, weil Irma nicht verheiratet gewesen war und den Namen von Elfis Vater nie preisgegeben hatte. Meine Mutter meinte, das alles sei kein Beinbruch, aber auch kein Grund für Irma, ihre Tochter nun vor allen Männern so scharf zu hüten, dass die sich gar nicht an das bildhübsche Mädchen herantrauten. »Sie wird ja schon knallrot, wenn ein Mann sie bloß anspricht«, hatte sie gesagt. Mir gefiel es, wenn Elfi rot wurde, aber mir gefielen auch ihre bleiche Haut, ihre mandelförmigen braunen Augen, die kleine, etwas breite Nase und der volle Mund. Gerade dieses Aussehen war Anlass zu weiteren Spekulationen über Elfis Vater. Hotte hatte sogar einmal grinsend gesagt: »Der Vater ist nicht von hier, der muss aus Japan sein.« Für mich war es nichts »Japanisches«, für mich war es ein exotischer Zauber, und ein paar Mal war ich sogar in Elfi verliebt.

Es fielen Schüsse, und eine russische Stimme brüllte: »Stoi!«

Elfi und ihre Mutter hatten die Pforte zum Park noch nicht erreicht. Wieder krachten Schüsse. Irma fiel hin, und Elfi blieb wie erstarrt stehen.

Ich drückte Dagis Hand so sehr, dass sie »Aua« schrie und sie wegzog. Irma lag auf dem Gesicht und rührte sich nicht mehr. Elfi ging langsam auf sie zu. Ein paar Russen kamen angelaufen, drehten Irma Mey auf den Rücken und schnitten ihr mit einem großen Messer die Kleider vom Leib, bis sie nackt war. Einer der Soldaten ließ sich auf die Knie fallen und warf sich über sie. Da Elfi wie eine Wahnsinnige schrie, trieb sie ein anderer in Richtung Scheune.

Ich wurde aus meiner Erstarrung gerissen, als ein Russe sich uns zuwandte, mit seiner Waffe drohte und ein Zeichen machte, dass wir verschwinden sollten. Ich nahm Dagis Hand und ging mit ihr zurück zum Gutshaus. Ich weiß nicht, warum ich das tat, aber ich war wie benebelt.

Inzwischen war es so dunkel geworden, dass man uns von der Scheune aus kaum noch sehen konnte. Da ich jedoch wissen wollte, was dort weiter passierte, schickte ich Dagi alleine weiter und gab ihr den Auftrag, Mutter zu sagen, dass die Russen betrunken seien und sie sich auf jeden Fall verstecken solle. Dagi zögerte, sie hatte Angst, aber ich gab ihr einen Schubs, sodass sie zu laufen begann. Um die mögliche Aufmerksamkeit der Panzerschützen auf mich zu lenken, ging ich hoch aufgerichtet und mit wedelnden Armen in Richtung Scheune. Als ich mich noch einmal umdrehte, sah ich, wie Dagi in der Haustür verschwand.

Inzwischen war mir klar geworden, dass Irma Mey schon tot gewesen war, als sich der Soldat auf sie geworfen hatte. Es war nicht sehr klug von mir, zur Scheune zurückzugehen, aber jetzt merkte ich, dass ich Elfi trösten wollte, weil sie ihre Mutter verloren hatte. Ich wusste zwar nicht, wie so ein Trost aussehen könnte, aber ich wollte einfach in ihrer Nähe sein.

Als ich den ersten Blick in die Scheune warf, packte mich ein Russe am Kragen und schob mich hinein. Dicht gedrängt standen alle beieinander, so wie ich es bei Rindern auf der Weide gesehen hatte, wenn es gewitterte. Einige Frauen weinten und jammerten, die Russen würden sie jetzt mit ihren Panzern zusammenschießen. Ich glaubte das nicht. Und sollte es geschehen, fühlte ich mich dennoch imstande, einen Ausweg oder eine Rettung zu finden. Für eine Sekunde hatte ich sogar die Vision, mit den ersten Flammen aus dem Dach zu fliegen, als Feuergeist vom Himmel zurückzukehren und alle Russen zu verbrennen.

Zwei Frauen neben mir tuschelten etwas von »Flintenweibern«, die die Schlimmsten seien, denn im Tor der Scheune versammelten sich nicht nur Männer, sondern auch Soldatinnen. »Die haben nur Hass für uns«, zischte Berta Rohr voller Zorn.

Immer wieder leuchteten die Russen mit ihren großen Taschenlampen zu uns herein und holten Mann für Mann heraus.

Ich nahm das nur nebenbei wahr, denn ich wanderte zwischen all den Leuten herum, um Elfi zu finden. Ich entdeckte sie weinend neben Ruthchen Ossowski, die ihr den Rücken streichelte und ihr etwas zuflüsterte. Ich stellte mich daneben und fasste ihre Hand, die ich festhielt.

Plötzlich stand sie im Licht einer Taschenlampe, sie entzog mir die Hand, um sich vor dem grellen Strahl zu schützen, doch sogleich war ein Russe vor ihr und wiederholte immer dieselben Worte: »Du Frau mitkommen.« Anfangs war seine Stimme noch freundlich, dann versprach er ihr: »Du nix kaputt«, beteuerte auch, sie müsse keine Angst haben, doch als Elfi nicht aufhörte zu weinen und den Kopf zu schütteln, wurde er ungemütlich. Allein die Tatsache, dass sich seine Stimme in ein grimmiges Knurren verwandelte, ließ die Umstehenden um ihr Leben fürchten, und sie fingen an, Elfi zu drängen, endlich mitzugehen. Schließlich blieb ihr nichts anderes übrig, und der Russe zerrte sie hinaus.

Mittlerweile waren es immer mehr Lichtkegel geworden, die nach Frauen und Mädchen suchten. Auch höhere Dienstgrade. Der Russe, der Elfi mit sich gezerrt hatte, war mit einem Offizier in Streit geraten. Das war nicht verwunderlich, denn Elfi, Kathrin und Ruthchen waren die Hübschesten auf dem Gut. Ich hörte, wie die Stimmen lauter wurden, und im nächsten Moment stand Elfi wieder neben mir. Als der Scheinwerfer sie suchte, kniete sie nieder, legte ihre Arme um mich und zog mich ganz eng an sich, sodass ich ihre Wärme an meinem Rücken spürte. Ich sah die Lampe heran kommen, bis der Russe vor uns stand und in holprigem Deutsch sagte: »In einer Stunde geht die Front weiter – alle raus!« Es war der Offizier, der dem anderen Elfi wegnehmen wollte.

Obwohl ich eigentlich zu schwer für sie war, nahm sie mich auf den Arm und quetschte sich in die Mitte der Hinausdrängenden. Dabei versuchte sie, ihr Gesicht an meinem Hals zu verbergen, damit keiner sie wieder erkennen konnte, aber die

Soldaten an der Tür leuchteten alle an. Einer von ihnen entdeckte sie und hielt mich am Arm fest, sodass sie stehen bleiben musste. Ich versuchte mich loszureißen, damit sie weitergehen konnte, aber er riss so fest an mir, dass ich zur Erde fiel. Er stieg über mich hinweg, um Elfi zu packen, aber ich griff blitzschnell nach ihrer Hand und zog sie nach unten. Dadurch stolperte er, und als er sich gefangen hatte, hob er seinen Karabiner und haute das Schulterstück auf mein Handgelenk. Er grinste mich an, indem er etwas auf Russisch zu mir sagte, und wandte sich an Elfi. Sie wich vor ihm zurück. Er folgte ihr in die Scheune, unablässig Russisch redend. Sie sah den Strohballen nicht, der hinter ihr an der Scheunenwand lag, fiel rücklings darauf, und er hatte sie.

Ich sah zum ersten Mal, was sie mit den Mädchen machten. Das, was man Elfis Mutter angetan hatte, war für mich in der allgemeinen Gewalt und Hast untergegangen, nun aber vollzog es sich leise und langsam. Ich konnte nicht wahrnehmen, ob Elfi sich noch wehrte, und konnte auch nicht beurteilen, wie schlimm es für sie war. Der Russe brüllte sie nicht an und schlug sie nicht. Er röchelte, flüsterte und stöhnte immerzu etwas auf Russisch, er lag auf ihr, hatte sie im Arm und bewegte sich hin und her. Es war anders, als wenn die Tiere sich paarten, es war anders, aber ich begriff, dass es irgendwie doch das Gleiche war. Mir fiel ein, wie der Administrator, der nicht wollte, dass Hasso eine Hündin besprang, einen Knüppel genommen und dem verrückten Hund eins übergebraten hatte.

Ich hatte keinen Knüppel, aber dennoch schlich ich mich näher. Ich war sehr neugierig, was genau da passierte und wollte Elfis Gesicht sehen, um zu erfahren, wie sehr sie litt. Das letzte Stück huschte ich auf die Beiden zu, kam unbemerkt gefährlich nahe, stieß aber dann mit dem Fuß versehentlich gegen den Karabiner, der am Strohballen lehnte. Das Gewehr hatte ein aufgesetztes Bajonett, das gegen das Bein des Russen fiel. Er sprang so jäh auf, dass ihm die Lampe auf der anderen Seite des Strohs herunterfiel. Dadurch war es dunkel, und ich konnte schnell entwischen. Als ich mich noch einmal umsah, kam Elfi angehuscht, während der Betrunkene fluchend vor dem Stroh herumkroch und sein Gewehr suchte. »Stoi!«, schrie er so laut, dass mir der Schrecken in die Glieder fuhr.

»Nicht stehen bleiben!«, zischte Elfi, nahm meine Hand und zog mich in Windeseile davon. Sie kannte den Hof, mit schnellen Schritten hatten wir den Unterstand für die Kutschen erreicht und verschwanden in einem geschlossenen Wagen, dessen Vorderachse gebrochen war. Es war die Kutsche, von der aus Paul auf die Schwalben geschossen hatte. Wir krochen unter die gepolsterten Bänke und hörten für eine halbe Stunde nur unseren langsam abflauenden Atem, die Rufe und Schüsse auf dem Hof.

Nachdem wir uns beruhigt hatten, begann Elfi, ein langes Gebet für ihre Mutter zu sprechen. Das meiste konnte ich nicht verstehen, vieles wurde von ihrem Schluchzen verschluckt, und irgendwann bemerkte ich, dass sie alles wiederholte und immer von neuem anfing. Sie weinte, und ich versuchte, sie zu beruhigen, streichelte ihre Arme, ihren Hals und ihr Haar, zog auch an ihrer Nase, wie es Tante Kläre mit mir machte, wenn ich »aus dem Häuschen war«, wie sie es nannte und zu mir zurückfinden sollte. Aber all das half nicht. Dazwischen hauchte sie »meine Mama, meine Mama, meine Mama«, was mich an meine Mutter erinnerte. Ich wollte nun unbedingt wissen, ob Dagi sie gefunden und meine Bestellung ausgerichtet hatte. Ich musste zurück ins Gutshaus und versuchte, es Elfi zu sagen, aber sie ließ mich mit ihrem Wispern und Schluchzen nicht zu Wort kommen, bis ich ihr den Mund zuhielt und ihr direkt ins Ohr wisperte, dass ich nachschauen wolle, wo meine Mutter sei. Sie beherrschte sich einen Moment, sagte, sie habe nichts dagegen und nahm mich noch einmal in den Arm. Ich lag eine ganze Weile auf ihr. Es war Nacht und kalt, wahrscheinlich wollte sie sich wärmen. Ich fragte, ob sie mitkommen wollte, aber sie entschied sich zu bleiben, weil sie sich in der Remise mit den Kutschen sicherer fühlte als irgendwo sonst auf dem Gut.

Vorsichtig kletterte ich aus der Kutsche. Es war sehr kalt, und dicke Schneeflocken wehten mir ins Gesicht, als ich hinter den Pferdeställen zum Obstgarten huschte, wo ich einen kleinen Eingang kannte. Ich brauchte nicht hinüber zu klettern, die Pforte war aufgesprengt. Auf der Nordseite verließ ich den Garten wieder und stahl mich durch einen Hintereingang ins Gutshaus. Bis zu unserem Zimmer begegnete ich niemandem. Die Tür war nicht verschlossen, und ich schlüpfte hinein.

Es war dunkel. Ich tastete mich bis zu dem Bett, in dem Dagi schlief, tastete herum, bis ich ihr Haar und ihr Gesicht fühlte. Sie schien fest zu schlafen, aber meine Mutter hatte mich gehört und flüsterte mir von irgendwoher aus dem Zimmer zu: »Geh ins Bett und schlaf möglichst bald.«

»Wo bist du?«, flüsterte ich zurück.

»Ich bin auf dem Schrank, ich verstecke mich hier. Wenn jemand reinkommt, dürft ihr nicht zu mir sprechen, verstehst du?«

Während ich mir die Schuhe auszog, richtete sich Dagi auf und schaute mich verschlafen an. Das konnte ich jetzt sehen, weil draußen ein Auto anfuhr und ein kurzer Lichtschein durchs Zimmer glitt. Ich schärfte ihr noch einmal ein, dass wir auf keinen Fall zu Mama sprechen dürften, wenn jemand hereinkäme. Sie saß so stumm und begriffsstutzig da, dass ich es ein paar Mal wiederholte. Plötzlich wurde sie wütend und sagte verdammt laut: »Ich weiß! Keiner soll wissen, dass meine Mutter auf dem Schrank liegt!«

Es war genau das, was sie nicht tun sollte. Ich kam ihr mit meinem Gesicht ganz nah und zischte sie wie eine Schlange an: »Du sollst das nicht sagen! Hast du verstanden? Das darf man nicht sagen!«

»Du sagst es ja auch!«, kreischte sie mich an.

»Ich will von keinem mehr auch nur einen Ton hören!«, kam es scharf vom Schrank, und Dagi warf sich wild und mit einem Ruck unter die Decke.

19. KAPITEL

Ein paar Mal wurden wir in der Nacht geweckt, weil betrunkene Russen hereinkamen, Licht anmachten und herumtorkelten, um zu schauen, ob nicht doch Erwachsene im Zimmer wären. Einer zog uns einmal die Decke weg und wollte wissen, wo unsere Mutter war. Ich nahm Dagi in meine Arme und sagte: »Tot.«

Manchmal sangen die Russen draußen, brüllten oder schossen herum, während aus der Ferne das gleichmäßige Grollen der nach Westen weiterrollenden Panzer zu hören war. Gelegentlich wurde es von Detonationen unterbrochen, die die Scheiben klirren ließen.

Am nächsten Morgen ging ich, um aus der Küche Wasser zu holen. Weder die Köchin Hedwig Swistek noch Ruthchen Ossowski noch die Försterfrau Hilde Plum oder ihre Tochter, das Mauerblümchen, waren da. Ich drehte den Hahn auf, aber es tröpfelte nur.

Da meine Mutter durstig war, musste ich über den Hof bis zur Schmiede, um mein Glück an der Pumpe zu versuchen. Ich nahm aus dem großen Lagerraum neben der Speisekammer einen Emailleeimer und machte mich auf den Weg.

Als ich aus der Haustür trat, musste ich einen Moment stehen bleiben, um mich an den Anblick zu gewöhnen. Ich hatte so etwas noch nie gesehen. Alles, was sich bewegen ließ, hatten die Russen aus den Fenstern geworfen. Zerbrochene oder zerschlagene Möbel lagen umher, Betten waren aufgeschlitzt, das Bassin unter der versiegten Fontäne war weiß von Federn und überall Kadaver. Die Hühner hatten sie aus den Ställen gejagt und als Zielscheiben benutzt. Aber auch Kühe, ein Pferd, Schafe und Schweine waren Opfer ihrer Kalaschnikows geworden. Vielleicht hatte sie die Lust dazu irgendwann verlassen, denn etliche Kühe liefen frei herum und brüllten ganz herzzerreißend, weil sie nicht gemolken wurden und ihnen die Euter schmerzten. Als ich am Pferdestall vorbeikam, konnte ich nicht widerstehen hineinzuschauen. Die meisten Pferde waren fort.

Die Pumpe funktionierte, ich hängte den Eimer an und griff mit beiden Händen den Pumpenarm. Das quietschende Geräusch beruhigte mich. Das wenigstens funktionierte noch.

Auf meinem Weg zurück hielt mich ein Russe an und wollte wissen, was im Eimer war. Als er das Wasser sah, grinste er, streichelte über mein Haar und schob mich weiter.

Dagi lag noch im Bett. Sie weinte. Am Bettrand saß Hotte und versuchte, sie zu beruhigen. »Ein paar sind schon tot«, sagte er.

»Wer?« Ich schöpfte mit einer Tasse Wasser aus dem Eimer. »Nicht weinen!«, sagte ich zu Dagi, gab ihr zu trinken, zog sie dann aus dem Bett und zerrte sie zur Tür hinaus. Dort erklärte ich ihr: »Du bleibst hier stehen, und wenn jemand kommt, machst du schnell die Tür auf und rufst, wo ist Mutti, dann rufe ich, die ist nicht da, und dann hältst du dich an der Tür fest und weinst, damit keiner so schnell hereinkommen kann.« Ich hatte ihr das bereits vorher erklärt und hoffte, dass sie es nun richtig machen würde.

Wieder im Zimmer, zog ich die Tür hinter mir zu, aber sie machte sie gleich wieder auf und schaute mich borstig mit ihrem tränenverschmierten Gesicht an. »Ich will hier draußen nicht alleine sein«, sagte sie.

Ich hielt die Tür fest und flüsterte ihr durch den Spalt zu: »Du musst! Sonst verdurstet Mami!« Dann zog ich die Tür wieder zu, und diesmal klappte es.

Mir war wohl bewusst, dass Hotte nun in das Geheimnis eingeweiht war. Als ich mich umdrehte, sah ich, wie er das ganze Zimmer mit seinen Augen absuchte, wo unsere Mutter wohl stecken könnte. »Das darf niemand wissen«, sagte ich zu ihm und hoffte, dass er nichts verraten würde. Er schwor hoch und heilig, den Mund zu halten.

Ich zog einen Stuhl vor den Schrank, schöpfte eine Tasse mit Wasser, stieg auf den Stuhl und hielt sie ihr hin. Ihre Hand erschien und die Tasse verschwand. Nach einer Weile kam die Tasse wieder hervor.

»Möchtest du noch mehr?«

»Noch eine Tasse.«

Schnell sprang ich herunter, goss wieder voll, stieg auf den Stuhl und hielt sie hoch. In diesem Moment ging die Tür auf. Wie elektrisiert sprang ich vom Stuhl und zerrte ihn schnell vom Schrank zum Tisch. Ängstlich drehte ich mich zur Tür um. Dort stand Dagi und schaute blöd.

»Was ist?«

Sie sagte nichts und machte die Tür wieder zu. Hotte grinste.

Es machte mich immer wütend, wie dumm sie war, aber jetzt hatte ich keine Zeit für solche Gedanken, ich musste den Stuhl wieder zum Schrank schieben, schnell hinaufsteigen und die Tasse nehmen, die meine Mutter schon über die Kante hielt. Aus den Augenwinkeln sah ich, wie Hotte sich vor die Tür stellte, damit Dagi nicht noch einmal hereinkommen konnte.

Das beruhigte mich, aber als im Hof eine Maschinenpistole abgefeuert wurde, durchfuhr mich ein ziemlicher Schrecken. Jemand brüllte etwas. Ich stellte den Stuhl schnell ordentlich an den Tisch und rannte zum Fenster. Auf dem Vorplatz an der Fontäne standen Russen, die in die Luft geballert hatten und nun wollten, dass alle aus den Häusern und Ställen herauskämen.

Ich holte Dagi wieder herein, befahl ihr, sich ins Bett zu legen und dort zu bleiben und niemandem etwas von meiner Mutter zu sagen. »Ich gehe raus und sehe nach, was draußen los ist«, sagte ich so laut, dass meine Mutter auf dem Schrank es hören konnte.

Hotte kam mit, und als wir aus der Haustür traten, waren alle schon versammelt. Dicht gedrängt standen sie an der Parkmauer, umzingelt von Russen mit Gewehren im Arm.

Ein dicker Offizier – Schirmmütze im Nacken, Schnapsflasche in der Linken, Pistole in der Rechten – ging vor den Deutschen auf und ab, fuchtelte mit den Armen umher und zeigte dabei auf einen der Männer, der hervortreten sollte. Es war Georg Bisanz, der Gehilfe aus der Stellmacherei. Er war ein ruhiger, freundlicher älterer Mann, der einmal versucht hatte, mir das Schnitzen beizubringen. Ich mochte ihn.

Ich wusste nicht, was mit ihm passieren sollte und stellte mich zu den Russen, von wo aus ich am besten sehen konnte, wen der betrunkene Offizier von meinen Freunden auswählte. Der vierschrötige Offizier erinnerte mich an Rübezahl aus meinem Bilderbuch. Nun zeigte er auf Heinrich Swistek, der älter als Georg Bisanz war und auch in der Stellmacherei arbeitete. Ich dachte, Rübezahl wollte denen irgendeinen Stellmacherauftrag geben, aber als Nächsten ließ er den Traktorfahrer Richard Wittek vortreten, der im letzten Sommer bei der Ernte den Steuermann Oswald Mildbradt ersetzt hatte, weil der an die Front musste. Ich schaute zu Bruni, für die Richard Wittek wie ein neuer Vater war und dessen freundlicher Geduld sie es verdankte, dass sie fast eine Imkerin geworden war. Sie konnte nicht verbergen, wie aufgeregt sie war. Sie redete auf ihren Bruder ein, den sie dauernd anstieß und zupfte, bis er aufbrauste.

Frauen, Kinder und sehr alte Männer interessierten Rübezahl wohl nicht, und ehe ich den Gedanken zu Ende denken konnte, stieß mich der Russe neben mir an, hielt mir seinen Becher unter die Nase und sagte lachend etwas, das wohl heißen sollte: »Trink!« Der Becher war voll mit Schnaps. Ich schüttelte den Kopf, worauf er noch mehr lachte, mir seine Waffe an die Schläfe hielt und brüllte: »Nastrovje!«

Ich schluckte schon, bevor ich trank, riss mich dann aber zusammen, grinste ihn ebenso an wie er mich, nahm einen ordentlichen Schluck, verschluckte mich und hustete alles auf seine Stiefel. Die waren in einem saumäßigen Zustand, und der blödsinnige Gedanke kam mir, dass Iwan sicher abends nicht seine Stiefel putzte und schon gar nicht den Steg, wie es mein Vater immer von mir verlangt hatte. Mir wurde schwindlig, vielleicht weil Schnaps in meine Speiseröhre gelangt war, und ich kniff mir die Nase zu.

Inzwischen hatte Rübezahl alle Männer herausgesucht, die er haben wollte. Er gab ein russisches Kommando und drei Soldaten tasteten sie nach Waffen ab. Als der Administrator an der Reihe war, entdeckten sie bei ihm eine Pistole. Rübezahl machte ein ziemliches Theater wegen der Pistole und ließ ihn abführen. Unter den beiden Eichen, die den Eingang zum Obstgarten markierten, musste er stehen bleiben und wurde dort von zwei Soldaten bewacht.

Nach dieser Aktion ließ Rübezahl die ausgesuchten Männer unter der Aufsicht von sechs Russen abmarschieren, was meine Mutter später »Verschleppung« nannte. Es waren Georg Bisanz, Richard Wittek, der vierte Gespannführer Erich Meinhard, der Kutscher Otto Grohmann, der Maurer Emil Zöller, der Chef im Schweinestall Franz Busse, der Pferdeknecht Wilhelm Bretschneider und Emil Riemer, der Chef bei den Kühen, der wegen einer Kriegsverletzung Fronturlaub hatte. Dies waren die, die ich kannte, aber es kamen noch die Männer aus Ostpreußen hinzu. »Keinen werden wir wieder sehen«, sagte meine Mutter später.

Alle, die übrig geblieben waren, wurden nun die Kastanienallee hinunter getrieben und ins Backhaus gesperrt. Ich hatte mich dazu gesellen wollen, aber mein Russe hielt mich fest und hockte sich vor mich hin.

»Du Wodka«, sagte er grinsend, »du, guter Mann!« Er hielt mir den vollen Becher unter die Nase.

Er war unrasiert und stank trotz der Kälte nach Schweiß und Schnaps. Rechts vorne fehlte ihm ein Zahn, was ihn ungefährlicher erscheinen ließ als zu Anfang.

»Das ist kein Wodka«, sagte ich, denn ich wusste von den russischen Kriegsgefangenen, dass Wodka nicht roch. Riecht wie Wasser, hatten sie immer gesagt.

»Ah … ah …«, er gab sein breitestes Grinsen zum Besten und tippte mit dem Finger an die Stirn, was wohl heißen sollte, dass ich verdammt schlau war. »Ich Iwan.« Er hielt mir den Becher mit dem Schnaps an den Mund, aber ich presste die Lippen zusammen und schüttelte den Kopf.

»Nix gutt«, sagte ich und zog ihm eine freche Schnute. Ich hatte keine Angst vor ihm, hatte überhaupt keine Angst vor den Russen, weil die russischen Kriegsgefangenen mir gezeigt hatten, dass sie Kinder mochten.

Er befahl mir, stehen zu bleiben, und verschwand.

Nun war ich alleine und sorgte mich um meine Mutter. Bis auf die Männer, die abgeführt worden waren, befanden sich alle im Backhaus. Vielleicht sperrten sie sie dort ein, weil sie das Herrenhaus in Ruhe ausplündern wollten. Dabei würden sie natürlich in jedes Zimmer gehen, vielleicht auch in unseres, und womöglich den Schrank umwerfen. Wenn ja, wäre Dagi imstande, sie daran zu hindern? Sie war noch so ein kleines Kind, und kleine Kinder glaubten jedem. Sie konnten einfach Lüge nicht von Wahrheit unterscheiden. Für sie waren es Menschen, die uns helfen wollten, auch wenn es nur eine Behauptung war.

Erst jetzt bemerkte ich, dass der Administrator immer noch am Eingang des Obstgartens bewacht wurde und entdeckte dort auch Iwan, der mit den beiden Bewachern verhandelte und eine Flasche entgegen nahm.

In diesem Moment erschien Eule in der Eingangstür des Herrenhauses. Ich lief zu ihm, vielleicht konnte er mir sagen, was drinnen los war.

»Wo ist deine Mutter?«, fragte ich ihn, denn ich hatte Elsbeth unter all den Menschen hier auf dem Hof nicht gesehen.

»Komm mit«, sagt er, »aber das darf niemand wissen.«

Sofort kam mir der Gedanke, dass Eule und seine Mutter ein besseres Versteck gefunden hatten als meine Mutter, denn sie kannten jedes Mauseloch auf dem Gut und jeden Schlupfwinkel in der Umgebung.

Schnell führte Eule mich zum Ostflügel des Schlosses, wo der Administrator seine Wohnung hatte. Währenddessen behielt ich Iwan im Auge, der mit dem Rücken zu uns stand. Da er sich jeden Augenblick umdrehen konnte, trieb ich Eule an, sodass wir schnell hinter dem Ostflügel verschwanden. Ich sah gerade noch, wie Iwan sich umwandte, die Flasche in der erhobenen

Hand. Geschwind den letzten Schritt, und wir waren aus seinem Blickfeld verschwunden.

Eule drückte die Eingangstür auf, die sich nach innen öffnete, und ich folgte ihm. Als ich die Tür zumachen wollte, sah ich Iwan auftauchen, der mich entdeckt hatte und mir einen wilden Blick zuwarf. Ich drückte die Tür ran, sie hatte von innen einen Riegel, ich schob ihn vor.

»Das nutzt nichts, die brechen die Tür auf«, sagte Eule und verschwand in einem der Zimmer.

Er hatte Recht, das waren auch die Worte meiner Mutter gewesen, und daher schlossen wir unsere Stube nicht ab. Die Russen nicht aussperren, sondern ablenken, war der einzige Ausweg.

Kaum hatte ich das gedacht, da krachte es an der Tür. Ich schrak zusammen und zog den Riegel zurück. Die Tür blieb zu. Wahrscheinlich nahm Iwan gerade seinen zweiten Anlauf. Ich wollte nicht den Eindruck erwecken, als würde ich mich verstecken, oh Gott, nein, im Gegenteil! Ich hatte den Impuls, hinaus zu spazieren und ihn möglichst wegzulocken, denn ich ahnte, dass Elsbeths Versteck hier in der Wohnung war.

Als ich öffnete, kam Iwan mit Schwung auf die Tür zu und torkelte betrunken an mir vorbei. Dabei hielt er die Flasche triumphierend hoch, während er halb lachend, halb überrascht ob seines Tempos russisch fluchte und lang hinfiel. Die Flasche hatte er gerettet, saß auf dem Hintern, befahl mich zu sich, hielt mir die Buddel hin und brüllte: »Wodka!«

Ich roch daran. Es war geruchlos, Iwan grinste breit und machte ein Zeichen zu trinken. Ich hielt die Luft an und versuchte, so viel wie möglich herunterzuschlucken, aber es brannte und kratzte so sehr, dass ich an dem Hustenanfall fast erstickte.

Iwan beachtete das nicht, sondern rief einen Kollegen herbei, der ihm auf die Füße half. Iwan erklärte ihm irgendwas, und beide begannen, die Wohnung zu durchsuchen. Aus dem Zimmer, in das Eule verschwunden war, kamen sie unverrichteter Dinge zurück und machten die Runde noch einmal. Beim zweiten Mal hörte ich Eule schreien.

Mit ein paar Schritten war ich in der Tür. Das, was ich sah, ließ meinen Atem stocken. Alles verkrampfte sich in mir, mein Hals war trocken, meine Augen begannen zu brennen, mein Herz schien mir aus dem Hals zu springen. Iwan hatte das Bett, unter dem Elsbeth versteckt war, halb durchs Zimmer gezerrt. Auf dem Boden vor den beiden Russen lagen Eule und seine Mutter.

In aller Ruhe nahm Iwan einen tiefen Zug aus seiner Flasche, brüllte etwas auf Russisch, nahm noch einen Schluck und brüllte wieder.

Elsbeth konnte nicht aufstehen, weil Eule mit dem Rücken halb auf ihr lag. Wollte er sie schützen? Für Iwan war er im Weg und wirkte auch nicht wie ein Kind, sondern wie ein junger Mann, der entschlossen ist, eine Frau zu verteidigen. Iwan zog seine Pistole, aber bevor er sie in Anschlag bringen konnte, bückte sich der andere Russe, packte Eules Haar und schleifte ihn weg. Dabei rutschte er aus und fiel auf das Bett, das hinter ihm stand. Obwohl er dabei die Balance verlor, hielt er Eule beim Schopf. Weil ihm das so wehtat, schrie Eule ununterbrochen und strampelte mit seinen Knien wild gegen den Peiniger an. Der jaulte nun auch, warf sich über Eule und biss ihm ein Ohr ab. Ich sah nur, wie er etwas Blutiges ausspuckte und registrierte erst später, dass es Eules Ohr gewesen war, denn ich schaute dauernd zu Elsbeth, der ich helfen wollte.

Elsbeth liebte ihren Sohn, und als er nun so fürchterlich blutete und schrie, konnte sie ihre Wut nicht mehr bändigen. Sie sprang auf und wollte dem Russen an den Hals, wurde aber zurückgeworfen, weil Iwan ihr mit voller Wucht gegen die Schulter trat. Im nächsten Moment kniete er auf ihr, hob die Flasche hoch, sodass ich fürchtete, er wollte sie damit schlagen, aber er setzte sie an den Mund und nahm einen tiefen Schluck. Danach schleuderte er die Flasche in meine Richtung, ich sollte sie auffangen und tat das auch.

Iwans Kollege war wieder auf den Beinen, schlug und trat so lange auf Eule ein, bis er sich nicht mehr bewegte. Alles an Eule war blutig und schlaff. Mir schwindelte, die Flasche rutschte mir aus der Hand.

Elsbeth kreischte und beschimpfte die Russen.

Iwan gefiel das. Er lachte und befahl etwas seinem Kollegen. Beide packten sie und rissen so lange an ihren Kleidern herum, bis sie nichts mehr anhatte. Vor mir lag die Flasche, aus der die meiste Flüssigkeit ausgelaufen war. Ich dachte an aufwischen, blickte umher, suchte ein Tuch und stellte fest, dass ich in der offenen Tür gegen den Türrahmen gelehnt war. Ich hätte weggehen können, aber meine Knie waren zu wackelig.

Ich war machtlos und die beiden Russen viel zu stark. Ich erinnerte mich an meine Fahrt mit Elsbeth durch den Schneesturm und wie schlimm es gewesen war, alleine zu sein, nachdem sie davon geritten war. Wie traurig ich mich gefühlt hatte, so verlassen zu sein. Immer wieder schwor ich damals, das nicht zu tun, ihr das nicht anzutun, ich würde sie nie alleine lassen. Später hatte ich es mir vor dem Einschlafen oft wiederholt. Dies alles kochte in mir. Ich weiß nicht, ob ich zu Elsbeth schaute, sie die ganze Zeit ansah und alles in mich eindrang, was mit ihr geschah. Oder ob ich mit offenen Augen nichts mehr sah. Die Flüssigkeit aus der Flasche floss langsam auf mich zu. Die Geräusche, denen ich mich nicht entziehen konnte, waren schrecklich. Furcht erfüllte mich.

Ich stand da wie erstarrt. Doch meine Gefühle waren in Aufruhr. Ich hörte nur mein Atmen. Die Lähmung nahm ab, verwandelte sich in Angst, die Angst wurde weniger, ich spürte Wärme in meinen Wangen und rannte davon.

Ich rannte ins Gutshaus, um Hilfe zu holen. Auf dem Flur vor unserem Zimmer standen zwei russische Offiziere in sauberer Uniform und gaben Rübezahl Anweisungen. Ich weiß nicht, was sie sagten, denn Soldaten geben immer Anweisungen oder kriegen welche. Ich ging an unserer Zimmertür vorbei, wagte aber nicht, die Küche zu betreten. Rübezahl stand in der Tür, und ich hätte an ihm vorüber gemusst. Was sollte ich auch in der Küche?

Ich wusste nicht, wie ich Elsbeth helfen konnte. Hilfe wollte ich holen, deswegen war ich losgelaufen, und nun stand ich auf dem dunklen Flur zwischen Rübezahl und den beiden Offizieren, ratlos, unwissend, ein Kind, das plötzlich alles Starke und Männliche in sich verloren hat.

Einer der Offiziere drehte sich um, musterte mich einen Augenblick lang und machte ein Zeichen, ich solle zu ihm kommen. Ich rührte mich nicht, denn in diesem Moment durchlief mich so etwas wie Schüttelfrost und Tränen rannen mir in dicken Bächen über die Wangen. Soldaten weinen nicht, dachte ich. Sie mögen keine Menschen, die weinen. So könnte ich Elsbeth nicht von Nutzen sein.

Der Offizier kam und fragte mich, warum ich weinte. Er war schlank und hoch gewachsen, Mitte oder Ende zwanzig, sein locker sitzendes Offiziershemd war in der Taille durch einen Lederkoppel zusammengerafft. Russenkittel – dies Wort stand mir plötzlich in verschiedenen Farben vor Augen. Hatte ich bislang nur Rotarmisten in abgetragenen und meist verdreckten graubraunen Hosen gesehen, fielen mir bei diesem Offizier seine gepflegten Breeches auf, die in schwarzen und polierten Reitstiefeln steckten. Welch ein Unterschied zu den schmutzigen Stiefeln der einfachen Soldaten, und nicht einmal jeder von ihnen besaß welche. Manch einer musste sich mit Fußlappen begnügen, und daher waren deutsche Männerstiefel bei ihnen äußerst begehrt. Ein anderer Unterschied zum Fußvolk der russischen Soldateska fiel mir noch auf: die steife Schirmmütze mit Sowjetstern, unter der dunkelbraunes Haar hervorquoll, während die einfachen Soldaten alle kurz geschoren waren und Pelzmützen oder Käppis trugen. All dies nahm ich schnell auf und versuchte darin ein Zeichen zu entdecken, ob er mir würde helfen können oder nicht. Er sprach Deutsch mit einem angenehmen Akzent und fragte mich noch einmal, wobei er einen seltsamen Ausdruck benutzte. »Was betrübt dich, mein Kind?« Betrüben verstand ich nicht, von Trübsal wusste ich noch nichts, aber ich erzählte ihm unter heftigem Schluchzen von Eule und seiner Mutter. Diese Schilderung nahm eine Weile in

Anspruch, weil jedes meiner Worte von meinen Schluchzern zerrissen wurde, doch er blieb geduldig. Schließlich war ich am Ende, und ohne, dass er zu erkennen gab, ob er mich verstanden hatte, sagte er etwas auf Russisch zu dem anderen Offizier. Dann forderte er mich auf, ihnen zu zeigen, wo das passiert war.

Sein Kollege befahl Rübezahl etwas, und er folgte uns. Ich wusste nicht, was sie vorhatten, aber ich fühlte mich in ihrer Mitte sicher. Vielleicht waren es auch nur die schnellen Schritte, die ich machen musste, um mit ihnen mitzuhalten, und die mein Blut in Bewegung brachten und mich beruhigten. In mir tanzte ein Satz herum, den ich Elsbeth zurief: Ich bringe dir Hilfe, ich bringe dir Hilfe, ich bringe Hilfe!

Als wir über den Hof zu der Wohnung gingen, fiel mir auf, dass der Administrator am Eingang des Obstgartens nur noch von einem Russen bewacht wurde, und mir kam die Idee, dass der böse Mann, der Eule das Ohr abgebissen hatte, der zweite Bewacher gewesen war.

In der Wohnung brauchte ich das Zimmer nicht zu zeigen, denn man hörte an den Geräuschen, wo die Teufel ihre Hölle hatten. Die Tür stand immer noch weit auf. Der Offizier war vor mir, warf einen Blick hinein, hielt mich an der Schulter fest und befahl mir zu verschwinden.

Ich war enttäuscht, denn ich wollte Elsbeth sagen, ich bringe dir Hilfe. Widerstrebend ging ich auf den Flur zurück, wobei ich auf die Geräusche lauschte und zu erraten suchte, was in dem Zimmer geschah. Es war mir nicht möglich, aber mir fiel auf, dass ich Elsbeths Stimme seit meiner Rückkehr nicht gehört hatte. Nur die Männer sprachen. Warum sagte sie nichts?

Als ich draußen war, lief ich so schnell wie möglich zurück ins Gutshaus zu meiner Schwester, die immer noch im Bett lag. Ich fragte sie, ob sie sich gut fühle, womit ich verschlüsselt meinte, ob es Mutter gut gehe. Das war so ausgemacht zwischen uns.

Sie nickte. Vermutlich war sie ein bisschen eingeschüchtert durch all den Lärm im Haus. Ich streichelte sie und legte meine

Hand auf ihre Stirn, was unsere Mutter auch oft tat, um zu sehen, ob wir Fieber hätten. Ihre Stirn war nicht zu heiß.

Ich blieb neben dem Bett stehen und erzählte mit lauter Stimme, was mir passiert war und was ich getan hatte, damit Mama es hörte.

»Wo sind die anderen Deutschen alle?«, fragte sie mit leiser Stimme.

»Alle sind im Backhaus«, sagte ich, »und da gehe ich jetzt hin, damit wir wissen, was los ist.« Ich wartete einen Moment, ob es Widerspruch gäbe, aber meine Mutter meldete sich nicht mehr, und so gab ich meiner Schwester einen Kuss und verließ das Zimmer.

Im Backhaus war es ziemlich voll. Alle standen zusammen und hielten sich gegenseitig in den Armen. Ich konnte das durch die dicke, große Scheibe sehen, die sich auf der anderen Seite des Backhauses wiederholte, sodass drinnen alle von zwei Seiten Licht bekamen. Der Himmel war grau, aber im Süden sah ich eine fahle Sonne am Himmel. Der Wolkenschleier hatte in der Mitte einen langen Riss, durch den ein silberner Strahl ins Backhaus fiel und die Eingesperrten beleuchtete. Aus meiner Perspektive wurden sie dadurch zu dunklen Silhouetten.

Draußen war es still. Niemand brüllte herum, es wurde nicht geschossen, nicht randaliert oder Balalaika gespielt, auch die ungemolkenen Kühe muhten nicht. Es war einer dieser verzauberten Momente, in dem wir uns der Leere bewusst werden, bevor der Lärm eines ganzen Marktplatzes wieder auf uns eindringt. Diesmal war der erste Laut aber nicht der Lärm des Marktplatzes, sondern das leise Jammern der Eingeschlossenen, das durch den großen Backofen über den Schornstein nach draußen drang. Es war wie das beständige Summen eines Schwarms vor seinem Bienenstock, doch es lag etwas Schmerzvolles darunter. Manchmal lösten sich auch Stimmen, riefen in einer hohen Tonlage einen Namen oder einen Satz, den ich nicht verstehen konnte. Vielleicht hatten sie Angst, dass ein Kanonenschuss durch beide Fenster ging, dann wären sie alle tot, vierzig auf einen Schuss. Einer der beiden Panzer bewachte das Backhaus, seine Bordkanone war auf die Fensterscheibe gerichtet. Vielleicht gab es auch einen anderen Grund. Neugierde trieb mich, näher zu treten und hineinzuschauen. Doch als ich die Hände hob, um damit die spiegelnden Reflexe von der Scheibe abzudecken, bekam ich einen leichten Schlag in die Rippen. Ich fuhr herum. Ein Bewacher hatte mir seinen Gewehrkolben in die Seite gestoßen und machte mir ein Zeichen zu verschwinden.

Es war einer von den vier Bewachern, die vor dem Eingang standen. Auf dem Lastwagen hatte ich viel mehr gesehen, und vielleicht waren über Nacht noch weitere dazu gekommen. Wo waren sie alle? Vielleicht lagen sie besoffen in den Ställen. Vielleicht hatten sie Brot bei sich und würden es nicht merken, wenn ich ihnen eines wegnähme. Ich war so oft mit Eule im Backhaus gewesen und hatte frisches Brot geholt, dass der Gedanke völlig von mir Besitz ergriff und ich meinen Hunger spürte.

Auf meinem Weg zurück ins Gutshaus sah ich zwar die russischen Militärlaster, den zweiten Panzer und die Panjewagen, aber keine Soldaten. Je mehr mir das auffiel, desto mehr beunruhigte es mich. Wo waren sie? Ich konnte mich nicht davon abbringen, eine Verbindung zu meiner Mutter herzustellen, und sogleich spürte ich einen sehr starken Alarm.

Von der Eingangshalle im Gutshaus ging der Flur ab, an dem unser Zimmer lag und der zur Küche führte. Derselbe Flur, in dem ich die beiden Offiziere und Rübezahl getroffen hatte. Er war leer. Die Küchentür war nur angelehnt, und ein lautes Stimmengewirr kam von dort. Um Mamas Sicherheit willen musste ich schauen, was in der Küche vor sich ging.

Die Küche war voller Russen, die sich wie in einer Kneipe lärmend unterhielten und rauchten. Auf dem Tisch lag ein Schinken, von dem ein Bär von einem Kerl mit einem großen Messer etwas abschnitt und es auf der Spitze seines Messers einem der Umstehenden hinhielt. Seine Fellmütze hatte er ins Genick geschoben. Ihm gegenüber stand Hofmeister Erich Domke, dem er auch ein Stück gab. Wahrscheinlich hatte Domke den Schinken besorgt.

Die Anwesenheit von Domke gab mir Sicherheit, ich spürte meinen Hunger so beißend, dass ich schon beim Anblick des Schinkens schlucken musste. Im Vertrauen darauf, dass Russen Kinder mochten, zwängte ich mich zwischen ihnen hindurch, bis ich neben dem Bären stand, der das Essen verteilte.

Hofmeister Domke war sechzig, sah aber älter aus, obwohl er ein kräftiger Mann war. Das Auffälligste an ihm waren seine buschigen Augenbrauen. Die sollte er sich stutzen lassen, hatte meine Mutter öfter gesagt. Ich fragte ihn, ob ich auch ein Stück Schinken haben könnte, doch er verstand das in dem Lärm nicht und rief: »Wo sind die beiden Offiziere?«

Ich legte die Hände an den Mund: »Die sind beim Administrator in der Wohnung.«

»Und wo ist Bahlow?«

»Der ist noch am Obstgarten.«

»Und sonst?«

»Weiß ich nicht.« Irgendwie fiel mir nicht ein, ihm zu sagen, dass von uns die meisten im Backhaus waren.

»Dann renn mal rum und guck mal und zähl genau, wer –«

Einer der Russen befahl dem Hofmeister etwas, und er hörte auf zu sprechen.

Ich sah, wie der Bär mich anschaute, und um ihn nicht misstrauisch zu machen, dass ich mit dem Hofmeister etwas gegen die Russen verabredet hätte, hielt ich ihm die offene Hand hin. Er grinste und gab mir ein Stück Schinken. Es schmeckte, stillte aber meinen Hunger nicht. Der Bär beachtete mich nicht mehr, doch als ich gehen wollte, piekte er mir mit dem Messer in den Oberarm. Ich wandte mich um und starrte ihn an. Mit einem breiten Grinsen zeigte er seine schlechten Zähne, warf ein Stück Schinken in die Luft, das ich wie ein Hund aufschnappen sollte, aber mit der Hand fing. Ich bedankte mich mit einer sehr tiefen Verbeugung, die alle umstehenden Russen zum Lachen brachte und verließ die Küche.

Ich ging zu uns ins Zimmer, um meiner Mutter zu erzählen, wie ich die Milchfahrerin Elsbeth gerettet hatte. Es war ganz und gar nicht eine Geschichte, die sie beruhigte. Besorgt wollte sie wissen, wo die anderen Besatzer sich aufhielten, und ich sagte, dass alle Russen in der Küche beim Essen seien, auch der Hofmeister. Er wolle, dass ich die Lage erkundete, um ihm zu berichten.

Meine Mutter war erst dagegen, fand es dann immerhin eine gute Idee, Hotte mitzunehmen. Sie hielt ihn für bedächtig und meinte, er täte meistens das Richtige. Sie wollte auch wissen, ob ich was von Sissi und Albi gehört hätte, und ich sagte, dass die meisten im Backhaus eingesperrt wären, Tante Sissi und Onkel Albi aber nicht dabei wären. Ich versuchte ihr klarzumachen, was für ein Glück es für die beiden wäre, nicht im Backhaus von einem Panzer bewacht zu werden. »Die kriegen nicht mal was zu trinken«, empörte ich mich und unterschlug all die anderen Dinge, die sie zu erleiden hatten.

Ich versprach Dagi, ihr etwas zu essen mitzubringen und düste voller Eifer los. Ich freute mich auf die Runde mit Hotte. Es war nicht das erste Mal, dass wir zusammen den Gutshof erkundeten, aber diesmal mit einem Auftrag. Wie oft hatten wir genau festgestellt, welche Tiere fehlten, wer inzwischen an die Front geschickt und wessen Tod gemeldet worden war, was die Ernte erbracht hatte oder erbringen würde. Manchmal hatten wir auf dem Friedhof angefangen, wo die Gefallenen beerdigt worden waren oder wenigstens ein Kreuz stand, wenn nichts mehr von ihnen übrig geblieben war. Hotte wusste immer alles und war ein umsichtiger Chronist des Gutes geworden. Unsere Runden waren jedes Mal eine spannende Unternehmung gewesen und hatten mir Spaß gemacht. Warum sollte es diesmal nicht so sein? Vielleicht sogar noch spannender.

Hotte war in der Schmiede und gerade fertig mit dem Beschlagen »eines russischen Zossen«, wie er sagte. Das Pferd erschien mir sofort viel zu gut für einen Russen, und auf den zweiten Blick erkannte ich Hänsel. »Das ist eines von Elsbeths Milchpferden«, sagte ich mit wütendem Protest in meiner Stimme, so als würde sie dadurch das Pferd zurückbekommen.

»Ich hab's von dem russischen Feldwebel, dem mit der Warze an der Stirn. Da muss ich's auch abliefern.«

Der mit der Warze an der Stirn war Rübezahl. Gut, dass ich das wusste, ich würde es Elsbeth sofort berichten. Ich würde es Rübezahl nachts klauen, wenn sie das wollte, und ihr zurückbringen. Das schwor ich innerlich.

Hotte brachte das Pferd hinüber in den Stall, wo der Bursche von Rübezahl es ihm abnahm. Ich merkte mir genau, in welche Box er es führte, und dann sausten Hotte und ich ab auf unsere Runde.

Zuerst schlichen wir im Herrenhaus herum, um zu sehen, wer sich dort noch befand.

Das Schloss, wie Hotte es nannte, war ziemlich verwüstet. Die Schränke standen offen, die Schubladen in den Zimmern waren herausgerissen und der Inhalt überall verstreut. Von den Gardinen hingen nur noch Fetzen herunter, Flüssigkeiten waren auf dem Boden ausgeschüttet, und auf manchen der teuren Teppiche waren Scheißhaufen, sodass wir nicht nur wegen der Scherben, die durch die Schuhsohlen schnitten, aufpassen mussten, sondern auch wegen der Scheiße. Von den ostpreußischen Flüchtlingen im ersten und zweiten Geschoss war niemand mehr da. »Sie haben sie entweder verschleppt oder umgebracht«, sagte Hotte.

»Wenn sie tot sind –«, wollte ich einwenden, aber er schnitt mir das Wort ab.

»Vielleicht finden wir sie im Wald oder in einer Grube auf einem Feld.«

»Auch Onkel Albi?« Das konnte ich nicht glauben.

»Hier oben ist keiner«, sagte er, »aber wenn wir hier einen Russki beim Klauen erwischen, knallt er uns ab.«

»Onkel Albi und Tante Sissi sind hier«, sagte ich und war nicht bereit, die Suche aufzugeben.

»Woher weißt du das?«

»Meine Mutter hat gesagt, sie hätten es ihr gesagt, wenn sie getürmt wären.«

»Können ja bei den anderen sein«, antwortete Hotte und machte keinen Schritt weiter.

»Nein. Sie waren heute Morgen nicht auf dem Hof dabei. Im Backhaus auch nicht, in der Küche auch nicht.«

»Vielleicht verstecken sie sich genauso gut wie deine Mutter.« Er schaute mich an. »Dann finden wir sie nie.« Das sagte er für mich zur Beruhigung, und ich war ihm dankbar dafür.

Er merkte das und sagte: »Aber die Russen.«

Jetzt hatte er es mit mir verdorben. Ich ging auf ihn zu und boxte ihm mit beiden Fäusten gegen die Brust, wobei ich immerzu wiederholte: »Du sollst das nicht sagen … du sollst das nicht sagen …!«

Er grinste verlegen, was ich sonst lustig fand, weil ihm vorne am Schneidezahn eine Ecke fehlte. Eigentlich hätten ihn die Kinder deswegen und wegen der unterschiedlichen Farbe seiner Augen immer gehänselt, aber niemand wagte das, weil er so stark war. Es war riskant, gegen ihn zu boxen, auch wenn meine Schläge ihm wegen seines dicken Soldatenmantels nichts ausmachten. Schließlich packte er meine Handgelenke, beugte sich etwas vor, um mir richtig in die Augen zu starren, und sagte leise: »Ist gut, du gehst vor, ich bleibe hinter dir, und wenn etwas passiert, helfe ich dir, aber du gehst als Erster.«

Ich war einigermaßen besänftigt, machte mich los und ging voran.

Wir waren im zweiten Stock, und ich schaute noch einmal in alle Zimmer, dann ging ich zu der Tür, hinter der die Treppe zum Dachboden führte. Sie war nicht verschlossen, und ich stieg die knarrenden Stufen hinauf. Auf der einen Seite reihten sich fünf schmale Zimmer aneinander, die Mädchenzimmer, in denen das weibliche Personal untergebracht wurde, das bei der Ernte zur Aushilfe kam. Ich schaute überall hinein, doch in den Räumen mit den doppelstöckigen Betten befand sich niemand, und immer mehr quälte mich die Frage, wo Onkel Albi und Tante Sissi sein könnten. Gestern, als die Russen kamen, hatte Onkel Albi mit seiner Waffe noch die Eingangstür bewacht. Wie war ihnen die Flucht gelungen, wo plötzlich alles voller Russen war? Ich dachte an verschiedene Waldwege, aber als wir zurück in den ersten Stock kamen, fiel mir ein, dass sie in ihrem

Schlafzimmer versteckt sein könnten, wo wir noch nicht gewesen waren. Entschieden sagte ich zu Hotte: »Komm, ich weiß jetzt, wo Onkel Albi und Tante Sissi sind« und marschierte Richtung Westflügel.

»Wo sind sie denn?«, fragte er misstrauisch.

»In ihrem Schlaftrakt«, sagte ich fest und benutzte einen Ausdruck meiner Mutter.

»Da komm ich nicht mit, da wollen die mich nicht sehen«, sagte er und blieb stehen.

Ich drehte mich um. In seinem deutschen Soldatenmantel, an dem sämtliche Abzeichen fehlten, sah er aus wie der Mann aus Naugard, der immer das Alteisen eingesammelt hatte. Ihm fehlte nur die Glocke und dass er »Alteisen!« brüllte. Er sah nicht ängstlich aus, sondern schien mir traurig, vielleicht weil ich daran dachte, was er verloren hatte – seine sieben Brüder und die Eltern. Mich berührte schon die Ungewissheit um Onkel Albi und Tante Sissi, mit denen ich nicht einmal verwandt war, und er hatte nur noch Gerda und Max Wendt. »Bleib hier stehen«, sagte ich.

Er schaute mich an, ohne etwas zu erwidern.

»Warte auf mich.«

»Hast du Angst?«, fragte er.

»Nein!«, erwiderte ich fest und machte auf dem Absatz kehrt. Er sollte meine Angst nicht sehen.

Keines der Zimmer im Seitentrakt war abgesperrt. Ich öffnete alle Türen, fand aber niemanden. Nach der vierten Tür stand ich in einem Salon, der ebenfalls leer war. In der Wand erkannte ich einen Türknauf und dann eine Tapetentür. Dahinter könnte das Schlafzimmer sein, denn das hatte ich bisher nicht gefunden. Auf Zehenspitzen schlich ich näher, fasste vorsichtig an, der Knauf drehte sich, die Tür ließ sich öffnen. Ich machte sie nur einen winzigen Spalt auf. Von drinnen hörte ich ein Winseln. Es klang so erbärmlich, dass ich die Tür öffnete und hineinschaute.

Das Jaulen kam von Tante Sissis zwei Dackeln und wurde lauter, als ich eintrat. Dicht pressten sie sich an den Boden – vielleicht, um die Füße ihrer Herren nicht zu berühren, die über ihnen hingen. Tante Sissi und Onkel Albi hingen nebeneinander an Stricken von der Decke herab. Beiden war die Zunge ein wenig aus dem Mund gerutscht. Nicht weit weg lag ein umgekippter Stuhl, auf dem sie beide zuletzt gestanden hatten.

Ich schämte mich. Ich wollte schlucken, konnte aber nicht, weil meine Kehle trocken war. Tante Sissi und Onkel Albi wollten bestimmt nicht, dass ich sie so sah. Ganz vorsichtig drehte ich mich um.

Leise, als wäre ich heftig getadelt worden, ging ich zum Zimmer hinaus, doch im Flur fielen mir die Hunde ein, ich kehrte um und öffnete die Salontür zum Flur einen Spalt, weil Plüsch und Plum irgendwann vielleicht auch weg wollten. Dann rannte ich und berichtete Hotte, was ich gesehen hatte.

Er legte seine Hand auf meinen Kopf. »Da sind sie dem Schlimmsten entgangen.«

Ich zitterte, und er hielt mich fest.

»Vergiss es.« Er sagte es sanft, aber bestimmt. »Sag zu niemand etwas. Lass uns versuchen, etwas für deine Schwester und deine Mutter zu essen zu finden. Und was zu trinken.«

Ich wollte sagen, dass ich zwei Scheiben Schinken hatte, schwieg aber und begann bis zehn zu zählen, weil Tante Kläre gesagt hatte, wenn etwas Schlimmes passiert ist, dann zähle bis zehn, dann ist es vergangen. Und wenn nicht, sollte ich von vorne anfangen.

Das brauchte ich nicht, denn ich war noch gar nicht bei zehn, da krachten draußen drei Salven. Es klang so drohend und endgültig, dass es mir sehr laut vorkam. Danach schien alles wieder sehr still.

Hotte drückte mich noch fester, streichelte mein Haar und sagte, er gehe jetzt ans Fenster, um zu schauen, was passiert sei. Eigentlich durfte er nicht ans Fenster, es war zu gefährlich, denn die Russen liebten es, die Scheiben zu zerschießen, wenn sie betrunken waren.

Er sagte mir nicht, was er gesehen hatte, als er vom Fenster zurückkam, sondern nahm mich bei der Hand, führte mich die

Treppe hinunter, schob mich in unser Zimmer und verschwand.

Im ersten Moment wollte ich meiner Mutter alles erzählen und setzte mich deswegen zu Dagi ans Bett, doch dann fiel mir Hottes Ratschlag ein, es für mich zu behalten.

»Sie haben draußen geschossen«, hörte ich die leise Stimme meiner Mutter. »Es klang wie eine Exekution, was war da los?«

»Ich schaue nach«, sagte ich, und schon war ich hinaus.

Von der Freitreppe aus konnte ich nichts entdecken, außer dass der Springbrunnen nicht mehr plätscherte. Die Schüsse waren vom östlichen Seitenflügel gekommen, also vielleicht aus der Wohnung des Administrators. Bei diesem Gedanken fielen mir Elsbeth und Eule ein. Mir wurde ganz heiß. Zögerlich ging ich in die Richtung, wobei ich mich ängstlich an der Hauswand entlang bewegte, als könnte sie mich schützen. An der Wohnung des Administrators schlich ich vorbei. Es schien mir nicht geheuer, sie zu betreten. Sicherer wäre es, um die Ecke des Ostflügels herumzugehen und von draußen einen Blick in das Zimmer zu werfen, in dem Elsbeth und Eule vielleicht noch waren.

Als ich um die Ecke bog, sah ich mehrere Soldaten am Eingang des Obstgartens stehen. Sie redeten und rauchten. Rübezahl war bei ihnen, und in einiger Entfernung von ihm lag ein Körper im Schnee, der sich um den Kopf herum rot gefärbt hatte. Ich blieb stehen und schaute genauer – es war Rudolf Bahlow, der Administrator. Mir näher und halb gegen den Zaun geschleudert lag Iwan und daneben sein Kollege. Mit offenen Augen schaute Iwan zu mir. Ich wartete, was er tun würde, denn es war für mich undenkbar, dass er tot war. Doch er rührte sich nicht, ebenso wie sein Kollege, dessen Arm in einer Schneewehe vergraben war. Sie waren tot, alle drei. Sie waren erschossen worden. Die drei Gewehrsalven, die Hotte und ich gehört hatten, waren das Letzte in ihrem Leben gewesen. Aber warum auch Iwan und sein Kollege? Sie waren doch keine deutschen Soldaten. Und wo waren die zwei russischen Offiziere, die ich nicht wieder gesehen hatte?

Ich dachte an Hotte, der mich gewarnt hatte, Zeugen ihrer Verbrechen zu werden, doch weder Rübezahl noch seine Soldaten beachteten mich. Sie erzählten sich etwas und lachten. Dennoch schien es mir nicht ratsam, an den Weinranken hochzuklettern, um in das Zimmer zu schauen. Ich machte kehrt und ging unauffällig den Weg zurück, den ich gekommen war. Als ich mich noch einmal umsah, hielten alle Rübezahl ihren Becher hin, der ihnen aus einer Flasche eingoss.

An der Haustür des Administrators blieb ich stehen, um zu lauschen. Es war nichts zu hören. Ich fasste mir ein Herz. Vielleicht waren die zwei russischen Offiziere noch da und unterhielten sich mit Elsbeth. Schließlich hatte sie das wundervolle Talent, eine ganze Runde zu amüsieren.

Als ich den Flur betrat, hörte ich nichts. Die Tür zu dem Zimmer, wo die zwei Russen Elsbeth angefallen hatten, stand immer noch auf. Auf Zehenspitzen und mit kleinen Schritten lief ich hin, obwohl irgendetwas mich warnte. Es war nicht irgendetwas, sondern mein Herz, das immer heftiger schlug. Mein Brustkorb dröhnte, und mir wurde klar, dass es viel zu still in der Wohnung war. Dann ein Kratzen, das ich erkannte. Es war das Kratzen einer Maus, von der es eine Menge auf dem Gut gab. Ich streckte meinen Kopf vor, als ein Sonnenstrahl durchs Fenster in das Zimmer fiel und meinen Blick auf das helle Rechteck an der Erde zog. Dort lag die Flasche von Iwan, die Flüssigkeit war ausgelaufen und bildete einen kleinen See, an dessen Rand eine schnuppernde Maus saß. Sie trank aber nichts davon, sondern lief in einem plötzlichen Sprint zu einer Blutlache vor dem Bett. Das Blut wirkte auf mich wie ein schriller Alarm.

Als ich den Blick hob, sah ich Elsbeth und Eule, die wie zwei abgeschlachtete Tiere übereinander nackt auf dem Bett lagen. Etwas wie eine lange Feder berührte meine Kehle, mein Magen explodierte, und ich musste mich übergeben. Immer wieder würgte es mich, während ich in die schlecht zerkauten Schinkenteile vor mir starrte. Als die Krämpfe nachließen, wischte ich mir mit dem Handrücken den Mund ab. Mit gesenktem Kopf ging ich zur Haustür, trat betäubt hinaus und blieb erst einmal stehen, um ein- und auszuatmen. Als mir besser war, setzte ich meinen Weg bis zum Bett meiner Schwester fort und schluchzte unter Tränen: »Elsbeth und Eule sind tot.«

Meine Mutter sagte, ich sollte mich für eine Weile aufs Bett legen, und wenn es mir besser ginge, etwas für Dagi zu essen holen. Ihre Stimme verriet keine Erregung, als sie hinzufügte: »Vielleicht ist noch was vom Schinken da.«

Ich verstand, dass man keine Gefühle mehr hatte, wenn man sich so lange da oben auf dem Schrank verstecken musste.

In der Küche hatte sich nichts verändert, nur der Schinken war verschwunden. Auch sonst war nichts Essbares zu entdecken. Einige Soldaten hatten gesehen, dass ich mit den Offizieren weggegangen war, und ich dachte, vielleicht hätte mir das ein wenig Respekt eingebracht. Ich stellte mich in die Mitte, sagte laut »Brot!« und machte jemanden nach, der Brot schneidet und isst. Ich wartete auf eine Reaktion, doch niemand beachtete mich, sie rauchten, soffen und quatschten herum. Ich verließ die Küche, niemand rief »Stoi!«, ich ging in unser Zimmer und holte den Emailleeimer. Ich hatte die Idee, nach Eiern, unter dem Vorwand zu suchen, dass ich für die Russen in der Küche Wasser hole. Hühner gab es noch genug und Eier könnten Dagis Hunger erst einmal stillen. Würde mich jemand anhalten und fragen, hatte ich mir zurechtgelegt: »Russki Soldateska mich schicken Wasser holen.« Dabei würde ich auf den Eimer und zur Pumpe zeigen. In einem günstigen Moment würde ich in den Hühnerstall schlüpfen und nach Eiern suchen. Zwei für meine Mutter und zwei für Dagi würden uns schon ein ganzes Stück weiterbringen. Für mich brauchte ich nichts. Wenn ich nur an Essen dachte, wurde mir schon schlecht.

Am Brunnen, der seit gestern schwieg, blickte ich nach links zum Obstgarten, ob die Soldaten noch da wären, die die Erschießung durchgeführt hatten. Inzwischen hatte ich mir angewöhnt, das, was mich interessierte, niemals direkt anzuschauen, sondern meine Intentionen zu verschleiern. Ich blickte also nicht zum Obstgarten, sondern zum Himmel, als wollte ich feststellen, ob es noch regnen könnte und streifte dabei mit meinem Blick den Zaun und den Eingang zum Obstgarten. Die Leichen lagen immer noch dort, und die Soldaten schwatzten, lachten und rauchten, während sie eine Flasche kreisen ließen. Also alles ganz normal. Mein nächstes Problem: Irgendjemand im Vorderabschnitt? Wenn ich eine klar geplante Aktion wie das Besorgen der Eier durchführte, dachte ich in kurzen Sätzen, genauso, wie die Soldaten: Angetreten, marsch, marsch! Frontreihe im Dauerlauf! Karabiner im Anschlag! Und jetzt? Keine feindliche Bewegung auf meinem Vorderabschnitt! Außer den trinkenden Soldaten, die den Administrator erschossen hatten. Es war niemand zu sehen. Also hatte ich eine Chance, wenn ich mich beeilte, unbemerkt in den Hühnerstall zu kommen.

Ich versuchte so normal wie möglich zu gehen, aber auch so schnell wie möglich. Der Hühnerstall schloss gleich an die Kornscheune an, und mir kam die Idee, dort erst zu suchen, weil die Hühner da oft hingingen, sich ein Nest machten und ihre Eier legten. Eule hatte mir das gezeigt, und meist waren wir fündig geworden. Einfacher wäre es zwar im Hühnerstall, aber den räumten die Russen in kurzen Abständen aus. Sie konnten mit einer Hand ein Ei knacken und es roh austrinken. Sie liebten es. Ich mochte rohe Eier nur als Zuckerei.

Als ich in die Scheune kam, gackerte ein Huhn, und ich wusste, dass es gerade gelegt hatte. In kurzer Zeit hatte ich acht Eier zusammen, weil die Russen hier nie suchten. Ich wunderte mich, denn eigentlich waren es alles Bauern, aber vielleicht waren sie zu faul, im Stroh herumzukriechen.

Vorsichtig legte ich die Eier in den Eimer. Draußen musste ich über einige Hühner, die die Russen abgeknallt hatten, einen großen Schritt machen. Ich bückte mich, nahm ein junges, gut aussehendes Huhn und legte es in meinen Eimer. Vielleicht konnte Hotte es auf dem Schmiedefeuer rösten.

Als ich an der Schmiede ankam, erinnerte ich mich an den Schneemann, den Eule, Hotte und ich gebaut hatten. Er hatte fast den ganzen Januar hier gestanden, ohne abzutauen. Von Elsbeth war der Zylinder gewesen, und von Elfis Mutter, die als erste erschossen worden war,hatten wir eine kräftige Mohrrübe als Nase bekommen. Als ich ihn das letzte Mal sah, war er noch sauber und stattlich gewesen. Später hatten Eule, Hotte und ich ihn mit weiterem Schnee repariert, aber nun war nichts mehr von ihm zu sehen, und da, wo er gestanden hatte, waren die tief eingefahrenen Spuren einer Panzerkette.

In der Schmiede traf ich Hotte und Meister Max Wendt an. Das Feuer glimmte, wenngleich sie kein Eisen drin hatten, weil sie beide an einem Fahrrad arbeiteten. Vier weitere Räder standen an der Wand. Hotte erklärte mir, dass die Russen im Moment ziemlich scharf auf Fahrräder seien.

»Obgleich die nicht lange halten bei ihnen«, knurrte der Alte, der wie immer über seinen dicken Muskeln und seinem haarigen Oberkörper nur ein schwarzes Hemd mit dünnen Trägern trug. Hotte hatte einen Pullover an, dem die Ärmel abgeschnitten worden waren.

Ich holte das Huhn aus dem Eimer und fragte ihn, ob er es mir zubereiten könnte.

Er nahm es und warf es ins Regal. »Ich mach es nach den Fahrrädern«, sagte er. »Ich bringe es euch dann.« Er schaute Max an. »Wenn ich hier wegkomme.«

Max Wendt nickte und knurrte: »Kannst ja deinen Freund nicht verhungern lassen.«

Auf dem Weg zurück zum Herrenhaus hörte ich hinter mir Motorengeräusche. Da ich bislang vor allem an Naturgeräusche gewöhnt war, blieb ich stehen und schaute mich um. Ein Militärlaster bog in die Kastanienallee ein und fuhr auf mich zu. Sollte ich in den Pferdestall neben mir ausweichen? Ich dachte an meine Mutter und Dagi, denen ich meine Beute bringen wollte. Ohne zu zögern lief ich los, an den trinkenden Soldaten vorbei die Freitreppe hinauf, und als es nur noch wenige Schritte bis zur schweren Eichentür des Haupteingangs waren, krachten vier Schüsse, von denen einer das obere Fenster in unserem Zimmer zerschlug. Ich hörte das Splittern und registrierte einen weiteren Einschlag rechts oben in der Tür, die ich gerade öffnen wollte. Ich zuckte mit der Hand zurück, drückte dann aber mit aller Kraft, sodass sie schnell aufging, und schlug sie krachend hinter mir zu.

Hoffentlich hatte der hohe Schuss meine Mutter nicht getroffen.

Im Zimmer machte ich die Tür hinter mir zu und fragte möglichst kontrolliert: »Mami, bist du in Ordnung?«

»Alles in Ordnung«, kam es vom Schrank zurück. »Ihr wisst, was ihr zu tun habt. Pass du auf, dass alles richtig läuft.«

»Ja, ich passe auf.«

Ich stellte den Eimer neben den Schrank, weil ich dachte, wenn sie hereinkommen und sich am Schrank zu schaffen machen, kann ich die Aufmerksamkeit auf die Eier lenken, dann würden sie den Schrank vielleicht vergessen. Ich hatte bemerkt, dass man ihre Aufmerksamkeit schnell mit etwas fesseln konnte, wenn sie betrunken waren. Sie würden die Eier erst einmal ausschlürfen wollen, ich könnte mit ihnen darum streiten und dabei vielleicht einen von ihnen als Verbündeten gewinnen, der bereit wäre, uns zu schützen. Meine Mutter hatte oft gesagt: Man muss sich auskennen. Und: Man muss etwas tun! Das versuchte ich.

Ich schob Dagis Bett so vor die Tür, dass sie zwar geöffnet werden konnte, der Eindringling aber vor uns Kindern stand. Ich zog schnell die Schuhe aus, hüpfte zu Dagi unter die Decke und nahm sie so, dass sie wie eine Todkranke in meinen Armen lag. Beide schauten wir zur Tür und warteten. So hatten wir es mit meiner Mutter besprochen und ausprobiert. Könnte sie nur vom Schrank herunterschauen und sehen, wie ich alles richtig machte!

20. KAPITEL

Der Lastwagen drosselte den Motor, wir hörten lautes Gebrülle und das Aufprallen von Füßen. Zwischen all dem Lärm gab es auch ein paar Schüsse.

Durch das zerschossene Fenster war es so kalt, dass meine Zähne klapperten. Ich zog die Decke enger, in die ich Dagi und mich eingewickelt hatte. Ihr war wärmer, weil ich sie hielt und nur ihre Nasenspitze herausschaute.

Im nächsten Moment flog die Tür auf, und zwei wilde Kerle standen vor uns. Das, was sie trugen, sollten zwar Uniformen sein, aber es hätten auch zerrissene Reiteranzüge sein können. Ihr Haar war schwarz, vom Wind zerzaust, sie trugen Bärte und unter buschigen Augenbrauen funkelten betrunkene Augen. Später erfuhr ich, dass es Mongolen waren, und meine Mutter sagte, das sei alles eine Suppe, denn alle, Russen wie Polen, Mandschussen wie Mongolen hätten von ihrem obersten Führer die Genehmigung, nach einem Sieg ungestraft zu morden, zu plündern und zu vergewaltigen. Die nun vor uns standen, sahen so aus, als würden sie alles auf einmal einlösen wollen.

»Wo ist Frau?«, bellte der mit der großen Narbe über dem Auge, während der andere einen Hustenanfall bekam. Narbenstirn blickte wild im Zimmer umher. Ich lenkte seine Aufmerksamkeit auf mich, indem ich ein sehr großes Kreuz machte, dann zog ich die kleine, kranke Schwester enger an mich und begann laut, Gebete zu jammern, jedenfalls das, was ich für Gebete hielt.

Es schien ihm nicht zu gefallen, denn er packte mich, zog mich aus dem Bett, sodass Dagi beinah mit heraus gefallen wäre und schleppte mich auf den Flur. Der andere folgte hustend und zog zum Glück die Tür hinter sich zu, sodass Dagi im

Zimmer blieb, aber nicht mehr im Zug zwischen der offenen Tür und dem zerschossenen Fenster saß. Das war mir wichtig, denn sie sollte nicht krank werden. Der Mongo schubste mich gegen die Wand und brüllte: »Wo ist Frau?«

Ich hätte ihm weder meiner Mutters Versteck noch das Backhaus genannt, aber eine Antwort erübrigte sich sowieso, weil aus der Küche ein spitzer Schrei zu uns drang, und wir alle dorthin schauten. Im nächsten Moment öffnete sich die Tür, und sechs Soldaten kamen mit vier Frauen heraus. Einer hatte seine Pistole in der Hand und dirigierte die Truppe an uns vorbei. Ich kannte die Frauen, es waren die Magd Gertrud Franke, Hilde Plum, ihre Tochter Mauerblümchen und Tante Leni, die Frau des Administrators Rudolf Bahlow. Als ich die schweißnasse Försterfrau sah, dachte ich an den Schlachthof in Naugard, wo die Pferde, wenn wir dem Schlachthof nahe kamen, jedes Mal zu schwitzen begannen und auszubrechen drohten. Inzwischen wusste ich, was die Frauen erwartete und dass die wilde Gier meiner zwei Mongos ihre einzige Chance war. Vielleicht würden sie mit den Soldaten einen Streit anfangen, sodass die Frauen in dem Tumult entwischen könnten. Sie nahmen sich in ihrer Gier gegenseitig Frauen und Beute weg, das hatte ich schon erlebt. Ich überlegte mir, wem ich helfen würde, und meine Wahl fiel auf Mauerblümchen. Sie war die Jüngste, sie war erst achtzehn.

Ich hatte mich nicht getäuscht. Husten-Mongole brachte seinen Karabiner in Anschlag und stoppte die ganze Truppe. Es begann ein großes Palaver, währenddessen ich auf eine Gelegenheit wartete, Mauerblümchen wegzuziehen und mich mit ihr davon zu stehlen. Doch es kam nicht dazu, denn Narbenstirn griff mir an die Kehle und zerrte mich zum Haupteingang. Dort krallte er seine rußige Pfote so fest in mein Haar, dass mir die Tränen kamen. »Wo ist Frau?«

Ein Soldat kam die Stufen der Freitreppe herauf, wies die Kastanienallee hinunter und sagte: »Brot backen.«

Währenddessen versuchte ich, die neue Situation aufzunehmen: Die Toten lagen immer noch am Obstgarten, die Tür zur

Wohnung des Administrators stand sperrangelweit auf, Kühe, Schafe, Hühner, Gänse rannten, flatterten oder sprangen herum, überall standen Panjewagen und klapprige Gäule, die nicht vom Gut waren. Dazwischen liefen Mongos hin und her. Nicht alle hatten Schlitzaugen, es gab auch ein paar blonde Rotarmisten, aber alle waren betrunken und versuchten in den Häusern und Ställen etwas zu finden, was sie mitnehmen konnten.

Mein Bewacher ließ mein Haar los und stieß mich mit dem Karabiner die Stufen herunter. Von den angekommenen Mongos sprach ihn einer mit Tulga an, erklärte ihm etwas und zeigte auf das Backhaus.

Wahrscheinlich hatte ich es mit ihm verdorben, denn er schubste mich noch heftiger, und als wir am Backhaus ankamen, musste ich vorangehen. Dann gab er mir einen Tritt, und ich taumelte zwischen die Eingesperrten. Jemand fing mich auf.

Im Backhaus war ein großes Jammern und Wehklagen, aber es zeitigte bei den Mongos keine Wirkung. Wer Erbarmen erwartet hatte, sah sich getäuscht. Selbst als einige der Frauen entsetzlich zu schreien begannen, weil einer der Mongos mit einer Fackel hereinkam, half das nichts. Im Gegenteil, Tulgas Kollege Husten-Mongo nahm seinen Karabiner und schoss in die Decke.

Vor mir stand Elfi, in die ich hinein gestolpert war. Ich hatte sie in dem Moment erkannt, als sie meine Hände ergriffen und ganz fest gedrückt hatte. Ich wollte sie fragen, was inzwischen geschehen war, aber das Wimmern der Frauen und das Brüllen der Mongos übertönten ihre Worte. Ich schlang meine Arme um ihren Bauch und blieb bei ihr.

Husten-Mongo hatte sich inzwischen Kathrin Wendt geschnappt und zerrte sie hinaus. Ich erinnerte mich, wie verliebt Hotte in Kathrin war und wie oft er von ihr geschwärmt hatte.

Die Schmiede war nicht weit von hier, und ich wusste, würde Hotte das sehen, nähme er den Schmiedehammer und würde den Mongo erschlagen. Durch das Schreien, Schießen und Elfis Umarmung war so ein Tumult in mir, dass ich nichts sehnlicher wünschte als Hotte mit dem Schmiedehammer. Er sollte alles hier zerschmettern, den Panzer zuerst, der das Backhaus bedrohte, dann die Mongos und den Rest.

Ich suchte die Tür, als könnte Hotte jeden Moment hereinkommen. Aber er kam nicht. Stattdessen fiel Tulgas Blick auf Elfi. Er hatte eine brennende Fackel in der Hand und zielte mit ihr auf sie. Alle um sie herum rückten zur Seite. Im nächsten Moment war er da, trat mir so heftig in den Bauch, dass ich sie loslassen musste und hinfiel. Er griff nach ihr. Weil sie sich zu entwinden suchte, ließ er die Fackel fallen. Jemand bückte sich und warf sie in den Ofen.

Ich sprang auf und sah gerade noch, wie Tulga Elfi aus der Tür zerrte.

Alle rückten wieder zusammen, und dabei sah ich, dass es der Hofmeister gewesen war, der die Fackel aufgenommen hatte. Auch er war hier, sein Schinkenopfer hatte ihm nichts genutzt.

Die meisten hatten gefürchtet, Tulga würde das Backhaus abbrennen und waren noch so in Angst, dass sie sich kaum bewegten. Es verging eine Weile, und dann hörte ich eine weinende Frauenstimme: »Was werden sie mit ihr tun?«

Mir fiel ein, dass ich zurück musste zu meiner Mutter. Ich musste meiner kleinen Schwester etwas zu essen bringen. Ich musste feststellen, ob sie wohlauf war und warm genug angezogen, ob Mama den Toiletteneimer inzwischen benutzt hatte und er entleert werden müsste, und ich musste mir auch überlegen, wie ich das zerschossene Fenster reparieren könnte. Ich musste prüfen, ob noch genug Wasser im Eimer war, sodass Mama nicht verdurstete. Dabei fiel mir ein, dass Hotte vielleicht das Hühnchen fertig hatte. Ich dachte darüber nach und kam zu dem Schluss, dass das Hühnchen besser für Dagi wäre, denn vielleicht würde ihr von den rohen Eiern schlecht werden. Außerdem war ein knuspriges Hühnchen nahrhafter und schmeckte auch besser, denn Zucker für die Eier hatte ich nicht.

Ja, das Hühnchen, ich musste hier weg. Dagi und meine Mutter musste ich beschützen. Schon der Gedanke, jemand könnte sie beschimpfen, war mir unerträglich, und ich würde jeden töten, der das tat. So wie die Russen töteten. Ich spürte plötzlich eine Wildheit in mir und konnte es nicht mehr ertragen, mit den anderen am Feuerofen zu warten. Auch wenn es warm war, weil die Fackel das aufgeschichtete Holz im Abzug in Brand gesetzt hatte.

Als ich mich zum Ausgang drängte, hielt mich jemand fest. Es war Hofmeister Domke, der wissen wollte, was mein Rundgang ergeben hatte. Ich erzählte es ihm, aber umschweifig und langatmig stellte er immer wieder Fragen. Als ich alles mehrmals wiederholt hatte, und er endlich nichts mehr fragte, hob ich den Blick und sah, wie dem alten Mann die Tränen über die Wangen liefen.

Inzwischen war die Tür aufgegangen, und ich merkte, dass sich die Aufmerksamkeit aller dorthin richtete.

Ich konnte Erich Domke nicht helfen, ich wollte hier weg, aber Domke hielt immer noch meinen Arm. Behutsam machte ich mich los und zwängte mich zur Tür. Als ich es geschafft hatte, sah ich, was alle so gefesselt hatte: Die Mongos hatten Elfi zurückgebracht. Sie stand im Eingang und rutschte langsam mit dem Rücken die Wand herunter, weil ihre Beine sie nicht mehr trugen. Sie war blutbeschmiert, ihre Kleider zerrissen, die Haare zerzaust, und ich dachte, sie wäre dabei zu sterben.

Alle waren schockiert. Sie ahnten, dass dasselbe auf sie wartete. Die Mongos würden wiederkommen, oder andere würden kommen und sich immer wieder jemand holen, bis sie selbst dran wären. Dann würden sie sterben, nachdem sie das erlitten hatten, was Elfi erleiden hatte müssen. Wenn Elfi auch nicht so bestialisch zugerichtet worden war wie Eules Mutter.

Dieser Gedanke erfüllte mich, als ich zu ihr ging, ihr meine Hand auf die Stirn legte, wie meine Mutter das immer bei meinen Kopfschmerzen tat, und zu den anderen sagte: »Ihr müsst ihr helfen. Ihr müsst ihr Wasser geben.«

»Wir haben kein Wasser«, sagte jemand.

»Ihr müsst es von der Pumpe holen.«

»Wenn wir hier rausgehen, schießen sie.«

»Ihr müsst die Kühe melken, hört ihr nicht, wie sie brüllen?«

Sie wussten es selbst, Hofmeister Domke wusste es, und die anderen wussten es, aber sie wagten nicht, das Backhaus zu verlassen. Sie wollten nicht sterben.

Inzwischen hatten sie Elfi auf den gemauerten Tisch vor dem Fenster gelegt, wo sonst die Brote gestapelt wurden, und versuchten, ihr Blut zu stillen.

Ich machte die Tür auf und erwartete, dass mich die Wachen zurückstießen. Sie hockten vor einer Pferdedecke, auf der sie würfelten, und konzentrierten sich ganz aufs Spiel. Jeder hatte neben sich eine Flasche mit Wodka.

So unauffällig wie möglich ging ich um sie herum und verschwand auf der anderen Seite des Backhauses.

Hotte hatte das Hühnchen ausgenommen und zubereitet, es brutzelte in einer Kasserolle auf dem Feuer, während Max Wendt noch an einem der Fahrräder flickte.

Es war mollig warm und duftete so gut, dass mein Magen knurrte. Hier in der Schmiede herrschte nicht nur Frieden und Eintracht zwischen Hotte und seinem Pflegevater, der ihn wie sein eigenes Kind behandelte, hier war es gemütlich, und es schien mir plötzlich völlig schizophren, dass es auf der Welt brutal und grausam sein könnte.

Es war aber so, doch ich hatte nicht den Mut, diese grausame Welt hier zu offenbaren. Ich brachte es nicht über mich, von Kathrin zu berichten. Weder ihr Vater noch Hotte hätten ihr helfen können, sie hätten nur ihr eigenes Leben aufs Spiel gesetzt.

Sie packten mir das Hühnchen in eine Tasche, ich bedankte mich und zischte ab. Ich nahm den Schleichweg durch den Obstgarten, sodass ich durch den Hintereingang ins Gutshaus kam. Ich öffnete die Tür einen Spalt, es war nichts zu sehen, die Luft schien rein. Schnell war ich drin. Auch in der Halle und im Flur war niemand zu sehen.

Dagi lag immer noch in dem vorgerückten Bett, so wie ich sie verlassen hatte. Ich schaute zum Schrank, es war nichts Auffälliges zu bemerken.

»Ich habe zu essen für dich«, sagte ich laut, um meiner Mutter zu signalisieren, dass es auch für sie galt.

»Ich habe Durst«, sagte Dagi.

»Du kannst ein Ei trinken«, sagte ich.

»Mit Zucker?«

»Nein.«

»Dann will ich es nicht.«

Ich stieg auf den Stuhl, holte aus der Tasche das in Papier eingewickelte Hühnchen und gab es meiner Mutter. Ich konnte sie nicht sehen, aber ich sah ihre Hand, die durch die Luft tastete. Dann griffen die Finger zu, das Paket verschwand. Für einen Moment stand ich still, weil ich sie essen hören wollte. Ich wusste, dass sie mich für diese Tat lieben und bewundern würde. Sie hatte gesagt, hole etwas zu essen, und ich hatte es getan. Trotz aller Schwierigkeiten hatte ich es getan. Ich sah ihre leuchtenden Augen vor mir und wie sie mich in den Arm nehmen würde, wenn alles vorbei wäre.

Es war gefährlich, auf dem Stuhl vor dem Schrank zu stehen. Ich sprang herunter und trug ihn zum Bett. Ich schlug ein Ei auf und zeigte Dagi, wie man es in sich hinein schlürfte. Als ich ihr eines geben wollte, sagte sie: »Ich habe Durst.« Dabei schob sie meine Hand weg.

Ich dachte, wenn man solch einen Hunger hätte, würde man sich freuen. Ich war enttäuscht und nannte sie im Stillen eine blöde Ziege. »Sie ist doch noch zu klein«, hörte ich Tante Kläres Stimme. Vielleicht ist sie auch krank, dachte ich und überlegte, wie ich Milch für sie besorgen könnte.

Ich versteckte die zwei restlichen Eier im Schrank, nahm den Eimer und verließ wieder das Zimmer.

Die Kühe wurden zwar nicht gemolken, aber die Russen würden es sicher auch nicht als gute Tat ansehen, wenn ich es täte. Mir war das klar, aber dennoch würde ich es tun. Um meine

Angst in den Griff zu kriegen, dachte ich mir in schwierigen Situationen ein Szenario aus. In diesem Fall stellte ich mir vor, ich gehörte zu dem Soldatenlager und wäre von einem der Offiziere beauftragt worden, die Kühe zu melken, weil er Milch haben wollte. Vielleicht würde ich ja meine beiden Offiziere wieder finden und könnte sie fragen, ob sie Milch haben wollten.

Als ich aus der Haustür trat, sah ich von der Freitreppe aus einige Soldaten, die eine Kanone auf Rädern zogen, während Rübezahl nebenher ging und auf sie einredete. Sie hängten die Kanone an einen Lastwagen, der hinter dem Pferdestall geparkt war. Rübezahl – vielleicht wollte er Milch, man könnte ihn ja mal fragen.

Ich lief zur Kanone, stellte mich vor ihn hin und fragte, ob er Milch möchte. Dabei machte ich die Bewegung des Melkens und zeigte auf den Eimer.

Einen Moment starrte er mich verwundert an. Ich wich seinem Blick nicht aus, sondern sah seine vielen roten Adern in den Augen und überlegte, ob er vielleicht krank wäre. Tante Kläre sagte immer, Milch sei gesund. Vermutlich wusste er das nicht, und daher versuchte ich, es ihm verständlich zu machen. Ich sagte: »Milch gesund«, ließ meine Hand auf meinem Bauch kreisen und zeigte mit dem Finger auf meine Muskeln. Er grinste mich so breit an, dass ich das Silber in seinen Zähnen sehen konnte, zog mir den Pudel vom Kopf, verstrubbelte mein Haar, warf die Pudelmütze in die Luft, die ich geistesgegenwärtig mit dem Eimer auffing, wofür ich von ihm ein Schulterklopfen kassierte. Er rief einem, der bei der Kanone stand, etwas zu. Der Angesprochene kam sofort, packte mit seiner kalten Hand meinen Nacken und schob mich bis zur Kastanienallee vor sich her. Ich wusste nicht, was nun passieren sollte und blieb stehen. Er zeigte auf den Eimer und machte mit den Händen das Zeichen zum Melken.

Ich nickte erfreut, wies zu den Kuhställen und ging voran. Dabei musste ich um zwei deutsche Soldaten herumgehen, die neben der Jaucherinne lagen. Ich hatte sie zuvor nie auf dem Gut gesehen, keine Ahnung, wo sie herkamen.

Im Stall war es wärmer als draußen, und mir kam der Gedanke, dass meine Mutter sich vielleicht lieber hier verstecken sollte, auf dem Strohboden über den Kühen.

Ich wählte eine Kuh aus, die ich kannte und die Leni hieß. Sie brüllte wie die anderen, ihre Euter waren prall und taten ihr weh. Ich zog den Schemel heran, klemmte mir den Eimer zwischen die Beine und fasste sie vorsichtig an, damit sie sich an mich gewöhnte. Vor ein paar Tagen hatte meine Mutter mir die Fingernägel geschnitten, sie waren richtig kurz. Ich schaute zu dem Russen, der mich vom Gang aus beobachtete, grinste ihn an und begann zu melken. Ich war erleichtert, als die Milch in den Eimer spritzte, denn unter Feindbeobachtung, wie man das nannte, war ich mir nicht so sicher, ob alles klappen würde. Ich wusste zwar, wie man melkt, aber ich hatte keine große Übung darin. Ich wusste auch, dass man die Kuh richtig ausmelken sollte, aber das schaffte ich nicht. Mein Bewacher – er hatte kohlrabenschwarze Augen und eingefallene Wangen – reagierte auf meine Fragen oder Zeichen überhaupt nicht, sondern drehte sich eine Zigarette nach der anderen. Wahrscheinlich rauchte er nur und war daher so ausgemergelt. Er schien es nicht einmal wahrzunehmen, wenn ich zur nächsten Kuh ging, sondern paffte oder drehte. Schließlich war der Eimer dreiviertel voll, mehr konnte ich nicht tragen, und wir verließen den Stall. Es war schwierig für mich, den Eimer zu schleppen und nichts zu verschütten.

Ich ging um die zwei deutschen Soldaten herum, musste aber stoppen, als mir ein Puter in den Weg kam. Außerdem schwappte die Milch schon bis zum Rand, sodass ich den Eimer abstellte, um umzufassen. Vielleicht sollte ich meinen Begleiter laufen lassen, dann hätte nicht nur meine Schwester, sondern alle in der Backstube genug Milch. Gute Idee, ich ließ mir Zeit und nahm umständlich einen Strohhalm aus der Milch, der obenauf schwamm. Als ich aufblickte, kamen drei Soldaten aus dem Kornspeicher. Der eine knöpfte sich die

Hose zu, der andere hatte eine Flasche in der Hand, und der dritte zielte mit seiner Pistole auf den Puter neben mir. Als er meinen ängstlichen Blick sah, lachte er und nahm meinen Eimer ins Visiers. Vielleicht zielte er auch auf mich, aber meine große Sorge galt der Milch, von der ich wenigstens etwas mit nach Hause bringen wollte, damit Dagi nicht krank würde. Schnell trat ich zur Seite, hob wie ein Eisenbahnschaffner die Hand und schrie mit aller Kraft: »Nicht schießen! Die Milch ist für den russischen Offizier!« Ich glaubte nicht, er würde mich verstehen, ich wollte mich nur meinem Begleiter bemerkbar machen, der von Rübezahl zu meinem Schutz abgestellt worden war. Das dachte ich jedenfalls. Wer die Unberechenbarkeit der Russen und Mongolen kannte, hätte darüber gelacht, aber ich hatte recht – mein Begleiter drehte sich um, überblickte die Situation und brüllte etwas sehr laut auf Russisch, das den Schützen veranlasste, seine Waffe wegzustecken. Dennoch kamen die drei auf mich zu, und ich fürchtete schon, sie würden den Eimer umtreten, aber mein Bewacher war schnell zur Stelle und redete so lange auf sie ein, bis sie sich in Richtung Kuhstall verzogen. Vielleicht hatte er ihnen gesagt, sie sollten selber melken gehen. Nun nahm er meinen Eimer, und wir marschierten zusammen zu der Kanone.

Niemand von den Kanonenarbeitern war mehr da. Auch ihr Chef nicht. Mein Bewacher zuckte die Schultern, spuckte Tabak aus und gab mir den Eimer zurück. Ich fragte ihn, ob er keine Milch haben wolle. Er schüttelte den Kopf, aber als er weggehen wollte, hielt ich ihn an seiner Jacke fest, machte ein sehr hilfloses und ängstliches Gesicht und zeigte auf das Herrenhaus. Er verstand, brachte mich an all den herumlungernden Banditen zwischen den Panjewagen vorbei bis zur Freitreppe, schenkte mir noch eine Zigarette aus seinem gedrehten Vorrat und ging auf eine Gruppe zu, die sich aus den zerschlagenen Möbeln ein Lagerfeuer machte.

Ich schleppte den Eimer schnell ins Haus. Vor unserer Tür blieb ich stehen und lauschte. Von drinnen kamen Stimmen.

Männerstimmen. Sofort hatte ich das Ende von Elsbeth und Eule vor Augen und fühlte mein Herz bis zur Kehle.

Wieder wurde mir schlecht, aber ich wollte mich nicht übergeben und drückte das Würgen herunter. Was sollte ich tun? Meinen Begleiter holen? Vielleicht würde er mir diesmal nicht helfen. Vielleicht wäre es dann auch schon zu spät.

Ich schaute durchs Schlüsselloch. Ich sah nur einen Teil der Kommode, die vor dem Fenster stand und deren oberste Schublade herausgerissen war. Meine Angst wechselte ihre Farbe, wurde Wut, und ich trat ein.

Zwei Russen saßen am Tisch vor einer Flasche. Es waren normale Soldaten, keine Offiziere. Dagis Bett war zurück an die Wand geschoben worden. Sie lag unter der Decke, den Daumen im Mund, ihren Blick auf die beiden Fremden gerichtet. Sie hatten unsere Mutter auf dem Schrank offensichtlich noch nicht entdeckt.

In meiner inneren Welt zauberte ich den Begleiter herbei. Er war größer als die beiden vor mir, stärker, sehniger, auch bedrohlicher mit seinen kohlschwarzen Augen. Er hatte bereits die drei anderen vertrieben, obgleich einer mit einer Waffe auf mich zielte. Er würde auch mit diesen beiden fertig werden. Seine Autorität stärkte mich. Ich hatte herausgefunden, dass ich erstens sehr schnell handeln musste, und zweitens, dass ich stets Dinge tun musste, die sie nicht so schnell einordnen konnten. Dafür brauchten sie dann ihre Konzentration und konnten sich nicht selbst etwas einfallen lassen.

Ich ging zu dem, der mir am nächsten saß und zeigte ihm den Inhalt meines Eimers. Dazu redete ich irgendetwas von einem Offizier, der mir die Milch geschenkt hatte. Dann ging ich um ihn herum und zeigte auch dem anderen die Milch im Eimer, erwähnte noch mal den Offizier, fasste dann mit beiden Händen zu und stellte den Eimer auf den Tisch. Mit schnellen Zeichen gab ich ihnen zu verstehen, dass ich nun rausgehen würde, um Tassen zu holen und etwas zu essen. Mit ein paar weiteren Bewegungen verbot ich ihnen, den Eimer in der Zwischenzeit anzurühren. Ich hatte das alles als sehr vehementes Theater aufgeführt, um sie zu verblüffen, und als ich zur Tür ging, lachten sie. Sie redeten auch irgendetwas, aber es klang nicht bedrohlich.

Die Küche war leer, und ich konnte unbehelligt einen der Schränke öffnen. Nach allem, was ich bisher erlebt hatte, kam es mir wie ein Wunder vor, dass das Porzellan sauber und heil vor mir stand. Die Küche war offenbar nicht geplündert worden, vielleicht die Anweisung eines der Offiziere. Ich nahm drei Tassen.

Zurück im Zimmer, füllte ich die Tassen mit der fast noch warmen Milch. Ich stellte je eine vor die beiden Soldaten, und eine brachte ich zu Dagi ans Bett. Sie richtete sich auf und trank. Ich konnte fühlen, wie sie fror.

Mein Problem war, die beiden aus dem Zimmer zu locken, denn meine Mutter hatte schon länger nichts mehr getrunken und musste vielleicht auch auf den Toiletteneimer, den ich danach immer gleich hinausbrachte, ausleerte, putzte und dann in den Schrank zurück stellte, damit er nicht gefunden würde. Der Toiletteneimer durfte kein Misstrauen erregen und auch nicht abhanden kommen. Schließlich wussten wir nicht, wie lange Mama sich noch verstecken musste.

Sie hatten ihre Tassen geleert. Ein Milchbart zierte ihren unrasierten Mund. Anscheinend hatte es ihnen geschmeckt, doch als ich ihnen nachschenken wollte, machten sie mir Zeichen, dass sie keine Milch mehr wollten, sondern etwas zu essen. Ich nickte, malte mit den Händen ein Brot in die Luft, das ich zerschnitt, bestrich und in einer übertriebenen Pantomime mit großem Behagen verzehrte. Dann streichelte ich mit kreisenden Bewegungen wieder meinen Bauch, was sie verstanden.

Sie nickten und sagten etwas zueinander, während ich nach draußen in den Hof zeigte und vormachte, wie nicht ich, sondern sie das Essen holen sollten. Ich war nicht sehr zuversichtlich, dass sie meiner Aufforderung folgen würden, aber von draußen erklang in dem Moment ein seltsames Signal, das ihre Aufmerksamkeit erregte. Es war ein Ton wie aus einer kaputten

Trompete. Sie standen auf, schüttelten mir übertrieben die Hand und verließen unser Zimmer.

Trotz aller Gefahren ging ich ans Fenster, sah, wie sie aus dem Haus kamen und über den Hof marschierten, wo Rübezahl auf der anderen Seite die Soldaten antreten ließ.

Jetzt war die Gelegenheit für meine Mutter günstig, vom Schrank zu kommen und den Toiletteneimer zu benutzen.

»Sie müssen antreten, Mami, jetzt kannst du schnell runterkommen und den Kloeimer benutzen!«

»Gib acht!«, sagte sie, kletterte schnell herunter, während ich den Hof im Auge behielt. Sie nahm den Eimer aus dem Schrank, riss etwas Zeitungspapier ab, womit der Schrank ausgelegt war, und hockte sich da, wo sie nicht gleich von der Tür aus gesehen werden konnte, auf den Eimer. Als sie fertig war, sagte sie: »Hilf mir, ich bin so steif.«

Ich ging zu ihr, und sie nahm mich in den Arm. Glücklich umklammerte ich sie, obwohl jede Verzögerung gefährlich war. Über mich hinweg blickte sie zu Dagi und fragte sie mit leiser Stimme, wie es ihr gehe. Ohne eine Antwort abzuwarten, flüsterte sie: »Du bist ein tapferes Kind.«

Ich wollte mich losmachen, damit sie schnell wieder im Adlerhorst – so nannte sie ihr Versteck – verschwinden konnte, aber sie klammerte sich noch mehr an mich. Sie zitterte, und dann hörte ich ihr Schluchzen. Ich schob sie zurück und schaute. Noch nie hatte ich sie so weinen sehen. Ich wollte es nicht, doch ich heulte genauso los wie sie. Unter Tränen half ich ihr, wieder auf den Schrank zu klettern, und als ich mich danach Dagi zuwandte, sah ich, dass auch sie wie ein Schlosshund Tränen verschüttete und schniefte.

Ich ging zu ihr und sagte schluchzend, aber streng: »Du musst aufhören zu weinen! Das darf keiner merken!«

21. KAPITEL

Es hatte aufgehört zu schneien, langsam wich die Kälte, und mir fiel ein, dass es auch wieder Frühling werden könnte, was ich schon ganz vergessen hatte.

So wie auf jeden eisigen Winter der Frühling und Sommer folgt, so auch auf jedes Chaos eine Restauration. Sie kam, als Rübezahl zum Kommandanten ernannt wurde. Nun wolle er für Ordnung sorgen, sagte er in seiner Antrittsrede auf dem Vorplatz, zu der er alle, Russen wie Deutsche, versammelt hatte. Ich war da und merkte mir alles, was gesagt wurde. Es war eine Zäsur, eine neue Zeit brach an, und die Deutschen glaubten ihm, denn Erich Domke stand daneben, ließ sich alles von Nina, die jetzt auch eine russische Uniform trug, übersetzen und sagte es dann noch einmal selbst. Er verkündete auch, was das praktisch zur Folge haben sollte: Das Vieh sollte eingefangen und in die Ställe gebracht werden, man brauchte von irgendwoher neue Pferde, denn der Stall war bis auf Hänsel und ein paar alte klapprige Gäule leer, es gab keine Elektrizität und Wasser nur aus der Pumpe. Damit alles wieder funktionierte, brauchte Rübezahl jeden Deutschen. Vor allem die Frauen, denn es waren kaum noch Männer auf dem Gut. Auch war es höchste Zeit, die Felder zu bestellen.

Meine Mutter sagte, das seien gute Nachrichten, denn dann dürften die Arbeitskräfte nicht mehr Freiwild sein, und die Soldaten müssten sich die Frauen für ihr bestialisches Vergnügen woanders suchen. Sie hatte damit recht, denn Rübezahl hatte am Ende seiner Rede erklärt, er habe acht Wachsoldaten zum Schutz für die deutschen Arbeitskräfte abgestellt. Da meine Mutter die Situation auf dem Schrank nicht mehr ertrug, verließ sie im Vertrauen auf all diese Neuigkeiten ihr Versteck und reihte sich am nächsten Morgen bei dem Arbeitsappell ein. Es war ein Risiko, aber Rübezahl bestätigte sein Versprechen noch einmal und forderte alle auf, ihm sofort zu melden, wenn Fremde auf dem Gut erschienen.

Zu den acht Soldaten kamen noch drei russische Frauen in Uniform, von denen eine die Übersetzerin Nina war.

Es war wärmer geworden, der Boden war aufgetaut, und so war die erste Arbeit, die Rübezahl anordnete, das Beerdigen der Leichen. Es wurde sofort damit begonnen.

Das Graben war sehr hart für meine Mutter, denn es musste auch eine große, tiefe Grube für die Tierkadaver ausgehoben werden, an der tagelang gearbeitet wurde. Abends sank sie erschöpft ins Bett, aber es war die schönste halbe Stunde des Tages, wenn wir uns unter der Decke an ihr wärmten. Ich war dann nie aufgeregt, wütend, ängstlich oder hungrig. In solchen Momenten dachte ich an nichts, ich war selig und wusste, nichts Schlechtes konnte mir passieren. Selbst Wünsche quälten mich nicht, ich wollte nichts haben, denn alles, was ich mir erträumte, lag neben mir und schlief friedlich.

»Welch ein Segen, dass ich wieder im Bett schlafen kann«, sagte sie jeden Abend und erzählte uns mit leiser Stimme, welche Qual es auf dem Schrank gewesen war, weil sie sich niemals hatte erlauben dürfen, wirklich einzuschlafen. Im Schlaf hätte sie sich drehen können und wäre dann mehr als zwei Meter tief gefallen. Ich wollte immer noch mehr hören, und sie beschrieb uns, wie langsam die Minuten dort auf dem Schrank vergangen wären und wie sehr alle Glieder geschmerzt hätten. »Wenn ich nicht so einen starken Willen hätte«, sagte sie, »wäre das nicht gut gegangen. Und natürlich«, fügte sie mit einem Kuss auf meine Stirn hinzu, »wenn du mich nicht so gut versorgt hättest.«

Für diesen Satz würde ich alle Gefahren auf mich nehmen, und sie musste ihn jeden Abend vor dem Einschlafen wiederholen. Ich strahlte und erzählte ihr von irgendeiner Schwierigkeit, die ich hatte überwinden müssen, zum Beispiel, um ihr das geröstete Hühnchen zu bringen. Danach streichelte sie mich und sagte: »Gut gemacht.«

Rübezahl war in die Wohnung des Administrators eingezogen, die Kommandantur aber hatte er in den Arbeitsräumen Onkel Albis, also im Parterre des Herrenhauses. Das bedeutete für uns zusätzlichen Schutz.

Weil Hofmeister Domke ihm beim Wiederaufbau des Gutes und Neubeginn des landwirtschaftlichen Betriebes half, hatte er seine Wohnung im Gebäude der Stellmacherei behalten dürfen. Der hauptsächliche Grund bestand aber darin, dass in seinem Haus eine Verwundete lag, die wahrscheinlich einen Transport in ein anderes Bett nicht überlebt hätte. Es war Elfi. Sie hatte eine große Wunde am Rücken und schlimme Schmerzen. Jeden Tag besuchte ich sie, saß bei ihr am Bett und streichelte ihre Hand. Trotz ihrer starken Schmerzen wollte sie immer weg und sich im Wald verstecken, was Else, die Frau des Hofmeisters, nur mit Mühe verhindern konnte. Jeden Tag versicherte auch der Hofmeister ihr, dass sie hier sicher sei, aber meine Mutter meinte, dann müsste er schon alle Türen und Fenster zumauern.

Ich spürte ihre Wut über die bitteren Tage auf dem Schrank. Doch seit Rübezahl das Gut wieder in Schwung bringen wollte und sich vom Hofmeister beraten ließ, gab es keine Übergriffe mehr.

Als meine Mutter abends vom Beerdigungsdienst zurückkam, wie sie ihre neue Beschäftigung nannte, brachte sie ein Brot mit. Der Bäcker Otto Buns hatte es ihr auf dem Weg durch den Rosengarten zugesteckt. Sie fühlte sich so reich und war so fröhlich, dass sie noch jemand zum Essen einladen wollte. Sie schickte mich, Hotte, Eckhard und Brunhilde zu holen, die auch den vierjährigen Ricki mitbringen sollten, wenn die Kelms nichts dagegen hätten. Als ich mit unseren Gästen zurückkam, war sie in der Küche, wo alle ihre kargen Mahlzeiten zubereiteten. Sie war gerade dabei, das Brot als zusätzlichen Leckerbissen zu den Bratkartoffeln aufzuschneiden. Sie hatte die geschnippelten Kartoffeln schon in der Pfanne, wo sie mit ein bisschen Ersatzkaffee geröstet wurden. Sie bat mich, den Tisch bei uns im Zimmer zu decken und die blauen Teller aus der Küche zu nehmen. Zu unserer Überraschung gab es noch für jeden eine Tasse Buttermilch. Obwohl wir alle ziemlich hungrig waren, warteten wir darauf, dass meine Mutter aus der Küche kam und sich als erste setzte. Dagi wollte nicht hinter ihrem Stuhl stehen bleiben, bis meine Mutter kam, aber ich erlaubte keine Ausnahme. Jede Ordnung schien mir ein Zeichen von Sicherheit.

Als Mama kam, wollte sie als Erstes wissen, warum der kleine Ricki nicht mitgekommen war, und Brunhilde berichtete, dass er seit heute Nachmittag vermisst wurde. Die Kelms waren in ziemlicher Aufregung und hatten zusammen mit Eckhard und Brunhilde schon jeden Winkel des Gutes nach ihm abgesucht. Jetzt hatte es keinen Zweck mehr, weil es schon zu dunkel war.

Meine Mutter sagte, wir alle könnten dankbar sein, dass wir noch am Leben seien und etwas zu essen hätten, und Eckhard fügte an: »Gedankt sei Gott!«

Allen schmeckte es, doch Brunhilde aß nicht viel, weil ihr das Verschwinden von Ricki sehr zu schaffen machte. Sie hatte sich immer um diesen Nachzügler der Kelms gekümmert, vor allem weil die Mutter den ganzen Tag über in der Gärtnerei war.

Bruni sprach die ganze Zeit von Ricki, von seinen weizenblonden Haaren, seinen strahlend blauen Augen, seiner unkomplizierten Art und fröhlichen Wissbegier, erzählte, wie sein Vater ihm das Schwimmen beigebracht und Ricki sich jeden Tag im Sommer auf den Abend gefreut habe, wenn er mit dem Vater zum See fuhr. Bruni war oft dabei gewesen und beschrieb, wie Ricki im Wasser herumgetollte, wie er plötzlich von ganz alleine schwimmen konnte und wie sein Vater oft Mühe hatte, ihn wieder nach Hause zu bringen.

»Stotterte er nicht?«, fragte meine Mutter.

Brunhilde nickte. »Ja, aber er stottert nur, wenn er aufgeregt ist.«

»Das stimmt«, sagte Eckhard. »Wenn Bruni ihn im Arm hält, kann er ganz normal reden.«

»Er darf sich nicht gedrängt fühlen. Ich habe immer versucht, mit ihm gelassen zu sein. Was ihm wirklich zu schaffen macht, ist, dass so viele sein Stottern nachahmen«, sagte Brunhilde.

Jeder auf dem Gut kannte Ricki, und auch er kannte jeden. Schon mit seinen vier Jahren wusste er alle Namen. Und weil er so beliebt war, redete jeder gerne mit ihm, und alle meinten, er fände es besonders lustig, wenn sie auch stotterten. Sie dachten, für Ricki würde dadurch deutlich, dass sie das Stottern nicht verachteten, da sie es ja selbst taten. Hotte meinte, das wäre ja auch nicht falsch, denn zum Beispiel würde sich ein Trinker freuen, wenn andere mit ihm tränken. Brunhilde widersprach und erzählte, wie sehr Ricki darunter litt. Ihr fielen immer traurigere Beispiele ein, und schließlich fing sie an zu weinen, stand auf und ging.

Eine fröhliche Feier hatte es werden sollen, weil wir uns nicht mehr in unmittelbarer Lebensgefahr sahen, aber traurig endete es. Auch Eckhard verabschiedete sich, weil er seine Schwester im Dunkeln nicht alleine nach Hause gehen lassen wollte.

Nachdem wir uns Brunhildes Bratkartoffeln geteilt hatten starrten wir in die Kerze in der Mitte auf dem Tisch. Der flackernde Lichtschein machte es nicht gemütlicher, sondern eher gespenstisch. Ich sehnte mich danach, bei Mama im Bett zu liegen und wollte sie gerade fragen, wann wir schlafen gehen würden, als ein naher Schuss uns zusammenzucken ließ.

»War das in der Küche?«, flüsterte meine Mutter.

Dann hörten wir vom Flur her eine betrunkene Männerstimme. Meine Mutter war sofort unter dem Bett. Gleich darauf stolperte ein betrunkener Russe ins Zimmer und fuchtelte mit seiner Pistole herum. Er versuchte, uns klarzumachen, dass er eben aus der Waffe gefeuert hatte. Dagi sprang kreischend auf und versteckte sich hinter Hotte. Der Russe sagte grob und unbeholfen etwas zu ihr, das sie nicht verstand, aber noch lauter weinen ließ. Er wollte sie beschwichtigen, erreichte aber das

Gegenteil. Dann fummelte er in seiner Tasche herum und holte etwas heraus, das er in den Lichtschein der Kerze hielt. Alle drei starrten wir entgeistert auf seine Hand. In seinen schmutzigen Fingern hielt er ein Stück Schokolade. Energisch dirigierte er Hotte beiseite und schob die Schokolade grinsend in Dagis Mund.

Hotte war nicht viel kleiner als der Russe. Als das dem Betrunkenen bewusst wurde, drückte er Hotte die Pistole auf die Brust. Hotte blieb ganz ruhig. Mir kam der Gedanke, dass der Russe Hotte in seinem langen Luftwaffenmantel, der ihm bis auf die Schuhe reichte, für einen Soldaten halten könnte. Allein die blanken Uniformknöpfe mussten einen von Schnaps benebelten Steppenbewohner aggressiv machen. Bedrohlich klang, was er zu Hotte sagte und schien mir Recht zu geben. Vielleicht würde er gleich schießen, wie konnte man das wissen? Sicher war das auch Hottes Gedanke, denn geistesgegenwärtig drehte er dem Russen die Pistole nach unten. Mit der Unberechenbarkeit eines Betrunkenen reagierte der Russe darauf zunächst überraschend freundlich, so als wäre alles nur ein Spiel. Dann wieder brüllte er herum, drohte, das Haus in die Luft zu sprengen, sollte es einer von uns wagen, das Zimmer zu verlassen. All das begleitete er mit dramatischen Gesten und der Pistole in der Hand. Als er sich nicht mehr steigern konnte, flog die Tür auf und drei Kameraden vom russischen Wachkommando traten ein. Sie waren einiges jünger als der Wüterich und versuchten vergeblich, ihn zu beruhigen. Schließlich nahmen sie ihm seine Pistole ab, bedrohten ihn mit ihren Waffen und setzten den Tobenden an die Luft. Sie selbst blieben noch einen Moment und entpuppten sich als freundliche, junge Männer. Einer sprach Deutsch, das er in der Schule gelernt hatte, und sagte, nicht alle Rotarmisten reagierten voller Hass auf die Deutschen, so wie es ihnen Ilja Ehrenburg über Flugblätter eingepeitscht hätte. Dann reichten sie uns reihum die Hand, tätschelten Dagi, nahmen sie auf den Arm, drückten Küsse auf unsere Kinderwangen und versprachen, später noch einmal vorbeizuschauen. Was, bei aller Liebe, nicht erwünscht war.

22. KAPITEL

Es regnete seit zwei Tagen. Alles war matschig. Wir hatten immer nasse Füße, und da nicht geheizt wurde, trocknete meine grün-schwarze Skihose nicht.

Unter Rübezahls neuer Regie sollte Drewitz wieder schnell anlaufen, doch davon konnten wir nur wenig bemerken. Nichts war so wie früher, als ich beim Melken oder Füttern half und beim Kalben zuschauen durfte. Es war trostlos, denn wo nichts funktionierte, konnte ich auch nicht helfen. Wir hockten im Zimmer, und Hotte leistete uns Gesellschaft, weil Max Wendt krank war. Seine Tochter Kathrin hatte die Vergewaltigungen durch die Mongolen überlebt, lag aber mit schlimmen Verletzungen im Bett. Was in Max Wendt vorging, wusste keiner, weil er nie viel redete. Hotte erzählte, dass er den Kopf nicht bewegen konnte, seine Zunge von einem dicken, weißen Belag überzogen war, der ihm sogar die Kehle verstopfte. Er aß und trank nicht. Wie seine Tochter lag er den ganzen Tag im Bett. Alleine konnte Hotte die Schmiedearbeiten nicht machen. Um Kathrin tat es mir leid, um ihren Vater Max auch, aber für Dagi und mich war es schön, dass Hotte da war, denn sonst hätten wir uns ziemlich gelangweilt.

Wir hatten eine Menge Spaß mit ihm, weil er nicht diktierte, was wir zu tun hatten, sondern uns fragte und die Spiele mit uns spielte, die wir mochten. Mir gefielen am meisten Zeichenspiele. Jeder musste einmal laut sagen, was er gerade malte, und die anderen rieten, was es war. Wenn wir keine Zettel mehr hatten, machten wir eine Zetteljagd durch das Haus, und wer das meiste Papier brachte, wurde Papierkönig. Wenn wir erst einmal richtig in Fahrt waren, vergaßen wir alles um uns herum. Dann kam stets Hottes große Stunde, in der er uns durch Witze und Vorführungen zum Lachen brachte. Er hatte nicht nur Wagemut, sondern auch Humor und Einfallsreichtum. Besonders nett ging er mit Dagi um. Sie liebte ihn abgöttisch und sagte sogar einmal, sie würde für ihn in den Kuhstall gehen und Milch holen. Das war wirklich ein großes Kompliment, denn für niemanden sonst hätte sie so viel Mut aufgebracht. Daher übernahm sie auch bereitwillig die Wache am Fenster, wenn Hotte es wünschte. Das war eine Idee von ihm, weil er meinte, Rübezahl habe sicher gute Absichten, aber es sei noch Krieg, und der Krieg sei nicht eine Versammlung guter Absichten. Er sagte auch: »Der Teufel hat seinen Platz in den Menschen, und das nennt man das Böse. Der Teufel hat auch seinen Platz in der Gesellschaft, und das nennt man die Ausbeutung. Und der Teufel hat seinen Platz unter den Völkern, und das nennt man den Krieg. Hat Rübezahl Einfluss auf die Völker?« Dann mussten Dagi und ich »Nein« rufen, er grinste und sagte laut: »Richtig. Die Flammen des Krieges können jederzeit auflodern, die Funken können herüber sprühen, der Himmel kann mit Feuer auf uns niederfallen.« Ich dachte, was er über die Flammen des Krieges wusste, hatte er in der Schmiede gelernt, und er begleitete es auch mit den großen Gesten eines Schmiedes und allerlei feurigen Bewegungen, er, der sonst so bedächtig war. »Daher sind Angriffen jederzeit möglich«, folgerte er kühl. »Und damit wir die rechtzeitig ausmachen, brauchen wir einen Wachposten am Fenster. Dagi, ab aufs Fensterbrett!«

Dagi war begeistert, ich auch, und sie nahm gern den Beobachtungsposten ein.

Ich hatte ihm vom kleinen Prinzen erzählt, und er wollte nun, dass wir die eine oder andere Geschichte vor Dagi wie im Theater aufführten. Zuerst wollte er die Schönheit aufführen. Dazu hatte er mich in eine Decke gewickelt und deklamierte mit großen Bewegungen: »Was ich da sehe, ist nur eine Hülle. Das Eigentliche ist unsichtbar!« Dann wurde sein Ton klagend. »Meine Augen sind blind! Jeden Mannes Augen sind blind!« Dann lächelte er uns strahlend an: »Man muss mit dem Herzen sehen.«

Ich klatschte frenetisch Beifall, aber unser Fensterposten schrie »Alarm!«, sprang herunter und rief: »Sie jagen einen!«

Hotte und ich rannten zum Fenster und sahen, wie jemand auf unser Haus zulief. Drei russische Soldaten waren hinter ihm her.

»Das ist Bruno«, sagte ich erschrocken. Ich hatte ihn sofort an seinem dichten weißblonden Haar erkannt. »Er arbeitet im Kuhstall.«

Einer der Verfolger blieb stehen, legte das Gewehr an und schoss. Schnell setzten wir uns alle auf die Erde, damit wir nicht durch das Fenster getroffen würden, und warteten, was passierte. Hotte saß etwas vorgerückt, Dagi und ich halb versteckt hinter ihm, sodass der erste Blick auf ihn fallen würde, wenn jemand zur Tür hereinkäme.

Ich erinnere mich genau, es war mein Gedanke, und obgleich dieser Gedanke nicht sehr nahe lag, passierte genau das: Wir hörten die Haustür knallen, und gleich darauf flog die Zimmertür auf, Bruno stürzte herein, warf sich auf die Erde und versuchte, wie ein in Panik geratenes Tier unters Bett zu kriechen. Dabei fauchte er gehetzt heraus, was geschehen war. Auf dem Weg zum Kuhstall, wo er die Tiere hatte füttern und melken wollen, wurde er plötzlich von einem Russen gerufen, aber statt stehen zu bleiben, war er in panischer Angst davongelaufen.

Wir alle wussten, wer dem »Stoi« nicht gehorchte, wurde erbarmungslos verfolgt.

Wir zuckten zusammen, als die drei betrunkenen Russen in unser Zimmer polterten. Einer hatte die Lage sofort erkannt, zeigte auf uns, machte ein paar schnelle Schritte und rückte das Bett von der Wand, sodass Bruno vollkommen schutzlos vor ihm lag. Er packte ihn, riss ihn hoch. Schnell und roh stießen sie ihn zur Tür. Dabei fragte uns der Erste, ob wir Russisch könnten.

Hotte stand auf und sagte etwas auf Russisch.

Der Soldat griff zu und riss ihn mit sich zur Tür. Ich hörte, wie sie den Flur entlang polterten und dann im Hof herumbrüllten. Ein Schuss fiel. Gleich darauf vernahm ich die laute Stimme Hottes, wie er etwas auf Russisch schrie. Ich wollte aus dem Fenster schauen, um zu sehen, was passierte, aber ich konnte mich nicht bewegen. Ich war wie gelähmt von der Gefahr, in der Hotte steckte. Würden die betrunkenen Wüteriche auch auf ihn schießen? Kaum hatte ich es gedacht, fiel ein zweiter Schuss.

Als es leise geworden war, stand ich auf und schlich mich bis zur Tür. Bevor ich sie öffnete, schaute ich mich nach Dagi um. Sie saß wie versunken da und malte etwas auf ihre Beine. »Hotte ist tot«, sagte sie.

Sie weiß nichts, dachte ich und machte ganz vorsichtig die Tür auf. Von draußen war nichts zu hören, also schlich ich mich in den Flur und tastete mich zur Haustür. Mir war, als wäre ich blind oder als wäre es dunkel. Als ich den Haupteingang einen Spalt öffnete, sah ich nur ein Bein in einer Hose und einen Fuß in einem löchrigen Wollstrumpf. Ich begriff, dass jemand mit dem Kopf nach unten auf der Freitreppe lag, dass es aber weder Bruno noch Hotte sein konnten, weil sie Stiefel anhatten und nicht auf Strümpfen herumliefen.

Ich packte den metallenen Türgriff kräftiger, zog die Tür weit auf und stellte mich breitbeinig in die Öffnung, so, als wollte ich keinen vorbei lassen. Jetzt konnte ich alles sehen: Bruno auf der Freitreppe und die rot gefärbte Pfütze vor den Stufen, in der Hotte mit einem Kopfschuss lag. Ich spürte einen kalten Luftzug auf meiner Netzhaut, ein Brennen in den Augen, dann liefen mir Tränen über die Wangen.

Ich wusste, wo meine Mutter ihr Nähzeug hatte und ging schnell ins Zimmer, um die Schere zu holen. Als ich zurückkam, hörte ich das Knirschen von Panzerketten, ließ mich dadurch aber nicht beirren. Ich ging die Stufen hinunter und kniete mich neben Hotte. In seinem Pullover war ein großes Loch, durch das ich die blanken Knöpfe seiner HJ-Winterbluse erkannte. Silbrig grau blinkten sie, als wären es kleine Näpfchen mit Wasser, in denen sich der bezogene Himmel spiegelte. Er hatte einmal gesagt, wenn er die Bluse nicht mehr brauchen würde, bekäme ich die Knöpfe. Nun waren es meine Knöpfe. Ich schnitt sie ab und wickelte sie in Stanniolpapier, das ich bei den Fliegerangriffen in Stettin gesammelt hatte.

Als es dunkel war und meine Mutter von ihrem Beerdigungsdienst zurückkehrte, sagte sie kein Wort über Hotte. Ich auch nicht. Um uns aufzuheitern, brachte sie uns die frohe Botschaft, dass sie Steckrüben organisiert habe, die sie für uns gleich kochen würde. Sie wollte, dass wir ihr dabei helfen, und während wir alle die Wruken schälten und schnitten, erzählte sie uns von einer Frau, die aus ihrem Dorf nach Drewitz geflüchtet war, weil die Russen sie gezwungen hatten, ihren eigenen Mann lebendig zu begraben.

Hotte lag immer noch da draußen.

Beim Essen stellte ich fest, dass ich keine Wruken mochte, besonders nicht, wenn sie holzig waren. Vor dem Zubettgehen holte ich die in das Stanniolpapier eingewickelten Knöpfe unter meinem Kopfkissen hervor und steckte sie in einen meiner Schuhe. Am nächsten Morgen, wenn ich die Schuhe anzöge, würde ich sie wieder unters Kopfkissen legen. Und das würde ich immer so machen.

Auch als wir im Bett lagen, fragte meine Mutter nicht nach Hotte. Auch Dagi erwähnte nichts von ihm. Vielleicht hatte sie ihn schon vergessen.

Am nächsten Morgen holte ich als Erstes das Stanniolpäckchen aus meinem Schuh, entfaltete es vorsichtig, nahm einen der blanken Knöpfe, wickelte alles wieder zusammen und schob das kleine Päckchen unter mein Kopfkissen. Mit steifen Beinen ging ich zur Haustür und öffnete sie vorsichtig. Der Himmel war grau, und es war so feucht, als würde es jeden Augenblick anfangen zu regnen. Bruno und Hotte lagen noch da, aber nicht so, wie sie vorher gelegen hatten, sondern quer zueinander. Auf dem Hof standen – auch quer zueinander – zwei Panzer. Sonst war alles ruhig. Eine Gänsefeder schwamm in der Pfütze neben Hottes Kopf. Es sah aus, als wüchse sie aus seinem Ohr. Ich dachte, wie kalt es für ihn sein musste, denn sein langer Militärmantel war fort. Steif ging ich die Stufen hinunter. Als ich Brunos Füße sah, stockte ich für einen Moment. Erst jetzt wurde mir bewusst, dass ihm einer der Russen seine Stiefel ausgezogen hatte. Ein Mongo, der aus Russlands Eiswinter gekommen war, keine Schuhe besessen hatte und bis hierher Fußlappen hatte tragen müssen. Ich ging zwei Schritte weiter und beugte mich zu Hotte hinab. Sein Gesicht hatte sich verändert. Letzte Nacht war noch Frost gewesen, aber heute Morgen taute es. »Hotte«, sagte ich leise, doch trotz seines aufgetauten Gesichtes antwortete er nicht. Auch schlief er nicht, denn seine Augen waren offen. Ich bückte mich und steckte ihm den Knopf in die Hosentasche.

Aus der Ferne hörte ich schweren Geschützlärm.

Dagi und ich zogen unsere nassen Schuhe und Hosen an, um dabei zu sein, wenn Hottes Leiche beerdigt würde. Meine Mutter hob die Grube mit aus und lächelte uns immer wieder zu. Dagi und ich beteten und weinten.

Danach gingen wir zurück. Meine Mutter wurde in die Kommandantur gerufen. Dort wurde sie zur Feldarbeit eingeteilt und half, die Saat auszubringen. Sie freute sich darüber und meinte, säen sei angenehmer als beerdigen.

Auch ich hatte Glück, denn mich ernannte Rübezahl zum Kuhgehilfen, und ich konnte im Kuhstall sogar beim Buttern helfen. Weil die Zentrifuge kaputt und auch die Handkurbel an der Holztonne abgebrochen war, mussten wir die Sahne in Kannen schütteln. Anfangs konnte ich mir nicht vorstellen, dass durch das Schütteln Butter entstehen würde, aber nach stundenlanger geduldiger Arbeit fischte auch ich einige kleine Klumpen aus der Kanne. Von da an war mein einziger Gedanke, wie ich einige der Klumpen an mich bringen könnte, um sie meiner Mutter abends zu servieren.

Es gab für mich noch eine zusätzliche Beschäftigung, weil der Wasserzulauf zum Kuhstall defekt war, und Max Wendt, der wieder arbeitete, ein paar Tage für die Reparatur brauchte. Ich half also, die Kühe morgens und abends zu einem Bach auf der großen Kuhweide zu treiben, der jetzt im Frühjahr viel Wasser führte.

Eckhard und ich waren dabei gern gesehene Helfer, weil der Schweizermeister verschleppt und Bruno erschossen worden waren. Ich hatte großen Spaß beim Treiben der Herde und lief wie ein Hirtenhund hin und her. Die Begleitmusik war immer noch der ferne Geschützdonner, der tagsüber kaum nachließ. Wenn der Wind ihn herüber trug, konnte man ihn auch im Haus durch die klappernden Fensterscheiben hören. Manche wollten am heftigen Klirren der Scheiben das Erstarken des deutschen Gegenangriffs ablesen und meinten, bald würden wir befreit werden, aber es gab auch einige, die dem widersprachen und behaupteten, die große Wende und der Endsieg würden nur durch den Einsatz der V2 erreicht werden. Für mich waren das alles unbegreifliche Worte, denn ich hatte überhaupt keine Ahnung, wie es um den Krieg stand.

Manchmal passierte es, dass in das ferne Kanonengrollen sehr nahe russische MGs hinein knatterten. Dann blieben wir angespannt stehen und jeder hörte auf zu arbeiten, denn wir alle wussten, dass die Russen rücksichtslos in der Gegend herumballerten und der Wodka der wahrscheinliche Grund dafür war, nicht aber der erstarkende deutsche Widerstand. Daher wurde uns dauernd eingeschärft, außerhalb des Gutes sehr vorsichtig zu sein. Jeder von uns hatte schon erlebt, dass für die Russkis lebende Zielscheiben eine interessante Abwechslung waren, auch wenn es sich nicht um Hühner oder Schweine handelte.

Während die Kühe das Wasser schlürften, erzählte immer einer der Kuhjungen Grausamkeiten, die an Kindern begangen worden waren. Großen Eifer entwickelte Rupert dabei. Von Mal zu Mal steigerte er sich, und jedes Mal musste es nicht nur grausamer oder unbegreiflicher, sondern uns das Geschehene auch näher sein. Am eindrucksvollsten wäre es also gewesen, wenn das, was er erzählte, grad eben und neben uns passiert wäre.

Diesmal handelte seine Geschichte von einem kleinen Jungen, der all die freundlichen Fragen eines russischen Soldaten nicht beantwortete. Nicht etwa, weil er sie nicht verstand – Rupert imitierte den Russen in seinem Kauderwelsch –, sondern weil er sie nicht beantworten wollte. So schien es jedenfalls, und das war auch das Seltsame und Unheimliche an der Geschichte: Warum schwieg der Junge beharrlich auf die einfachsten Fragen? Denn jeder von uns hier im Kreis wusste, dass wir der Gefahr am ehesten entgingen, wenn wir die betrunkenen Russen in ein Gespräch verwickelten, auf jeden Fall ihre Fragen beantworteten. Der Junge tat das nicht, und dieser nationalsozialistische Stolz des Winzlings machte den Rotarmisten schließlich so wütend, dass er anfing, ihn zu misshandeln. Als das auch nichts nutzte, folterte er den Kleinen, missbrauchte ihn und tötete ihn. Rupert schmückte das alles aus, so gut er konnte, und endete damit, dass es gestern passiert sei, und zwar ganz in der Nähe.

Wir alle schwiegen, nur Schmierbacke machte Ruperts quäkende Stimme nach und sagte: »Das ist keine lustige Geschichte. Das nächste Mal stecke ich deinen Kopf in Kuhscheiße.«

Wir lachten alle bis auf Günni Kelm, der beim Anhören der Geschichte ziemlich bleich geworden war. »Dann kannst du uns das Opfer ja zeigen«, sagte Günni.

»In Ordnung!«, rief Rupert, »dann auf – Tritt, marsch, ganze Abteilung in den Arsch, der Kleine liegt auf einem nahen Feld, wer ihn sehen will, der zahlt ein Geld!« Er marschierte sofort los. Schmierbacke versuchte, ihm ein Bein zu stellen, aber Rupert stolperte nur und lachte, als Schmierbacke ihm hinterherrief, so 'n Scheiß interessiere ihn nicht. Wir anderen aber rannten alle hinter ihm her.

Man musste über einen sehr matschigen Acker gehen, und als die Ersten bereits die Lust verloren, weil ohnehin niemand die Geschichte glaubte, blieb Ruppig stehen und zeigte auf etwas. Ich war der Letzte.

Als ich ankam, standen sie alle um einen kleinen Körper, der auf dem getauten, dunklen Boden wie ein helles Geschwür aussah. Ein zierlicher Junge, jünger als ich. Einer drückte mit dem Fuß gegen seine Schulter, sodass er auf den Rücken rollte, dann beugten wir uns herunter, um sein Gesicht zu sehen. Es war Richard Kelm, der kleine Ricki. Mir war sehr unheimlich zumute, weil es aussah, als schliefe er und könnte jeden Moment die Augen aufmachen.

Den ganzen Tag über redeten die anderen darüber, dass Rupert das wusste, und besonders Schmierbacke versuchte, aus ihm herauszuquetschen, woher er das gewusst habe. Rupert gab unter dem Druck nach, aber jedes Mal war seine Erklärung anders.

Trotz der anstrengenden Arbeit den ganzen Tag über konnte ich abends nicht einschlafen. Nachts bekam ich Fieber. Am nächsten Tag war ich krank.

23. KAPITEL

Heftig ruckelte und klopfte es an unserer Tür. Ich lag im Bett, weil ich immer noch krank war. Erschreckt riss ich die Augen auf, rührte mich aber nicht. Ich weiß nicht, warum meine Mutter abgeschlossen hatte, aber mir war klar, dass der Eindringling in Nullkommanix am Fenster sein würde.

Blitzschnell war ich auf den Füßen, breitete eine Decke auf der Erde vor dem Fenster aus, unsere Mutter packte Dagi, die am Tisch irgendwas zeichnete, setzte sie neben mich auf die Decke und kroch unters Bett. Wir hatten es so verabredet und so auch geübt. Wir konnten kaum noch bis Drei zählen, da krachte der Gewehrkolben durchs Fenster.

Der Kerl trug nicht einfach nur eine Jacke, sondern einen bis oben hin geschlossenen Mantel, woran ich sah, dass wir einen Offizier vor uns hatten. Obwohl er nicht aufrecht stand, sondern wie eine lauernde Bestie vor dem Fenster kauerte, konnte ich in ihm einen kräftigen, muskulösen, zu allem entschlossenen Mann erahnen. Zu anderen Zeiten hätte Tante Kläre von ihm gesagt, er stehe voll im Saft seiner Jugend, aber ich sah an seinen Augen, dass in ihm nichts kochte als Wildheit und Gier.

Er sprach gebrochen Deutsch, wusste, dass meine Mutter hier wohnte, und wusste auch, dass sie heute nicht zur Arbeit erschienen war. In der letzten Nacht waren zwei von den wenigen Pferden gestohlen worden, vermutlich von Polen, als die Wachen nicht aufgepasst hatten, und deswegen musste die Feldarbeit ausfallen, zu der meine Mutter eingeteilt worden war.

Unschuldig schauten wir zu dem Offizier im Fliegermantel auf, und wild schaute er aus dem glaslosen Viereck auf uns herunter.

»Wo ist Mamotschka?«

Freundlich sollte es klingen, ein freundlicher Anfang, aber drohend kam es bei uns an.

»Tot«, sagte Dagi laut und trocken.

Es war eine ihrer typischen Dummheiten, die mich ganz wütend machte und »mich auf die Palme brachte«, hätte Papa gesagt. Wenn unsere Mutter tot wäre, würde er natürlich hier eindringen, uns herausholen und uns irgendwo in Obhut geben. Für mich war das klar, mir stand das ohne jede Überlegung vor Augen. Also sagte ich: »Nein!« Das war an Dagi gerichtet, und zu ihm sagte ich: »Sie ist auf dem Feld.« Denn wäre sie auf dem Feld, müsste er dorthin, um sie zu holen. Das war für mich logisch.

Natürlich widersprach mir Dagi, wie konnte es anders sein, und obwohl ich sie einmal, zweimal und mehrmals korrigierte, blieb sie bei ihrer Behauptung. »Meine Mutter ist tot.« Sie sagte es wie ein Kasperle immer wieder. Diese verstockte Art brachte mich so in Rage, dass ich alles um mich herum vergaß. Doch statt Angst zu haben, dass ich ihr eine kleben würde, blieb sie starrsinnig beim Tod unserer Mutter. Der Streit wurde immer wütender, sodass ich sie so laut anschnauzte, wie ich konnte, und sie mir daraufhin mit ihren Fingernägeln ins Gesicht kratzte und der Russe in die Luft schoss.

Der Knall erschreckte uns, und wir starrten ihn verwundert an. In dem Moment begriff ich, dass der Mantel, den er anhatte, kein russischer Offiziersmantel war, sondern Hottes Fliegermantel. Ich konnte es nicht glauben. Ich sprang auf, kletterte auf das Fensterbrett, zog die Decke weg, die als Kälteschutz vor dem unteren Teil des Fensters hing, und sah es nun ganz deutlich: Es war Hottes Mantel!

Ich war vollkommen davon überzeugt, dass der Russe ihn nicht tragen und nicht behalten durfte. Daher öffnete ich das Fenster, packte den Mantel am unteren Saum und begann daran zu zerren. Weil er in der einen Hand noch seinen Karabiner hielt, aus dem er geschossen hatte, geriet er aus dem Gleichgewicht und, um nicht zu stürzen, musste er springen. Er sprang in den Hof.

Voller Wut und ganz erfüllt von meinem Recht schrie ich hinter ihm her: »Gib den Mantel her! Der gehört dir nicht! Der gehört meinem Freund! Gib ihn her, du Dieb!«

Er hörte nicht auf mich, sondern ging davon.

Nach dem Auftritt dieses aggressiven Feindes war uns allen klar, dass wir unser Zimmer verlassen mussten. Meine Mutter hatte das ganze Theater haarklein miterlebt und war leichenblass, als sie unter dem Bett hervorkroch. Ihre ersten Worte waren: »Wir müssen hier weg.«

Ich schlug vor, nach oben unter das Dach in eine der Mädchenkammern zu ziehen, wo es genügend Betten gab und ich nicht mit Dagi in einem schlafen musste. Meine Mutter stimmte zu.

In der Kammer, die wir bezogen, wohnten früher acht Mädchen, die alle der Hausverwalterin Gerda Wendt unterstanden und im Haushalt und Garten geholfen hatten. Wir besetzten die vier doppelstöckigen Betten, die sich an den beiden Längswänden gegenüber standen. Meine Mutter schlief rechts unten, ich links unten und hinter mir nahe am Fenster, auch unten, schlief Dagi. Die Betten von meiner Mutter und mir waren der Tür näher, weil wir von da besser hören könnten, wenn jemand die Holzstiege herauf käme.

Schon gleich in der ersten Nacht achtete ich darauf, dass die Tür zu unserer Kammer weit genug aufstand, sodass wir einen Eindringling auch hören würden, wenn er sich auf den knarrenden Stufen näherte. Sollte das der Fall sein, so würden wir uns gegenseitig wecken, damit meine Mutter sich noch schnell verstecken könnte. Dazu hatten wir eine Truhe leer geräumt, in die sie hineinpasste. Damit es schnell ging, hatten wir das ein paar Mal geübt. Dagi und mir sollte dann die Abwehr des Eindringlings überlassen sein. Zwar hatte der nächtliche Radau abgenommen, weil von dem Militärtross, der beständig von Osten nach Westen über die Chaussee rollte, nur noch selten Truppenteile zu uns kamen, aber verlassen konnte man sich darauf nicht.

Eine zusätzliche Sicherungsmaßnahme war es, nur wenige

von unserem Umzug wissen zu lassen. Dennoch konnte ich in der ersten Nacht nicht einschlafen, weil ich das Gesicht von Ricki vor mir sah. Er lächelte mich an, plinkerte mit den Augen, als blendete ihn die Sonne und flüsterte mir etwas zu, das ich nicht Wort für Wort verstand, mit dem er aber anscheinend alle Menschen in meinem Traum beschuldigte, nicht achtsam mit ihm umgegangen zu sein. Er war von Menschen gezeugt, geboren und ernährt worden und wurde von ihnen gefoltert und getötet. Sein ganzes Leben lang war er von anderen abhängig gewesen, sie waren sein Schicksal. Es waren nicht der Krieg oder die Hungersnot oder das Schicksal, es waren die Menschen gewesen. Die Menschen, die ihm etwas zu essen gegeben, und die Menschen, die ihn getötet hatten.

Ich erinnerte mich nicht an die Einzelheiten, aber ich wachte mit dieser Anklage Rickis auf. Ich wusste auch, dass ich aufgewacht war, weil ich mich gegen die Anklage gewehrt hatte. Ich war nicht schuldig an seinem Tod, auch nicht Eckhard oder Brunhilde oder die Kelms, sondern schuld war ein wilder Mann, der mit einer Roten Armee gekommen war. Tante Lieschen hatte einmal gesagt: Ein Mensch kann handeln, wie er will, aber er kann nicht wollen, wie er will. Konnte der Mensch, der Ricki gefoltert und getötet hatte, nichts dafür, dass er das wollte? Und was wollte er überhaupt? Fressen und saufen? Foltern, vergewaltigen und töten? Waren das seine größten Wünsche? Hatte er sie immer noch? Würde er heute anderen die Sachen wegnehmen, die Uhren, die Stiefel, den Schmuck? Wie viele gab es wie ihn?

Wollten sie gar nicht lieb zu den anderen sein, wie es Mami zu uns war? Gab es solche auch bei uns?

War Papas bewunderter Mann mit den blauen Augen »Führer« geworden, damit er das alles bekam, was er haben wollte? Gehorchten und bewunderten die Menschen einen, der alles bekam? Den Kaiser von Russland, den König von Mexiko? Der für nichts zahlen musste und für nichts bestraft wurde?

Ich hörte eine Eule schreien und freute mich über die Tiere, die noch am Leben waren. Dazu gehörten auch die Mäuse, die auf dem Boden vor unserer Kammer herum knusperten. Gut, dass sie nicht auf dem Hof waren, wo die Eule oder die Katzen sie schnappen konnten. Mit den Tieren war es wie mit den Menschen: Sie mussten aufpassen, dass sie nicht von einem Hungrigen getötet wurden. Bei den Tieren war es Fresslust, bei den Menschen die Wutlust.

Ich hörte die tiefen Atemzüge meiner Mutter. Ich wandte den Kopf. Es war zu dunkel, ich konnte nicht sehen, ob sie auf der Seite schlief oder auf dem Rücken. Es tat mir leid, dass ich das nicht wusste. Warum hatte ich nie darauf geachtet? Von mir wusste ich es: Ich schlief auf der Seite, die Beine angezogen.

Als ich morgens in den Kuhstall kam, empfing mich Oskar Franke. Ich freute mich, denn Oskar war ein tüchtiger Schweizer, der nicht nur der beste Melker war, sondern auch sonst etwas von Kühen verstand. Ich fragte ihn, ob die anderen nun auch kommen würden, denn sie waren alle zur gleichen Zeit eingezogen worden, aber er schüttelte den Kopf. »Dietrich Wulf und Robert Kirchberg sind gefallen. Nur Erich Schlodauer könnte noch am Leben sein. Aber was erwartet ihn hier?«

Ja, was würde ihn erwarten?

Ehe ich darüber nachdenken konnte, wollte Oskar Franke wissen, wie es mir ergangen sei, und ich berichtete ihm von dem schrecklichen Schicksal Elsbeth Schlodauers und auch wie Eule und Bruno ums Leben gekommen waren, aber von seiner eigenen Mutter Hedwig und seiner Frau Gertrud, die von den Russen so schlimm behandelt worden waren, dass Hedwig wenig später starb, sagte ich nichts. Vielleicht hatten ihm das schon andere berichtet.

»Und Emil Riemer haben sie nach Russland verschleppt?«

Ich nickte. Es war eine von Rübezahls ersten Handlungen gewesen, Männer auszusuchen, die auf einen Transport nach Russland kamen.

Ich wollte wissen, warum er nach Hause durfte, wenn der Krieg noch nicht zu Ende war. Er lachte böse und sagte: »Noch nicht beendet? Ich komme aus Stettin, da ist gerade die zweite sowjetische Armee eingezogen. Am nächsten Tag habe ich gehört, dass Heinrich Himmler den Westmächten die Kapitulation angeboten hat, und da meinst du, der Krieg ist nicht zu Ende?«

Als wir abends vor dem Einschlafen noch bei Mama im Bett lagen, fragte ich sie nach dem Ende.

Aber auch von ihr war nichts Eindeutiges zu hören. Da es auf dem Gut kein Radio mehr gab und sie außerdem den ganzen Tag auf dem Feld arbeitete, wusste sie nicht, was in der Welt vor sich ging und was wir alle zu erwarten hätten.

In der Nacht hörte ich die Mäuse unter und über meinem Bett. Sie kamen jede Nacht, obwohl sie hungrig wieder abziehen mussten, denn hier fanden sie nichts.

Anders als in Naugard produzierten meine Träume hier meistens die Sequenzen eines einzigen Märchens, das Tante Kläre mir kurz vor unserer Flucht vorgelesen hatte – *Hänsel und Gretel*. Es war nicht die Geschichte von Hänsel und Gretel, sondern immer nur die Bilder, wie sie in den Backofen sollten und sich wehrten. Sie wehrten sich, weil sie das schrille Jammern im Ofen nicht ertragen konnten. Wenn sich das Rein-Sollen und das Nicht-Rein-Wollen zu einer zu großen Spannung steigerten, wachte ich auf.

24. KAPITEL

So ging es mir auch in der Nacht zu meinem Geburtstag, und ich überlegte, ob ich Schäfchen zählen sollte. Ich wusste nicht, ob es schon späte Nacht war oder auf den Morgen zuging. Spät in der Nacht wollte ich keine Schäfchen mehr zählen, das lohnte sich nicht. Ich versuchte, an den Geräuschen draußen festzustellen, wie spät es sein könnte, als ich ein Knarren hörte. Mein erster Gedanke war: Schritte, die die Treppe heraufkamen. So knarrte es und machte mir Angst. Die Angst ließ meine Ohren so heftig glühen und rauschen, dass ich mir dann doch nicht sicher war, ob ich mich täuschte. Der Gedanke, die Russen würden irgendwann unseren Unterschlupf entdecken, lauerte in meinen Gehirnwindungen. Natürlich hätte ich aufspringen und mich zur Treppe schleichen können, doch davon hielt mich die Kälte ab. Bei einem Fehlalarm hätte ich in der eisigen Nachtluft unnötig herumgeschlottert.

In Wahrheit war es nicht so sehr die Kälte, sondern die Furcht, die mich ganz steif machte, und selbst wenn ich meine Mutter hätte wecken wollen, wäre mir das nicht möglich gewesen. Ich war vollkommen gelähmt.

Es waren Schritte, daran bestand für mich kein Zweifel, und ich konnte die Wahrnehmung, dass sie leise und schnell die Stufen heraufkamen, nicht verdrängen. Mein Entsetzen wuchs, als ich realisierte, dass sie sich auf unsere Kammer zu bewegten und schon da waren, bevor ich noch einmal Luft holen konnte. Vielleicht aber war meine Panik so groß, weil ich vergessen hatte zu atmen, denn just in dem Augenblick, als der Unheimliche in der offenen Tür stand, wurde mir schwindlig. Es war keine akustische Täuschung, so sehr ich mir das auch gewünscht hätte, denn der schwarze Schatten war mit einem Licht gekommen, einer Taschenlampe, die er unter einem

Tuch verbarg. An der Unterseite ließ das Tuch einen Spalt frei, durch den ein schmaler Strahl auf seine Soldatenstiefel fiel. Vielleicht war es auch der Anblick dieser Stiefel, der den Schwindel auslöste. Dennoch konnte ich wahrnehmen, dass der trübe Schein der Lampe zum Bett meiner Mutter wanderte. Dann kam er zu mir, sodass ich schnell die Augen zusammenkniff. Alles wirbelte herum, während ich hörte, wie er zu meiner Mutter ins Bett stieg.

Mein Schwindel und das Rauschen in den Ohren wurden so stark, dass ich die Besinnung verlor.

Als ich später das Bewusstsein wieder erlangte, hatte ich sofort die Stiefel vor Augen. Nun hatte doch einer dieser betrunkenen und bösartigen Teufel seinen Weg aus dem nächtlichen marodierenden Rudel hier herauf gefunden, bluthungrig und mörderisch. Ich hatte seine Augen nicht sehen können, es war stockfinster gewesen, und die matt aufleuchtende Taschenlampe hatte von ihm selbst nichts preisgegeben, sondern nur das Opfer für ihn gesucht. Würde seine Gier geglüht haben, hätte ich seine Augen erkennen können, in denen das Gleiche lauerte wie in den Augen von Hottes Mörder, der ihm den Mantel genommen hatte. Es wollte hervorspringen und sich auf die Frau werfen, die meine Mutter war. Tief im Schlaf lag sie, zu weit weg, als dass ich sie hätte anstoßen und warnen können. Schreien. Aber meine Kehle war trocken, meine Lippen klebten zusammen. Bislang hatten wir Glück gehabt, aber nun war die Bestie im Raum. Ich kannte den typischen Atem, den schnellen Schritt, die flackernden Augen, die brutal zugreifenden Hände. Wieder verlor ich die Besinnung.

Ohne Träume und wie leblos blieb ich bis zum nächsten Morgen liegen und wurde erst geweckt, als meine Mutter unter meine Decke schlüpfte, mein Gesicht nahm, mich küsste und mir ins Ohr flüsterte: »Es ist dein Geburtstag, Liebling, ich gratuliere dir!« Glücklich streichelte, herzte und küsste sie mich und raunte mir zu: »Papi ist gekommen.«

Erschreckt dachte ich an den Russen von heute Nacht. Er würde Verstärkung holen und meinen Vater erschießen lassen.

»Wo ist er?«, flüsterte ich ängstlich.

Sie sah mich lächelnd an und streichelte mein Haar. »Er liegt in meinem Bett. Er schläft noch.«

»Und wo ist der Russe?«

»Welcher Russe?«

»Von heute Nacht.«

»Heute Nacht war kein Russe da. Heute Nacht ist Papi gekommen. Er hat uns gefunden. Er hat alle gefragt, bis er jemand getroffen hat, der ihm gesagt hat, wo wir sind.«

Immer noch steckte der Schreck von heute Nacht in mir, und ich wagte nicht hinüberzuschauen.

»Es darf niemand erfahren, dass er hier ist«, flüsterte meine Mutter. »Er wird sich verstecken, aber niemand darf es wissen, hörst du?«

»Dann dürft ihr es Dagi nicht sagen.« Ich war froh, meine Schwester als Blitzableiter zu haben, aber außerdem hatte ich Recht. Von ihr konnte man nicht erwarten, dass sie sich richtig verhalten würde, sie war noch zu klein. Es war mir wichtig, dass die Eltern das begriffen. Sie immer wieder daran zu erinnern, war meine Pflicht.

Der Gedanke an diese Pflicht oder eine Aufgabe, die ich übernommen hatte, war das Erste, das mir wieder Sicherheit gab. Ja, auf Dagi musste man aufpassen, musste ich aufpassen. Ich! Es war meine Aufgabe!

»Sie weiß es schon, sie ist bei ihm im Bett.«

Betroffen schaute ich hinüber, es war schon hell genug. Mein Vater lag auf dem Rücken, ich konnte seinen Kopf sehen, den dunklen Haarkranz, die scharf geschnittene Nase, die vom Bart schattig gezeichneten Wangen und das Kinn. Er war es. Um seinen Hals lag der Arm meiner Schwester, ihr Kopf auf seiner Schulter. Beide schliefen.

Ich wusste nicht, wie spät es war, denn meine Mutter ging sonst immer im Dunkeln zur Arbeit. »Musst du nicht arbeiten heute?«

»Ich habe verschlafen. Wir müssen Papi wecken, falls die jemand schicken, der mich holen soll.«

»Wo will er sich verstecken? Jetzt ist es hell, jetzt kann er nicht mehr weg.« Ich richtete mich auf, um in der Kammer nach einem Versteck für ihn zu schauen. Vor dem Bett lagen seine umgekippten Stiefel und auf der Truhe seine Uniform. »Vielleicht kann er in die Truhe?«

»Das ist zu gefährlich. Wenn er hier erwischt wird, werden wir alle erschossen. Bis heute Nacht muss er in einen der Bodenschränke. Nachts kann er dann weg. Dagi muss unten auf der Treppe den ganzen Tag Wache halten. Wenn einer kommt, muss sie ihn laut ansprechen, damit Papi das oben hört und sich versteckt.«

»Das kann ich auch machen.«

»Nein. Du musst zur Arbeit und ich auch. Wir dürfen nichts tun, was auffällt. Wir müssen jetzt runtergehen und sagen, dass du krank warst heute Morgen, dass du dich erbrochen hast. Du hast irgendwas Falsches gegessen.«

Als wir uns anzogen, wachte er auf. Ich stellte mich an sein Bett und sagte: »Guten Tag.«

Er lächelte. »Tach, mein Junge.« Er streckte mir die Hand hin.

Ich nahm sie und machte einen Diener. Dadurch ruckelte ich an seinem Arm, und Dagi wachte auf. »Wir müssen jetzt zur Arbeit. Dagi muss aufpassen, wenn einer die Treppe heraufkommt, dann muss sie ihn laut ansprechen, damit du es hörst und dich in einem Schrank verstecken kannst!« Es war die wichtigste Information im Moment. Ich sagte es streng und richtete es besonders an die Adresse Dagis. Sie musste sich anziehen und sofort ihren Platz einnehmen, wenn sie ihre Aufgabe richtig machen wollte. Sie sah aber nicht aus, als wenn sie jetzt das Bett verlassen wollte. »Du musst aufstehen!«, sagte ich.

»Lass mal gut sein, wir machen das schon«, sagte mein Vater, was mich ziemlich ärgerte. Er wusste hier gar nicht Bescheid, wusste nicht einmal, dass ich sogar das Federbett besorgt hatte, unter dem er lag, und wollte schon alles machen und alles bestimmen.

Ich schaute mich nach meiner Mutter um, sie war schon fertig, ich fasste ihre Hand. »Komm«, sagte ich und wollte sie zur Tür ziehen.

Sie machte ihre Hand los, trat an das Bett und beugte sich über Papa und Dagi, um sie zu streicheln und zu küssen.

Das war völlig überflüssig; jeden Moment hätte einer von den Wachsoldaten oder Erich Domke kommen können, um uns zu holen. Außerdem warteten sie im Kuhstall auf mich, und es war schon schlimm genug, dass meine Mutter mich zu spät geweckt hatte. Jetzt durfte man keine Minute mehr verlieren.

Als wir herunterkamen, begegneten wir Leni Bahlow, die aus der Kommandantur kam. Rübezahl wollte sie immer um sich haben und hatte bestimmt, dass sie alles für ihn persönlich zu erledigen hatte. Meine Mutter meinte, das sei ein bitteres Los, weil Rübezahl Tante Lenis Mann, Administrator Bahlow, hatte erschießen lassen. Aber jetzt war sie die mit dem besten Draht zu Rübezahl.

»Sie sind zu spät,« sagte sie, »die sind schon alle raus aufs Feld.«

»Wo ist das?«, fragte meine Mutter.

Sie schüttelte den Kopf. »Ziemlich weit, hinter dem Hexenbruch, das finden Sie nicht.«

»Können Sie nicht sagen, dass ich heute in der Küche gebraucht werde und da helfen soll?« Meine Mutter streichelte meinen Kopf. »Er war heute Morgen krank und hat sich übergeben.«

Ich nickte und machte ein elendes Gesicht.

»Ich denke, das kriegen wir hin. Gehen Sie in die Wäschestube und bügeln Sie vom Leutnant die Wäsche. Die braucht er. Und du?«, fragte sie mich.

»Ich bin im Kuhstall.«

»Gut.« Sie lächelte. »Dann renn mal schnell hin, dir wird schon nichts passieren.«

Ich rannte los. Das letzte Wort »passieren« war wie ein Peitschenknall. Ich war gespannt, was »passieren« würde.

Auf der Freitreppe nahm ich zwei Stufen zugleich. Der Brunnen sprudelte nicht mehr, alles wirkte trüb. Zwar liefen Hühner und Gänse herum, doch früher wären sie nicht einfach herumgelaufen, sie hatten ihre Hühnerwiese, die eingezäunt war. Selbst die fünfhundert Gänse hatten Maria Aretz als Hirtin. Jetzt waren es vielleicht noch fünfzig, und sie watschelten überall herum. Meine Mutter meinte, sie warteten auf die Polen, die nachts kamen und ihnen die Hälse umdrehten.

Mittags hatte ich eine Arbeitspause, in der ich in der Kornscheune nach Eiern suchte. Fünf Stück fand ich. Als abends die Kühe gemolken waren, gab mir Oskar Franke eine Kanne und ließ mich meine Milchzuteilung mit nach Hause nehmen. Vorher war ich noch im Backhaus gewesen, weil wieder gebacken wurde, und hatte bei Otto Buns ein halbes Brot geschnorrt. Glücklich, meinen Vater mit all diesen guten Dingen überraschen zu können, lief ich um den Park herum, sodass ich von hinten ins Herrenhaus gelangte und ungesehen den zweiten Stock erreichte.

Kaum hatte ich die Bodentür einen Spalt aufgemacht, da hörte ich Dagi laut nach oben rufen: »Da kommt einer!«

Ehe ich sie für diese Dummheit zurechtweisen konnte, rief sie noch einmal und ebenso laut: »Es ist mein Bruder!«

Ich wusste, dass mein Vater Hunger hatte und war so scharf auf sein Staunen, sein Lächeln und seinen Dank, dass ich an ihr vorbei sprang.

Er hatte schon ein Bein im Schrank, um sich zu verstecken. Neben dem Schrank stand ein Stuhl, auf dem er gesessen hatte. In der Hand hielt er ein Buch, und als er nun sah, dass ich es war, kam er mir ein paar Schritte entgegen.

Ich holte aus meinen Taschen Eier, Brot und Milch.

Er lächelte. »Danke.«

Ich blieb noch stehen, stramm, denn vor einem Mann musste man immer stramm stehen. Ein bisschen mehr Anerkennung hatte ich erwartet, wenn auch nicht so viel wie von meiner Mutter. Doch er lobte mich nicht, sondern sagte stattdessen: »Das hast du gut gemeint, Hein Mück, ich will nicht meckern, aber mach das bitte nicht noch mal! Das ist zu gefährlich. Wir haben alle nichts davon, wenn das schiefgeht.«

Mein Hals war trocken. Mir fiel ein, dass ich neulich ein Hufeisen gefunden hatte. Offenbar aber stimmte nicht, was Tante Kläre immer sagte, ein Hufeisen bringe Glück, genauso wie ein vierblättriges Kleeblatt oder das erste Marienwürmchen im Juni.

Ich fragte mich, was ich falsch gemacht hatte. Ich war auf dem Wege, meinen Vater in Gefahr zu bringen, vielleicht sogar meine ganze Familie und hatte ihm doch nur etwas zu essen bringen wollen. Oder war es mir gar nicht darum gegangen? Wollte ich nur ein Abenteuer erleben und ein Lob kassieren?

Meine Mutter brachte Salz und Zucker mit. Papa streute sich Salz auf das Brot und mir ganz dünn Zucker. Dagi wollte auch Zucker, und meine Mutter nahm Salz. Es war die Ration für die ganze Woche, aber Papa meinte, das müsse nur noch für zwei Tage reichen, dann würde er uns holen.

Nachts verschwand er. Die nächsten zwei Tage fühlte ich mich wie gelähmt. Ich hatte große Angst um ihn, aber auch um uns. Ich wusste nicht, was er vorhatte und warum er uns holen wollte und wohin. Als ich meine Mutter fragte, sagte sie: »Wenn ihr nichts wisst, könnt ihr auch nichts verplappern.«

Sie hatte ein Geheimnis, das sie mit mir nicht teilte, weil sie mir nicht traute. Das machte mich traurig. Natürlich verstand ich ihren Beweggrund, doch alles, was uns verband, machte mich glücklich.

Bevor ich einschlief, dachte ich die ganze Zeit an Tante Kläre, die mit Tante Eva und Onkel Otto im Auto irgendwohin in den Westen gefahren war und an den kleinen Prinzen, der Tante Kläre in meiner Fantasie begleitete.

Dann kam die Nacht, in der mein Vater uns abholen wollte. Meine Mutter brachte uns zu Bett und riet uns zu schlafen, damit wir später nicht zu müde wären.

»Wir müssen doch aufpassen, wenn er kommt«, sagte ich.
»Das mache ich. Ich wecke euch dann.«

Dagi machte großes Theater, weil sie nicht alleine schlafen wollte, aber meine Mutter gab nicht nach. »Bei mir nicht«, sagte sie. »Ich muss zwischendurch immer wieder aufstehen. Wenn du willst, könnt ihr beide zusammen schlafen.«

Sie war damit zufrieden, kletterte in mein Bett, und wir lagen eng beieinander. Ich wollte ihr noch etwas von den Tieren erzählen, das machte ich immer, wenn sie bei mir im Bett schlief, aber ich war so müde, dass meine Worte allmählich langsamer wurden, immer schwerer und das letzte mich hinunter in den Schlaf zog.

Ich träumte von Elfi Mey. Wir standen in einem Schwarm von Maikäfern, die um uns her schwirrten und sich mit ihren kleinen Beinchen in unserem Haar festhielten. Lachend standen wir voreinander und versuchten, sie wieder herauszuziehen und in die Kiste zu stecken. Ich sagte zu Elfi, du musst ein Lied singen, dann fliegen sie weg. Sie lachte, ihre weißen Zähne leuchteten, und sie tanzte ein paar Mal hin und her. Ich wusste, dass wir beide auf Elsbeth warteten, die uns mit ihrem Milchwagen mitnehmen sollte, aber irgendetwas verhinderte das. Elfi kam ganz nahe, nahm ein paar Käfer aus meinem Haar und flüsterte mir ins Ohr, als wäre es ein Geheimnis: »Die Kühe geben keine Milch mehr.«

Der Gedanke erschreckte mich, ich bekam große Angst und wollte aufwachen. Doch statt wach zu werden, wurde alles schwarz.

Frühmorgens weckte mich meine Mutter und sagte: »Du musst aufstehen, Liebling, damit wir rechtzeitig zur Arbeit kommen.«

Ich klebte am Schlaf wie am Honig, aber dann zerstörte ein Gedanke alle Süßigkeit: »Warum hat uns Papi nicht geholt?«

Meine Mutter streichelte mir über die Stirn. »Er wird noch kommen, aber diese Nacht hat es nicht geklappt.« Sie zog mich aus dem Bett und nahm mich in den Arm. »Morgen Nacht.«

Sie streichelte meinen Rücken, während sie mir den Pullover überzog. »Wir dürfen uns nichts anmerken lassen. Wir müssen pünktlich zur Arbeit da sein.«

Es fiel mir nicht schwer, denn Nina hatte mich im Pferdestall untergebracht, wo es wieder sechs Pferde gab. Man brauchte sie zum Pflügen, zum Aussäen, zu allem. Rübezahl hatte seine Wachsoldaten ausgeschickt, die sie irgendwo polnischen Bauern weggenommen hatten. Es sollte sogar eine Schießerei gegeben haben, in der Rübezahls Leute die Sieger waren. Alle liefen zusammen, als sie mit der kleinen Herde zurückkamen und betätschelten die Gäule, als hätten sie es gut gemacht, sich herbringen zu lassen.

Ich fand es auf jeden Fall gut. Mein liebstes Pferd hatte eine schwarze Blesse, aber ich mochte sie alle, weil sie so schöne, weiche Nüstern hatten, die ich gerne streichelte und kitzelte.

An diesem Tag war außerdem etwas ganz Besonderes passiert. Nachdem der Hofmeister Erich Domke von der Kommandantur gekommen war und allen ihre Arbeitsaufträge mitgeteilt hatte, ging er zu der Glocke an der Schreinerei und läutete zum Arbeitsbeginn. Seit der Besetzung durch die Russen hatte er das nie mehr getan. Heute war es das erste Mal, dass wir morgens die Glocke wieder hörten.

Gustav Giese, der Pferdemeister, grinste mich an und sagte: »Der denkt, wenn er die Glocke wieder läutet, kommen auch die alten Zeiten aus ihren Löchern gekrochen.«

Ich gab der Glocke Recht. Es war sogar noch besser als in den alten Zeiten, denn in denen hätte mich niemand ernsthaft an die Pferde heran gelassen. Jetzt aber war es kein Spiel, und jeder musste anpacken, der zwei Hände hatte. Für mich war es ein gutes Gefühl.

Den ganzen Tag über war wegen Papa so ein dumpfes Grummeln in mir. Es hörte sogar dann nicht auf, als Ruthchen mich neckte, ob ich mal etwas sehen wolle, was ich noch nie gesehen hatte. Natürlich wollte ich. Sie griff mit der Hand durch die Luft und fragte: »Hast du es gesehen?«

Ich wusste nicht, was sie meinte, ich hatte nichts gesehen außer das, was sich unter ihrem Kittel bewegt hatte. Ich schüttelte den Kopf.

Sie wiederholte es und dann noch einmal, aber jedes Mal war es dasselbe. Dann grinste sie mich breit an und sagte: »Wer zu neugierig ist, wird es nie sehen!«

Damit lief sie davon, machte mir aber von der Stalltür aus noch einen Kussmund.

Nach diesem Kussmund wusste ich, was ich gesehen hatte, und konnte Ruthchen für lange Zeit nicht vergessen.

Ich ging an den leeren Boxen im Kutschenstall vorbei und erinnerte mich an das Klappern der Hufe auf dem Stein, wenn der Administrator oder Onkel Albi ihre Pferde hinausführten, und wieder spürte ich dieses unheimliche Gefühl, dass mit meinem Vater etwas passiert sein könnte. Ich wusste nicht, wohin er gegangen war, was er suchte oder brauchte, um zurückzukommen und uns zu holen. Ich wusste nicht einmal, wohin wir dann sollten. Warum war er heute Nacht nicht gekommen? War er tot?

Ich überlegte, was das für mich bedeuten würde, aber ich sah immer nur meine strahlende Mutter vor mir. Ich konnte über ihr Lächeln, über ihre leuchtenden Augen nicht hinweg, konnte nicht hin zu etwas so Trübem, wie es der Tod meines Vaters war.

Als sie Dagi und mich abends ins Bett packte, sagte sie dasselbe wie gestern: »Schlaft gleich ein, damit ihr nachher nicht müde seid, wenn Papa uns holt.« Dann liebkoste sie uns so lange, bis wir eingeschlafen waren.

Als sie uns weckte, war es stockfinster. Sie sagte mit einer leisen, eindringlichen Stimme: »Steht auf, zieht euch an, wir müssen los.«

Ich schaute mich um, aber es war so dunkel, dass ich nicht sehen konnte, ob mein Vater nun da war. Wir hatten unsere Sachen so zurechtgelegt, dass wir sie auch im Dunkeln finden und anziehen konnten. Meine Mutter hängte mir meinen Rucksack um, in dem sich aber nichts weiter als Sachen zum Anziehen und ein Foto von Tante Lieschen befanden.

Für einen kurzen Moment leuchtete eine schwache Lampe auf. Er war es, mein Vater, der eine Taschenlampe in der Hand hatte. »Wenn ich pst! mache, bleibt ihr wie angewurzelt stehen«, sagte er. »Ganz leise dann und keinen Piepser mehr!«

Ich erinnerte mich an unsere Flucht von Gut Zernikow und wollte fragen, ob wir uns dann auch ducken sollten, aber es ging schon los.

Wir schlichen in Abständen die Bodentreppe herunter. Immer erst einer, und wenn der unten war, dann der Nächste, damit es nicht so knarrte. Rübezahl schlief im Haus und hatte einen Wachsoldaten vor seiner Tür, dessen Aufgabe es war, jede heimliche Aktion zu bemerken.

Wir nahmen nicht den Haupteingang, sondern den Personaleingang, der hinter der Küche in den Gemüsegarten führte. Es machte nichts, dass ein paar Hunde anschlugen, denn das taten sie oft in der Nacht. Es war ohnehin nicht sehr leise, denn immer noch rollten Panzer durch die Nacht, und immer noch kam aus der Ferne Geschützdonner.

Hinter dem Friedhof stand ein Mann mit einem Panjewagen, vor den ein Pferd gespannt war. Ich dachte nicht, dass wir verraten worden waren, denn mein Vater ging gleich auf ihn zu und redete mit ihm. Er sprach gebrochenes Deutsch, und ich konnte erkennen, dass er eine Uniform trug. Später erzählte mir meine Mutter, dass es ein polnischer Soldat war, der einen Bauernhof besetzt hatte und bereits seine Familie aus Polen hier hatte. Er verdiente sich nebenbei Gold, Schmuck und Uhren, indem er Deutsche über die Grenze in die britisch besetzte Zone brachte.

Wir setzten uns eingemummelt auf zusammengelegte Säcke, der Soldat nahm die Zügel, schnalzte, und das Pferd fiel in einen Trab.

Als sich der erste helle Schimmer am Horizont zeigte, bog der Kutscher von der Straße ab, fuhr noch eine Weile über einen Feldweg und dann auf einen Bauernhof. Er rief etwas, eine Frau trat heraus und sprach mit ihm.

Wir wurden einquartiert und warteten, bis es abends wieder dunkel war.

Wir kletterten wieder auf den Wagen, verabschiedeten uns von der Frau, die »Viel Glick!« sagte und uns winkte.

Die Fahrt ging den Feldweg zurück, und es dauerte noch zwei Stunden, bis wir absteigen mussten. Der Soldat nahm das Pferd beim Zügel, führte es ein Stück bis zu einem Baum und band es dort fest. Er schirrte es aber nicht aus, sondern ließ es eingespannt. Er machte ein Zeichen, dass wir ihm folgen sollten.

Wir gingen eine Weile gebückt durch Büsche und Gestrüpp. Nach zwanzig Minuten kamen wir an ein sehr großes, unterirdisches Abflussrohr. Da hinein mussten wir, mit den Füßen durch flaches Wasser. Der Soldat und mein Vater leuchteten uns mit ihren Taschenlampen, sodass wir uns nicht an irgendetwas stießen.

Hin und wieder hielt der Pole an und lauschte. Dann ging es weiter.

Als wir auf der anderen Seite der Röhre herauskamen, gab er uns zu verstehen, dass wir nun besonders vorsichtig und leise sein müssten.

»Jetzt kommt die Grenze«, flüsterte mein Vater. »Hier patrouillieren Russen. Sie schießen auf alles, was sich bewegt. Wenn ich ein Zeichen mache, duckt ihr euch und bleibt ganz ruhig.«

Wie krumme Hexen beugten wir uns, der Pole schlich voran, dann mein Vater mit Dagi, am Schluss meine Mutter und ich. Ich hatte nur meinen Rucksack, mein Vater trug die beiden Taschen.

Ich hörte die Stimme eines Käuzchens, und plötzlich fiel mir der Himmel voller Sterne auf. Es war Anfang Mai und die erste warme Nacht.

»Trödel nicht«, flüsterte Mami, und in dem Augenblick leuchtete am Himmel eine Sternschnuppe auf. Ich fasste

Mamis Arm, sie sah sie auch, und wir beide wünschten uns was. Ich wünschte mir, sie nie zu verlieren.

Niemals vergaßen wir diesen schönen Moment. Immer wieder erzählten wir ihn uns später.

Als wir einen kleinen Bach durchwatet hatten, blieb der Soldat stehen und sagte, wir seien jetzt drüben, von hier aus könnten wir alleine weitergehen.

Mein Vater fasste in die Hosentasche, holte eine Uhr und eine Kette heraus und gab sie ihm. Der Soldat nahm sie und war im nächsten Moment verschwunden.

»Kommt dicht hinter mir her«, sagte mein Vater und ging voran.

Am 9. Mai 1945 um 00.01 Uhr MEZ trat die deutsche Kapitulation in Kraft, elf Tage nach meinem sechsten Geburtstag.

EPILOG

Der letzte Brief Tante Lieschens an meine Mutter:

Naugard, den 11. März 1945

Liebe Susanne,

es war gut, dass du dich in letzter Minute mit den Kindern doch noch dem Flüchtlingstreck nach Westen angeschlossen hast. Hoffentlich seid ihr heil über die Oder gekommen und nicht von den Tieffliegern beschossen worden. Wenn du diesen Brief erhältst, wird es einer von euch auf jeden Fall geschafft haben. Also spreche ich euch alle an:

Liebe Susanne, mein lieber kleiner Prinz, mein liebes Dagi,

mit Gott und all meiner guten Kraft hoffe ich, dass Ihr wohlauf seid! Auch zuversichtlich und stark genug, um ein neues Leben zu beginnen. Ihr wart die Menschen, die mir am nächsten standen, und ich habe euch immer geliebt und werde euch bis zu meinem letzten Atemzug lieben.

Nachdem Ihr weg seid, hat sich hier Schreckliches abgespielt. Selbst ich bin ein Opfer dieser fürchterlichen Welt geworden und werde morgen freiwillig gehen.

Ich bin alleine hier im Haus, von dem nur noch die Hälfte steht. Wie ihr wisst, war Dorothea Schattner sehr verzweifelt darüber, dass Pauli sich dem Volkssturm angeschlossen hatte. Einen Tag nach eurer Abreise kam er wieder und lief direkt einem russischen Vorkommando in die Hände. Sie haben die ganze Familie Schattner im Hof an die Mauer gestellt und erschossen, nachdem sie alles, was weiblich war, vergewaltigt hatten. So waren sie die Zeugen ihrer Taten los. Seid nicht traurig, es war für die Schattners eine Erlösung.

Auch wenn ich gehe, meine Seele wird bei euch sein, wo immer ihr euch aufhaltet.

In Liebe und den schönsten Erinnerungen

Eure Tante Lieschen

P. S. Ich habe keine andere Möglichkeit, als diesen Brief dem Frisör Hermann mitzugeben, der in einer Stunde Richtung Westen türmen will. Ich adressiere ihn an Kläre und die Schröders in der Lüneburger Heide. Wenn es sein soll, wird er euch unbeschädigt erreichen.

Bei meiner Reise in die Vergangenheit haben mich Fotos, Dokumente und Bücher begleitet, wie:

Walter Lüdde-Neurath: Regierung Dönitz. Die letzten Tage des Dritten Reiches. Leoni 1980

Erich Murawski: Die Eroberung Pommerns durch die Rote Armee. Boppard 1969

Siegard Rost: Meine Heimat Pommern: Erinnerungen an das Land am Meer. München 1994

Mein besonderer Dank gilt Gerhard Kasten (Ein Rittergut im Wandel der Zeit. Erinnerungen an das Pommersche Dorfleben und an die Zeit bis 1957. BoD 2010), ohne dessen liebevolle Schilderungen mir viele Details sicher nicht mehr in den Sinn gekommen wären.